Harry E. Meville

Die Handels-Marine

Harry E. Meville

Die Handels-Marine

ISBN/EAN: 9783954272440
Erscheinungsjahr: 2012
Erscheinungsort: Bremen, Deutschland

www.maritimepress.de | office@maritimepress.de

Bei diesem Titel handelt es sich um den Nachdruck eines historischen, lange vergriffenen Buches. Da elektronische Druckvorlagen für diese Titel nicht existieren, musste auf alte Vorlagen zurückgegriffen werden. Hieraus zwangsläufig resultierende Qualitätsverluste bitten wir zu entschuldigen.

Coverfoto: sokaeiko/pixelio.de

Harry E. Meville

Die Handels-Marine

Der Dampfer „München" des Norddeutschen Lloyd auf der Ausreise.

Die
Handels-Marine

von

H. Meville

Die Handels-Marine

Ein Handbuch des Wissenswerten aus Seewesen und Schiffahrt

von

H. Meville

Mit 4 Vierfarbendrucken, 4 Tafeln und 109 Abbildungen im Text

Dritte, vollständig neubearbeitete Auflage

Berlin W 62
Richard Carl Schmidt & Co.
1925

Meiner Mutter

in Erinnerung an die Seefahrtzeit ihres Sohnes.

Der Verfasser.

Inhaltsverzeichnis.

Vorwort zur ersten Auflage.

Das vorliegende Buch verdankt den Erfahrungen seine Entstehung, die ich während meiner nunmehr fünfjährigen Tätigkeit als Redakteur sowohl wie als fachmännischer Mitarbeiter von Zeitungen und Zeit= schriften gemacht habe. —

Es ist bekannt, daß das Binnenland einen ganz bedeutenden Prozentsatz der Besatzung unserer Kriegs= und Handelsflotte stellt und stellen muß; gleichzeitig aber herrscht hier nicht nur vielfach völlige Unkenntnis in bezug auf das Seewesen und vor allem über die Aussichten, die sich in diesem Berufe dem jungen Manne er= öffnen, sondern man macht sich meist sogar ganz falsche und irrige Vorstellungen! —

Hier soll dies Buch eingreifen!

Es will dem jungen Manne sagen: was er im Seemanns= berufe werden kann, welches der Weg ist, den er dabei zu gehen hat, will ihm — ohne ein vollständiges „seemännisches Lehrbuch" sein zu wollen, denn der beste Lehrmeister ist die Praxis — die ersten Schritte auf dem fremden Gebiete erleichtern, und ihm schließlich ein guter Freund sein, bei dem er manches repetieren kann, was bei der Fülle von Wichtigerem seinem Gedächtnis entfallen ist.

Auch dem gereiften Manne — gleichviel welchen Berufes —, der Interesse an Schiffahrt und Seewesen nimmt, wird das Nachstehende manche Anregung und Belehrung bieten.

Eltern und Vormünder seelustiger Knaben aber werden hier Vieles finden, was ihnen von Wert sein und ihnen manche Sorge ersparen kann! —

Dies ist der Zweck meines Buches, das ich im Andenken an meine eigene Fahrzeit meiner Mutter gewidmet habe! —

Berlin, Neujahr 1903.

Der Verfasser.

Vorwort zur dritten Auflage.

Während der Vorarbeiten zu einer dritten Auflage, des vor=
liegenden Werkes, die schon technische Schwierigkeiten mehrere Jahre
verzögert hatten, brach die Katastrophe von 1914 über die Welt herein. —
Über die Folgen, die der Weltkrieg und die ihm folgenden, unter
dem Schatten des Friedens von Versailles stehenden Jahre gerade
für die deutsche Schiffahrt gezeitigt haben, wird an anderer Stelle
das Erforderliche zu sagen sein. Daß jedoch auch dies Geschehen den
alten, trutzigen Hanseatengeist wohl beugen, nicht aber brechen konnte,
weiß, wer sehen durfte, mit wie zielbewußter und tatkräftiger Energie
gerade am Wiederaufbau unserer Schiffahrt gearbeitet worden ist
und gearbeitet wird.

In Erkenntnis dieses Strebens und in unerschütterlichem Glauben
an sein Gelingen haben der neue Verlag und der Verfasser sich daran
gewagt, das naturgemäß ganz veraltete Werk neu herauszubringen,
was, sollte es den ungeheuren Fortschritten der Technik in fast zwei
Jahrzehnten gerecht werden, einer vollständigen Erneuerung
in wesentlich vergrößertem Umfange gleichkam. So lag es nah,
auch in bezug auf die Einteilung des Stoffes manches praktischer zu
gestalten und durch weitere Ergänzungen ein Buch zu schaffen, das
keineswegs nur für den seelustigen Knaben gedacht ist, sondern jedem,
der sich für dieses Gebiet interessiert, ein möglichst vollständiges Bild
des Standes der deutschen Handelsschiffahrt geben soll und wird.

Möge das Werk in der neuen Form gleich zahlreiche und warme
Freunde finden, wie das alte Buch. — Was Seegeltung bedeutet,
haben wir in den vergangenen Jahren wohl alle bitter genug erfahren.

Berlin, im Mai 1924.

Der Verfasser.

Einleitung.

————

„Schön wie das Meer ist der Seemannsberuf,
Der freie, natürliche Menschen schuf,
Die im Begehren und im Sichbescheiden,
Die im Ertragen der größten Leiden,
Immer zufrieden mit ihrem Geschick,
Immer glauben, sie hätten das Glück."
                              B. v. Selchow.

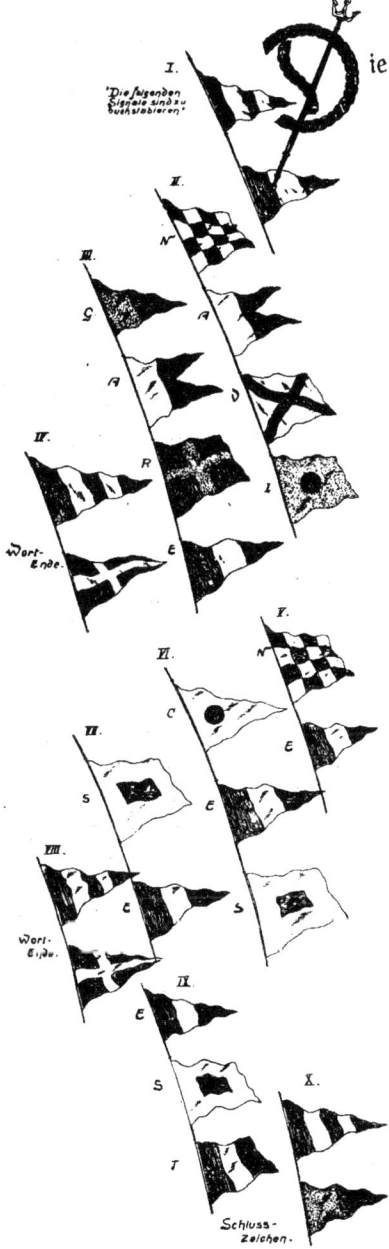

ie Geschichte der deutschen Handels=
schiffahrt gipfelt in der der Hansa.

Den stolzen Kaufherrn jener
Tage kümmerte es wenig, daß es
mit der Einigkeit im „Heiligen
römischen Reiche deutscher Nation"
recht mäßig bestellt war, und die
Macht auch des stärksten Kaisers
im allgemeinen an den Küsten
endete. Er nahm den Schutz
seiner Schiffe und seines Handels
ruhig und stolz in die eigenen
starken Hände, die oft genug und
nicht immer ungern den Federkiel
mit dem Schwert vertauschten,
und selbst das nachmals un=
beschränkt auf See herrschende
England mußte lange genug den
Stahlhof, die Niederlassung der
Hansa im Herzen von London,
dulden.

Wie die Macht dieses ge=
waltigen Städtebundes zerfiel,
und wie mehr und mehr auch
das Reich zerbrach, bis endlich die
Blutströme des Dreißigjährigen
Krieges den deutschen Gedanken
für Jahrhunderte begruben, ist
bekannt. Es erforderte den ganzen
Weitblick und die ganze, zähe
Energie der Nachkommen eines
Wullenweber und seiner Zeit=
genossen, um auch in diesen
Stürmen, ohne jeden Schutz einer
kriegerischen Macht, wenigstens
einen bescheidenen Teil des Welt=

1*

verkehrs sich zu sichern. Kein Wunder, daß man es gerade an der Wasserkante mit Begeisterung begrüßte, als — veranlaßt durch die dänische Blockade, die den ganzen deutschen Seehandel lahmlegte, — die 1848 in Frankfurt a. M. zusammengetretene Nationalversammlung einen Marineausschuß in das Leben rief, der eine deutsche Kriegs= flotte schaffen sollte.

Schon am 20. März 1853 wurden die beiden letzten Schiffe dieser Flotte, die Radbampf=Fregatten „Hansa" und „Erzherzog Johann", durch den Bundeskommissar Hannibal Fischer für zusammen 175 000 Taler öffentlich meistbietend versteigert. Der Traum einer deutschen Flotte war zu Ende, um erst fast zwanzig Jahre später aufs neue Wirklichkeit zu werden.

In wie außerordentlich hohem Maße dieser Mangel an Rückhalt gerade in einer Zeit, in der die anderen seefahrenden Nationen die Welt unter sich teilten, der gesunden Entwicklung der deutschen Schiff= fahrt abträglich sein mußte, ist auch für den Laien unschwer zu erkennen. Ohne jede eigene Waffe gegenüber der kriegerischen Macht fremder Staaten und ohne sich, wie die Handelsschiffe jener, auf den Schutz eines einigen starken Reiches berufen zu können, blieb der Hamburger oder Bremer oder der preußische Seefahrer und Kaufmann ganz auf sich selbst gestellt. Höher vielleicht noch als jener verklungene Kriegs= ruhm der Hansa ist die Tatsache zu werten, daß es ihm trotzdem gelang, sich überhaupt einen nennenswerten Anteil am Welthandel zu sichern und den verschiedenen Flaggen, die damals Deutschlands Seefahrt decken mußten, in der ganzen Welt Achtung und Anerkennung zu sichern. Trotzdem aber mußte letzten Endes alles so Geschaffene Stückwerk bleiben.

Der Kaufmann war wohl imstande, seine schutzlose Flagge mit Ehren in allen Meeren zu zeigen und durch Tüchtigkeit und Gewissen= haftigkeit ihr häufig sogar den Vorzug vor anderen zu sichern, es war ihm aber unmöglich, Handels= und Schiffahrtsverträge abzuschließen und durchzuführen, koloniale Erwerbungen vorzunehmen usw.; und so kam es, daß trotz eines unbestrittenen Hochstandes der deutschen Schiffahrt auch in jener Zeit die Welt verteilt war, als Michel sich endlich wieder einmal auf sich selbst besann. Vielleicht ist nichts so bezeichnend für jene Zeit als die Gründung der ersten „deutschen" Dampferlinie. Diese „Ocean-Steam-Navigation Company" entsprang wirklich deutschem Unternehmungsgeist, aber sie konnte nur mit amerikanischer Hilfe, mit amerikanischen Schiffen (unsere eigenen Werften waren für den Bau solcher Fahrzeuge noch nicht eingerichtet)

Abb. 1. Der Hamburger Hafen um 1847.

und mit amerikanischen Kapitänen eingerichtet werden. Wohl tat der Senat in Bremen das Seine, um dem neuen Unternehmen das Leben zu ermöglichen, aber es war den beiden bescheidenen Rad= dampfern nicht möglich, mit den großen englischen Konkurrenzgesell= schaften Schritt zu halten, die über reiche Staatssubvention verfügten, und so nur allzu leichtes Spiel hatten. Schiffe und Maschinen mußten aus England oder Amerika bezogen werden, denn — von anderem ganz abgesehen — waren die meisten Werften Schöpfungen kleiner Handwerker, die wohl gute und solide Kleinarbeit leisteten, denen aber der Weitblick zu einem so gewaltigen Schritt vorwärts völlig abging. Aber auch die vorhandenen Hafenanlagen genügten nicht entfernt zur Unterbringung der immer größer werdenden Schiffe, und tausend andere Schwierigkeiten hemmten auf Schritt und Tritt die Ent= wicklung.

Trotzdem ging es vorwärts. — Im Jahre 1839 wurde — im wesentlichen durch die Initiative des bekannten Hamburger Reeders Robert Sloman — die erste Dampfschiffs=Reederei, die „Hanseatische Dampfschiffahrts=Gesellschaft", in Hamburg gegründet, deren Fahrzeuge im Passagier= und Frachtverkehr zwischen Hamburg und Hull tätig waren, und acht Jahre später, 1847, erfolgte dann in der Elbestadt die Gründung der „Hamburg=Amerikanischen Paketfahrt= Aktien=Gesellschaft", der heutigen „Hamburg=Amerika=Linie". Die letztere Gesellschaft arbeitete allerdings zunächst noch mit Segel= schiffen und begann ihre Tätigkeit mit den beiden Vollschiffen „Deutsch= land" und „Amerika", denen sich später — im Oktober 1848 — noch ein drittes Fahrzeug zugesellte. Die Größe der „Deutschland", deren, nach heutigen Begriffen unendlich bescheidene Einrichtung damals viel bewundert wurde, betrug 700 Tonnen. Der erste Dampfer der Gesellschaft, die „Hammonia", erschien im Jahre 1855 auf dem Wasser.

Zwei Jahre später, 1857, erfolgte dann in Bremen die Begründung der zweiten großen, deutschen Gesellschaft auf diesem Gebiet, des „Norddeutschen Lloyd". Als Begründer dieses Unternehmens verdient der verstorbene, viel genannte Konsul H. H. Meyer erwähnt zu werden, der im Verein mit einigen Freunden mit einem Kapital von 3 Millionen Talern Gold die neue Gesellschaft gründete, die (nur ein Jahrzehnt nach der ersten Durchquerung des Atlantischen Ozeans von New York zur Weser durch ein Dampfschiff) von Anfang an als Dampfschiff=Reederei gedacht war. Es war dies ein Unter= nehmen, das zu damaliger Zeit sehr viel kaufmännischen Wagemut und weitblickende Kühnheit erforderte. Seine wesentlichste Bedeutung aber — gerade für uns heute -- liegt in der Tatsache, daß der erste Lloydbampfer „Bremen" mit seiner ersten Reise eine Bresche schlug in den damals auf diesem Gebiet vollkommenen Ring der Herrschaft Englands.

Insgesamt hatten (es ist auch bezeichnend, daß diese Zahlen nur aus englischen Quellen zu ermitteln sind) die deutschen Seestädte 1871 eine Flotte von 47 Dampfern mit zusammen 82 000 Tonnen und 4273 Segelschiffe mit 900 000 Tonnen geschaffen. Eine im Jahre 1897 (diesmal vom Reichsmarineamt) aufgestellte Statistik ergab ein Anwachsen dieser Flotte — unter dem Schutze des Reiches — auf 1125 Dampfer und 2550 Segler. Die tatsächliche Transport=leistungsfähigkeit aber war infolge der wachsenden Größe der einzelnen Schiffe und vor allem durch das stärkere Anwachsen der Dampferflotte von 1 146 000 auf 3½ Millionen Tonnen gestiegen. — Bei Aus=bruch des Weltkrieges aber lagen die Dinge derart, daß die deutsche Handelsflotte an sich die zweitgrößte der Welt war, daß sie auf vielen wichtigen Gebieten aber selbst England längst überflügelt hatte.

In nicht weniger stürmischem Tempo folgte dabei dieser gewal=tigen Entwicklung der Schiffahrt nun auch die Industrie und machte in kürzester Zeit die großen, aufstrebenden Schiffahrtsgesellschaften — und damit auch die ständig, wenn auch keineswegs in wünschens=wertem Maße wachsende Kriegsflotte — vom Auslande unabhängig. Es ist dies ein Faktor, der leider allzu selten berücksichtigt wird. Sicher=lich ist eine Erwerbsgesellschaft, wie die Hamburg=Amerika=Linie oder der Lloyd, die rund je etwa 30 000 Menschen beschäftigten, auch an sich für das Wirtschaftsleben selbst eines großen Staates von Be=deutung, fast noch wichtiger aber sind die indirekten Wirkungen, die hier ausgeübt werden und die in diesem Fall mit in erster Linie unserer Eiseninduftrie zugute kamen. Die deutsche Schiffahrt ist es ge=wesen, die den Grundstein für die heutige Entwicklung auf diesem Gebiet gelegt hat!

Dank vor allem sehr günstiger Produktionsbedingungen war die Erzeugung von Schiffbau=Blechen in den Anfängen des Eisenschiffbaus nahezu ein englisches Monopol. Erst als bei steigenden Ansprüchen an die Güte des Materials das Flußeisen mehr und mehr zur Herr=schaft gelangte, änderte sich das Bild zunächst auf diesem Gebiet zu unseren Gunsten, und in den Jahren 1884—1889 ging, da der Ver=brauch in Deutschland noch immer noch beschränkt war, deutsches Eisen dieser Art sogar in erheblichen Mengen über den Kanal. —

Zum Teil, um dort für deutsche Schiffe verwendet zu werden, ein Bild das sich immer wiederholt und auch heut noch nicht selten zu sehen ist.

Ende der achtziger Jahre des vorigen Jahrhunderts aber konnten Lloyd und Hamburg-Amerika-Linie zum Bau auf deutschen Werften übergehen. — Auch der deutsche Schiffbau war mündig geworden.

Es ist nicht zu verkennen, daß die nun folgende Zeit einer auf= steigenden Entwicklung besonders günstig war. Etwa im Jahre 1880 schon hatte in dem ständig an Ausdehnung und Bedeutung wachsenden transatlantischen Dampferverkehr jene große Umwandlung begonnen, die eine Trennung der Ladungs= und der allgemeinen Auswandererbeförderung von der Post= und Kajütenpassagierfahrt bedingte und in der Folge rasch zu dem damals sogenannten Expreß= verkehr, zum Schnelldampfer, führte. Der englischen Konkurrenz folgend, hatte bereits 1881 der Lloyd mit dem noch in England erbauten Dampfer „Elbe" diesen Weg gleichfalls beschritten und einen vollen Erfolg erzielt. Im Jahre 1889 wurden dann, während zu gleicher Zeit auch die Paketfahrt den Schnelldampferverkehr aufnahm, die Dampfer „Spree" und „Havel" („Augusta Viktoria" und „Columbia" für die Hamburger Gesellschaft wurden gleichzeitig in Auftrag gegeben) in Deutschland bestellt, und das Ergebnis war ein voller Erfolg.

Wie bereits gesagt, waren die Anregungen zu dieser Entwicklung von England ausgegangen, und auch die großen französischen Gesell= schaften folgten bald; aber schon damals konnte sich Deutschland in kurzer Zeit an die Spitze setzen, und zur Zeit der Einstellung von „Spree" und „Havel" in den Dienst des Lloyd, also 1890, verfügte dieser über 11 Schnelldampfer (von denen die „Havel" die damals unerhörte Geschwindigkeit von 20,3 Seemeilen in der Stunde er= reichte) gegenüber nur drei derartigen Schiffen der englischen Cunard= Linie und zweien der Jmman-Linie. An vierter Stelle folgte mit 4 Schnelldampfern die französische Compagnie Générale Trans= atlantique. Aus dieser führenden Stellung aber haben sich die deutschen Gesellschaften, wie aus der folgenden kleinen Aufstellung am besten ersichtlich ist, auch bis zum Ausbruch des Krieges nicht wieder ver= drängen lassen.

Abb. 2. Familienkabine 1. Klasse auf einen Segler der 50er Jahre.

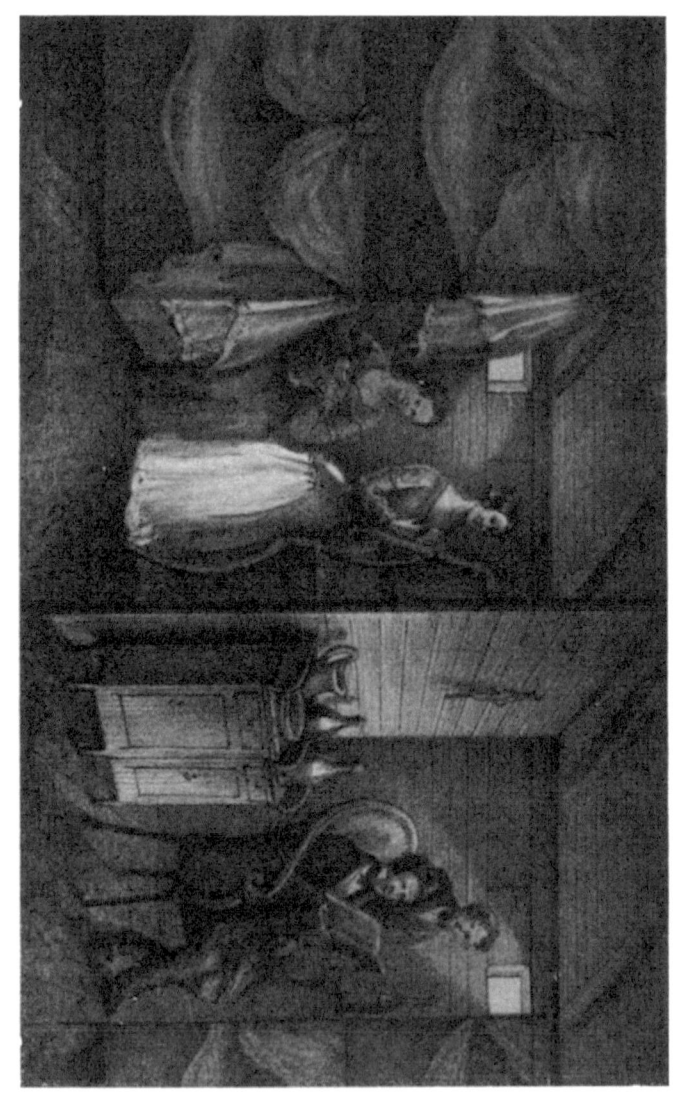

Abb. 2a. Kabinen I. Klasse auf einem alten Segler.

Die großen Dampferlinien der Welt nach dem Stande von 1914:

Reederei	Schiffe	Brutto=registertonnen
Hamburg=Amerika=Linie	194	1 307 000
Norddeutscher Lloyd.	136	911 000
Brit. Ind. St. N. Co.	151	713 000
Ellermann Linien.	131	598 000
P. and O. St. N. Co.	98	550 000
A. Holt & Co.	77	513 000
White Star Line	32	487 000
D. D. G. Hansa	80	431 000
Cunard Linie	27	350 000
Hamb.=Südamerik. Dampfschiffahrts=Ges.	61	346 531

Es erscheint bei dieser Gelegenheit vielleicht angebracht, einiges über die technische Entwicklung des Schnelldampfers zu sagen. Um so mehr als gerade in den letzten Jahren vor dem Kriege die englische Presse es mit großer Genugtuung begrüßte, daß durch die Cunarder „Mauretania" und die dann bekanntlich ein Opfer des Krieges gewordene „Lusitania" das „Blaue Band des Ozeans" nach England zurückgebracht sei, will sagen, daß die schnellsten Schiffe der Welt wieder die englische Flagge trügen.

An sich ist — oder war — diese Behauptung, die tatsächlich auch in Deutschland nicht ohne Wirkung geblieben ist, freilich richtig, nur lag das durchaus freiwillige Zurücktreten der deutschen Gesellschaften von einem Wettbewerb, in dem sie so lange unbestrittene Sieger geblieben waren, nicht, wie man die Welt gern glauben machen wollte, an der Unmöglichkeit, gleiche Schiffe in Deutschland zu bauen, sondern an der durch die englische Regierung geschaffenen wirtschaftlichen Überlegenheit der britischen Gesellschaften.

Wie die Dinge hier lagen, war der Schnelldampfer längst eine reine Geldfrage geworden. — Die reinen Schnelldampfer gingen sozusagen vom Tage ihres Auftretens an in der Schnelligkeit auf, die allein — oder doch nahezu allein — für ihre Bewertung maß= gebend war. Der berühmte Kampf um das „Blaue Band" des Ozeans spielte Jahre hindurch eine bedeutende Rolle in der Schiffahrt, und er hat (die Reisedauer von Neubau zu Neubau oft nur um Sekunden kürzend) den beteiligten Reedereien viel Geld gekostet. Wir wissen heute sehr gut, daß das in diesem Zusammenhang viel erörterte „Vier= Tage=Schiff" (das also den Ozeanweg in nur vier Tagen hinter sich bringen soll) technisch durchaus möglich ist, aber wir haben gelernt, daß es wirtschaftlich ein totgeborenes Kind sein müßte, denn schon die letzten deutschen Schnelldampfer brachten nur noch selten die riesigen Kosten ein, die die Leistung ihrer Geschwindigkeit erforderte.

Bei den erwähnten Cunardern nun hat England den allerdings recht einfachen Ausweg gefunden, daß der natürlich auch hier auftretende ständige Fehlbetrag in den Einnahmen einfach durch staatliche Subvention gedeckt wird, und unter diesen Umständen war es aller-

Abb. 3. Ketsch-getakeltes Küstenfahrzeug in der Nordsee.

dings unschwer möglich, die „Germans“ in diesem Fall aus dem Felde zu schlagen.

Allerdings auch nur scheinbar, denn die deutschen Gesellschaften hatten auf anderen Wegen diesen angeblichen englischen Erfolg längst ausgeglichen.

Den Anfang dieser neuen Wege dürfte bereits die Erbauung und Indienststellung der sogenannten P-Dampfer der Hamburg-Amerika-Linie, die in den neunziger Jahren erfolgte, bezeichnen.

„Pensylvania“ und die ihr folgende „Pretoria“, die ersten Vertreter dieser Klasse, waren mit 20 000 Tonnen Wasserverdrängung (bei rund 14 000 Tonnen Ladefähigkeit und nur 5000 P. S. Maschinen-

leiſtung) die größten Frachtdampfer, die mit Ausnahme des „Great
Eaſtern" bis dahin erbaut waren. Um die Ladung zu befördern,
waren für jedes Schiff 28 Eiſenbahnzüge zu je 50 Doppelwaggons
notwendig. Neun Ladeluken ließen dieſe Güterberge verſchwinden,
wobei 22 Dampfwinden an Bord dieſe enorme Arbeit bewältigen
halfen. Nächſtdem wurden die Schiffe aber auch für den Paſſagier=
verkehr eingerichtet und dienten (billiger als die Schnelldampfer)
gleichzeitig dem Auswanderer=, Ladungs= und Viehtransport. An
Paſſagieren konnten die Dampfer dabei rund 2000 Perſonen befördern.
Bald ſchon folgte der Lloyd mit ähnlichen Schiffen, und die Annäherung
zwiſchen dieſen verhältnismäßig langſamen, aber ungeheuer geräu=
migen Rieſen einer= und den reinen Schnelldampfern andererſeits
führte zu den kurz vor dem Kriege geſchaffenen Rieſendampfern vom
Typ „Vaterland" und „Imperator". Auf dieſem Gebiet aber wußte
ſich Deutſchland durchaus die Spitze zu ſichern.

Die ſechs größten Schiffe der Welt verteilten ſich im Jahre 1915
auf die deutſche und engliſche Flagge wie folgt:

Deutſchland:

    „Imperator"... etwa 67 000 Tonnen
    „Vaterland" ...   „   70 000   „
    „Bismarck" .... „   70 000   „
    zuſammen alſo   207 000 Tonnen;

demgegenüber hatte England unter der Flagge:

    „Olympic" .... etwa 65 000 Tonnen
    „Aquitania" ... „   60 000   „
    „Britannic"*) .. „   66 000   „
    zuſammen alſo   191 000 Tonnen,

was ein Mehr von etwa 16 000 Tonnen für Deutſchland ergab.

*   *   *

Dieſe glanzvolle Entwicklung unterbrach dann in jenem ſchickſals=
ſchweren Auguſt des Jahres 1914 jäh der Ausbruch des Weltkrieges!

Für die deutſche Kriegsflotte, unter deren ſtarkem Schutz der
Aufbau, wie er hier kurz und in großen Zügen geſchildert wurde,
ſich vollzogen hatte, bedeutet die Zeitſpanne von 1914—1918 ſchlechthin
Alles. — Leiſtungen, die in der Geſchichte aller Zeiten kein eben=

---

*) Auch „Britannic" iſt im weiteren Verlaufe des Krieges ein Opfer der
deutſchen U=Boote geworden.

Abb. 4. Admiral Scheer mit seinem Stabe
nach der siegreichen Skagerrak - Schlacht.

bürtiges Beispiel finden, die die größte Seemacht der Welt mehr
als einmal an den Rand des Verderbens brachten, wanden einen
Ruhmeskranz um die junge Kriegsflagge, der unvergänglich ist. So
lange Schiffe die See befahren, wird man die Helden von Coronel,
von den Falklandsinseln und vom Skagerrak, — die Taten
unserer U-Bootsleute nicht vergessen. Und dies Heldentum endete
...... mit dem schmählichsten Zusammenbruch, den die
Welt je sah, und Gesindel, das die See nur vom Hafen aus gesehen,
den Feind aber noch nie, schändete den guten Namen deutscher Seeleute, — brachte uns das Ende. — — —

Wie ein Fanal leuchtet aus diesen schwersten Tagen der deutschen
Seefahrt die Tat von Scapa Flow! — Sie war eine Torheit,
sagten und schrieben Deutsche, und sicher hatten sie recht. Es ist für
viele Leute immer eine Torheit gewesen, Gut und Leben an Ehre
zu setzen, und die Männer, die damals den letzten deutschen Kriegsschiffen ein Grab in Ehren bereiteten, haben noch mehr getan:
Sie haben den deutschen Pazifisten arge Verlegenheiten bereitet.
Grund genug, ihr Tun mindestens töricht zu nennen. — Wer
immer aber Sinn dafür hat, daß Flaggenehre mehr wert ist als das
bißchen Leben — und wer ihn nicht hat, der setze nie seinen Fuß auf
das Deck eines deutschen Schiffes, — der wird gerade in dem
Gedenken an Scapa Flow die Hoffnung wiederfinden
auf bessere Tage. —

Und daß wir nicht „die Marine" in den Novembermatrosen von 1918 zu erblicken haben, kündet in der Garnisonkirche zu Wilhelmshaven eine schlichte Tafel, die die Inschrift trägt:

Mit wehender Flagge sanken vor dem Feinde:

- 1 Linienschiff
- 7 große Kreuzer
- 17 kleine Kreuzer
- 10 Kanonenboote
- 6 Spezialschiffe
- 111 Torpedoboote
- 199 Unterseeboote
- 29 U-Boot-Zerstörer
- 30 Marine-Luftschiffe
- 170 Marine-Flugzeuge
- 17 Hilfskreuzer
- 170 Hilfsschiffe.

*   *   *

Abb. 5. Inneres der Garnisonkirche zu Wilhelmshaven.

Die Folgen des verlorenen Krieges für unsere Handelsschiffahrt sind bekannt. In der Tat hat man von seiten der „Sieger" alles Erdenkliche getan, um gerade hier reinen Tisch zu machen, und es erscheint wirklich fraglich, ob es möglich gewesen sein würde, überhaupt wieder auch nur auf den Stand von heute zu kommen, wenn die Herren nicht allzusehr über das Ziel hinausgeschossen hätten. — So ist in zäher und zielbewußter Arbeit auf diesem Gebiet ein Stück Wiederaufbau gelungen, auf das wir stolz sein können. Freilich ohne deshalb rasten zu dürfen! —

Es ist sicherlich auf lange hinaus nicht daran zu denken, daß die deutsche Handelsflotte den Stand von 1914 wieder erreichen könnte, aber die Arbeit auf diesem Gebiet ist doch insofern nicht aussichtslos, als auch das Ausland — England eingeschlossen — gerade in bezug auf die Schiffahrt mit erheblichen Schwierigkeiten zu kämpfen hat. Gerade jetzt beginnt anscheinend auch in weiteren Kreisen die Erkenntnis Raum zu gewinnen, daß wirtschaftlich dieser lange Krieg auch den Siegern keinen Segen gebracht hat und bringen konnte, — daß das englische „ton for ton" in bezug auf den Unterseeboot-Krieg ebenso ein unhaltbares Schlagwort war wie das berüchtigte „le boche payera tout" der Franzosen. Die ehernen Gesetze der Weltwirtschaft sind eben doch zu stark, um mißachtet zu werden, und das Deutschland von 1914 war in dieser Hinsicht eine zu gewichtige Ziffer, als daß man es einfach hätte streichen können.

*   *   *

Der Beruf des Seemanns ist zweifellos der schönsten einer und wohl geeignet, einen geistig und körperlich gesunden Menschen zu befriedigen, zumal er, was nicht zu unterschätzen ist, auch dem idealeren Streben im Menschen mehr Betätigung gewährt als die meisten anderen. Dazu kommt, daß Seeleute — und vor allem tüchtige Seeleute — in normalen Zeiten in der ganzen Welt gesucht werden, und daß der Angehörige dieses Standes mithin nicht unbedingt auf die Heimat angewiesen ist, sondern schließlich überall sein Brot findet; aber es ist auch ein entsagungsvoller, schwerer Beruf, und vor allen Dingen möge man zweierlei bedenken: Nur Menschen mit eiserner Gesundheit gehören auf See und — — ein Schiff ist keine Besserungsanstalt!

Ausnahmen bestätigen bekanntlich nur die Regel, und die Regel heißt: Junge Leute, die nicht sittliche und moralische Grundlagen mitbringen, gehen auf See nur rascher und vollständiger zugrunde als an Land!

An Bord ertragen solche Menschen die notwendige, eiserne

Diſziplin, weil ſie müſſen, — aber ſowie ſie dieſem Zwang entronnen und an Land ſind, tun Alkohol und Krankheiten um ſo gründlichere Arbeit, und das Ende vom Liede iſt dann das elende Leben eines geiſtig und körperlich zerrütteten Strolches oder — — — ein Meſſer= ſtich in irgendeiner verrufenen Hafenkneipe!

Eine andere Frage iſt nun freilich, ob, beſonders unter den heutigen Verhältniſſen, das Ergreifen des ſeemänniſchen Berufes dem jungen Mann überhaupt empfohlen werden kann. — Vom reinen Nützlichkeitsſtandpunkt aus ſicherlich kaum, denn der jähe Niedergang nach dem Kriege hat naturgemäß bei uns ein ganz außerordentliches Überangebot von Seeleuten aller Chargen hervorgerufen, und nächſtdem ſind in der ganzen Welt nicht gerade roſige Zeiten für die Schiffahrt. Auf der anderen Seite wird vor allen Dingen der Binnenländer (an den ſich ein Buch wie das unſrige natürlich in erſter Linie wendet) dieſen Nützlichkeitsſtandpunkt gerade hier am wenigſten gelten laſſen wollen. Junge Leute, die ſchon bei ihrer Berufswahl ſo klug ſind, gehen beſtimmt nicht zur See, und für die anderen ſpielt das ideale Moment eine Rolle, die man doch nicht ſo leichthin abtun ſollte, wie das ſo oft geſchieht.

Dieſen letzteren aber wird man ſchließlich doch vergebens ſagen, daß auch auf See ſchon ſeit Jahrzehnten der Kampf — — um das tägliche Brot viel härter und ſchwerer war als der mit dem Sturm! — Und das iſt gut ſo, wer für ſeine Ideale nicht auch ge= legentlich hungern kann, findet an Land weſentlich einträglichere Berufe.

Im übrigen wird hierüber noch weiterhin das Erforderliche zu ſagen ſein.

I. Schiffbau und Ausrüstung.

1. Die Entwicklung des modernen Schiffes.

Es ist eine in weiten Kreisen er=
staunlich wenig bekannte Tatsache,
daß wir mit unseren Kenntnissen
über die technische und historische
Entwicklung der Schiffahrt sehr schnell
auf unbekanntes Gebiet kommen,
wenn wir diese nur eben über das
Jahr 1500 hinaus zurückverfolgen
wollen. An Abbildungen und Be=
schreibungen auch sehr viel älterer
Schiffe fehlt es dabei keineswegs, aber
sie stammen offenbar in keinem Falle
von Fachleuten und stellen oft ge=
radezu unmögliche Konstruktionen dar.
Bekannt sind in dieser Beziehung vor
allem die noch heute nicht beendeten
Erörterungen über das „Trieren=
rätsel", wobei es immerhin bemerkenswert erscheint, daß man sich
wenigstens auf das Dreireihenschiff beschränkt, aber selbst zu diesem
wird der Seemann sich kaum bekennen können.

Was wir wirklich mit ziemlicher Genauigkeit von den Schiffen
der Alten wissen, sind ihre Hauptabmessungen, und zwar waren die
Trieren etwa 35 m lang, bei etwa 4—5 m Breite (ohne das Gerüst
für die Dollen der Riemen), also sehr scharfe Fahrzeuge, wie dies
für Ruderschiffe von einiger Schnelligkeit auch gar nicht anders denk=
bar ist. Sie haben zudem nur einen sehr bescheidenen Tiefgang be=
sessen, was schon aus der Tatsache hervorgeht, daß sie oft und gern
auf flachen Strand aufgeschleppt werden konnten und wurden. Alles
dies aber ergibt ein Fahrzeug, dem eine übermäßig große Form=
stabilität auf keinen Fall eigen sein konnte. Wenn man nun die Höhe
der unteren Riemenlöcher über der Wasserlinie nur mit 40 cm ansetzt,
und gleichzeitig den Sitzraum für den Mann auf eine Höhe von 95 cm
beschränkt (was keineswegs unter allen Umständen ausreichen würde),

so ergibt sich damit für ein Dreireihenschiff allein eine Höhe des Ober=
decks über Wasser von 2,30 m, was zweifellos ein Schiff darstellt,
das zwar auf glattem Wasser schwimmen kann, bei nur sehr bescheidenem
Seegang aber in recht übler Lage sein dürfte. Dabei wären in solchem
Falle die unteren Riemen schon deshalb nicht benutzbar, weil das
Wasser durch die Riemenlöcher stromweise in das Innere dringen
würde, und es wäre andererseits gar nicht so einfach, diese Riemen
bei dem überfüllten, engen Innenraum einzunehmen.

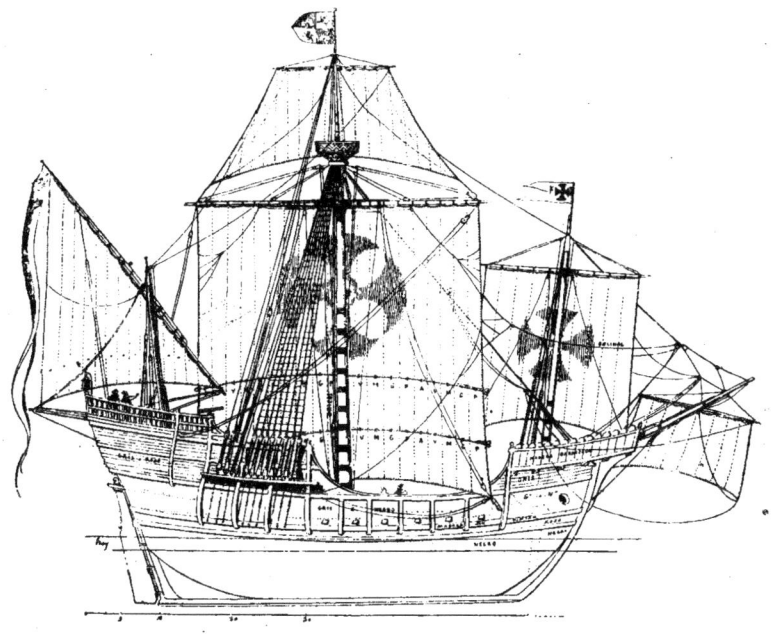

Abb. 6. Caravelle „Santa Maria",¹ Flaggschiff des Columbus.
Größte Länge 23,00 m, Kiellänge 19,00 m, Breite 6,70 m, Raumtiefe 4,50 m.

Das Handelsschiff des Altertums war dabei (im Gegensatz zu
später) vom Kriegsschiff stark verschieden, und mußte es wohl auch
sein, denn ein Fahrzeug von den geschilderten Abmessungen war
offenbar ein recht schnelles Ruderschiff, aber weder geeignet, nur
einigermaßen annehmbare Mengen Ladung aufzunehmen, noch
billig im Betrieb. Der Sklave kostete (man darf nicht vergessen, daß
nur gesunde, starke Leute in Betracht kommen konnten) dem Privat=
mann, der ja nicht wie der Staat auf Kriegsgefangene zurückgreifen
konnte, einmal ein schönes Stück Geld beim Kauf, und er mußte zum
anderen auch entsprechend ernährt werden. Wohl aber hatte man

2*

bedeutend mehr Zeit als in unserem nervösen Zeitalter, und der
wesentlich breitere, geräumigere und daher auch sicherlich erheblich
stabilere Kauffahrer, der sich bestimmt auch weniger starke Mannschaft
leistete, wird unter diesen Umständen viel länger und häufiger zur
Segelhilfe gegriffen haben als das Kriegsschiff, das bei seiner geringen
Stabilität kaum ein besonderer Segler war — trotz an sich hocheleganter
Formen.

Auch an die Segel selbst darf man übrigens in keiner Beziehung
den Maßstab von heute anlegen wollen, und auch in dieser Hinsicht
wird auf Bildern und bei Modellen viel gesündigt — bis in das späte
Mittelalter hinein!

Es darf heute (wie unter anderen Kapitänleutnant Ahrenhold,
einer der wenigen seemännisch sachverständigen Forscher auf diesem
Gebiet, feststellt) als zweifellos erwiesen gelten, daß bis in das
Jahr 1500 hinein ein sehr hohes und stark bauchig geschnittenes
Raasegel (seine Höhe war immer wesentlich größer als die der zugehö=
rigen Spiere) im allgemeinen das einzige des betreffenden
Mastes war. Ohne über nähere Details sicher unterrichtet zu sein,
kann man also sicher annehmen, daß vom Altertum bis in die
Zeit der großen Entdeckungsreisen hinein die Besegelung
der Schiffe sich auf einen oder mehrere (je nach der Größe
des betreffenden Fahrzeuges) kurze Masten mit je einem Raa=
oder sogenanntem lateinischen Segel beschränkte. Das
Bugspriet (der schräg über den Bug hinausragende Mast) war in
einfacher Form frühzeitig vorhanden, diente aber zunächst lediglich
zum Aufholen des Ankers, wie bei unseren Binnenschiffen noch heute.
Die Führung eines Segels an ihm (und zwar gleichfalls eines Raa=
segels, der sogenannten „Blinde",) kam gleichfalls erst um 1500 auf.

In bezug auf die Gestaltung des Rumpfes und seiner Formen
bedeutet dabei der Übergang zum reinen Segelschiff entschieden
einen Rückschritt der Technik. Die Triere war mit ihrer geringen
Stabilität sicher kein guter Segler und brauchte es auch nicht zu sein.
Sie war, als Schiff betrachtet, aber ein elegantes, schlankes Fahrzeug
und das Produkt einer hohen technischen Entwicklung. Das Schiff
des Mittelalters war allenfalls dem älteren Kauffahrer zu vergleichen,
wie denn auch bis in die Zeit der Einführung der Geschütze hinein
der Unterschied zwischen Handels= und Kriegsschiff völlig verschwand.
Nach Größe und Rumpfform fast ausschließlich benannt (die viel=
genannte „Kogge", wahrscheinlich der direkte Vorfahr der modernen
holländischen Kuff, ist eine friesische Konstruktion etwa aus der Mitte

des neunten Jahrhunderts,) waren die Schiffe des Mittelalters, die die Speicher der hanseatischen Kaufleute mit Ware füllten, daneben auch jeden Augenblick bereit, zu Verteidigung oder Angriff in den Kampf zu gehen, und noch sehr viel später bildete der bewaffnete Kauffahrer mindestens einen wertvollen Teil jeder Flotte, wenn irgendeiner der zahlreichen Kriege die Mobilmachung erheischte. So waren, um ein Beispiel anzuführen, unter der großen Flotte,

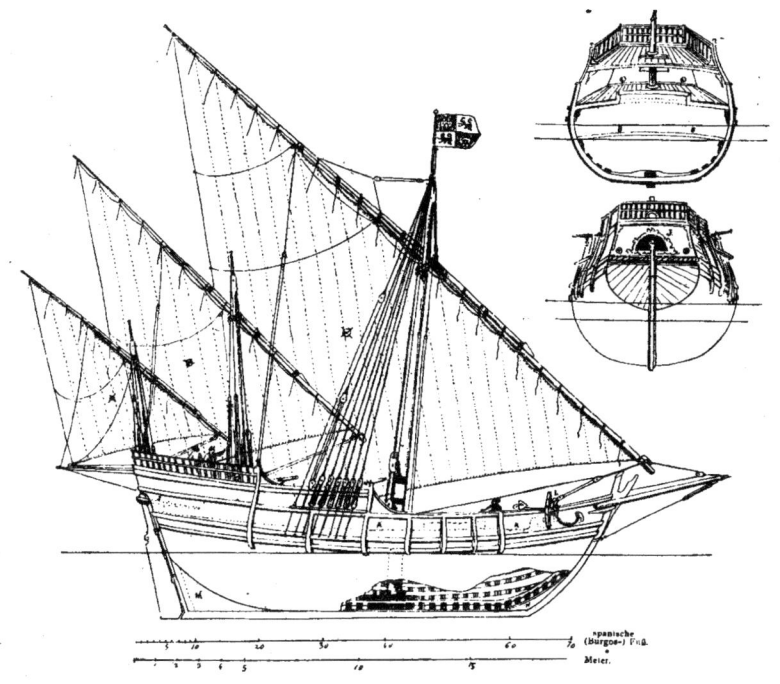

Abb. 7. Caravelle „Nina" des Columbus
mit Heckansicht und persp. Querschnitt.

die England gegen die viel genannte „Große Armada" des zweiten Philipp unter die Waffen rief (insgesamt 182 Schiffe und Fahr=zeuge), nur 34 wirkliche Kriegsschiffe, wobei es für die Größenverhält=nisse der Schiffe damaliger Zeit bezeichnend ist, daß nur 14 von dieser Zahl größer als 500 Tonnen waren. Dabei gab es um 1580 in England bereits Schiffsgeschütze von etwa 8 Zoll Kaliber, die Steinkugeln von 60 Pfund Gewicht mit einer Pulverladung von 27 Pfund schossen.

„Große Schiffe" in modernem Sinne sind übrigens überhaupt erst möglich geworden, seit das Eisen resp. der Stahl an die Stelle

des Holzes als Baumaterial getreten ist. Ein Schiff von den Ab=
messungen unserer modernen Riesensegler würde in Holz nie die
erforderliche Festigkeit erhalten können und zwar vor allen Dingen
nicht in bezug auf die Längsverbände. Bis in die Neuzeit hinein
wiesen denn auch gerade die großen Schiffe eine im Verhältnis zur
Länge außerordentlich große Breite auf, die nächstdem übrigens
auch im Interesse der Stabilität für die hochgetakelten und auch im
Rumpf reichlich hohen Fahrzeuge wünschenswert erscheinen mußte.
Das in Tafel I unter III. zum Vergleich herangezogene Linien=
schiff (der berühmte Dreidecker „Queen") ist mit das größte Schiff
dieser Art gewesen, das überhaupt gebaut wurde, und ist, bei einer
Höhe des Oberdecks über Wasser von über 10 m, wenig mehr als
halb so lang als der daneben gesetzte moderne Fünfmaster, bei genau
derselben Breite. Für die ältere „Victory" (Nr. II der Abbildung)
ist mit 57 : 15,8 m das Verhältnis noch schlechter.

Daß derartige Schiffe vom heutigen Standpunkt aus auch nicht
eben allzu schnell sein konnten, liegt im Grunde auf der Hand, und
in der Tat sind ihre Segelleistungen bis in die Mitte des vorigen
Jahrhunderts hinein sehr bescheiden geblieben. Vom Altertum wissen
wir auch in dieser Hinsicht wenig Positives. Wenn aber, nach Xenophon,
ein Fünfzigruderer eine Strecke von 520 Seemeilen rudernd in drei
Tagen zurückgelegt haben soll (eine Durchschnittsleistung von etwa
7 Seemeilen die Stunde), so kann man wohl annehmen, daß die
Segelgeschwindigkeit kaum über diese Leistungen hinausgegangen ist.
Einmal war die vorhandene Besegelung nach Form und Anordnung
für das Segeln am Winde überhaupt kaum geeignet, und wenn man
zum andern auch annehmen will — was in mancher Hinsicht sicher
auch zutrifft —, daß die schlanken, feinlinigen Fahrzeuge mindestens
vor dem Winde mehr geleistet haben, so kann dies natürlich doch
keinesfalls als Maßstab gelten.

Mit dem Eintritt der nordischen Völker in die Geschichte wurde
dann das Segelschiff zum Alleinherrscher auf dem Meere. Trotzdem
aber blieb, wie schon festgestellt, die Besegelung noch lange Zeit mehr
als primitiv, und man folgte gerade in bezug auf Schnitt und An=
ordnung der Segel Jahrhunderte hindurch getreulich uralten Über=
lieferungen, die zum Teil erst in unseren Tagen, und selbst da nicht
ohne Widerstreben der Beteiligten, aufgegeben wurden. In erster
Linie gehört hierher der schon erwähnte, ungemein bauchige Segel=
schnitt. Bis in unsere Zeit hinein waren nicht wenige Seeleute der
Ansicht, daß ein solches Segel entschieden „mehr Wind zu fassen"

imstande sein müsse als ein flach stehendes, und auch die Verminderung der Höhe der Takelage, zugunsten ihrer Ausdehnung in die Breite, fand lange Zeit nicht Gnade vor den Augen des „praktischen See= mannes", der manchmal (bei aller Anerkennung seiner Vorzüge) ein recht komischer und starrköpfiger Herr sein konnte.

Über die Leistungen der Hansa=Koggen und ihresgleichen finden sich irgendwie zuverlässige Daten überhaupt nicht, aber wir brauchen auch längst nicht soweit zurückzugreifen, um hier ein einigermaßen zutreffendes Bild zu gewinnen.

Die berühmte „Victory", Nelsons Flaggschiff bei Trafalgar, war für ihre Zeit durchaus kein schlechter Segler. Trotzdem dürfte das Schiff, das bei 57 m Länge eine Breite von 15,8 m und einen Tiefgang von 7,6 m aufwies, kaum je mehr als sechs See= meilen gelaufen sein.

Wie erheblich aber dabei ungünstigere Wetterverhältnisse diese Fahrtleistung noch herabsetzen konnten, beweist am schlagendsten gerade der größte Ruhmestag dieses Schiffes, die Schlacht von Tra= falgar, in der die englische Linie mit der „Victory" als Führerschiff bei flauer Brise und Dünung mit kaum 1½ Meilen auf den Gegner zusteuerte. Trotz Leesegeln auf beiden Seiten.

Daß diese hochbordigen, vollen Schiffe zu alledem selbst nur von ihrem Standpunkte aus gute Leistungen höchstens vor dem Winde und auf raumen Kursen zeigen konnten, und beim Amwindsegeln einen ganz beträchtlichen Leeweg machten, versteht sich von selbst, und dazu kommt, daß sie auch keinesfalls allzu bequeme Schiffe in schlechtem Wetter gewesen sein können. Schon bei immerhin noch leichtem Seegang mußte man die Pforten der unteren Batterieen schließen, und es ist sogar vorgekommen, daß ein derartiges Schiff bei einem plötzlich einsetzenden Windstoß, der es weit überlegte, im Hafen gesunken ist.

Wesentlich besser vom seemännischen Standpunkte aus waren natürlich die Kreuzer jener Tage, die Fregatten.

In der Fregatte verkörperte sich denn auch eigentlich die Poesie des Segel=Kriegsschiffes, und es ist das durchaus verständlich, wenn man sich klar macht, daß, abgesehen von der an sich größeren Roman= tik der Seefahrt jener Tage, die Fregatte als Auslandskreuzer eine viel bedeutendere Rolle spielen konnte als der modernste und größte Linienschiffskreuzer von heute. Die Proviantvorräte reichten mit geringfügigen Ergänzungen, zu denen man dabei keineswegs immer wirkliche Häfen anzulaufen brauchte, nahezu Jahre hindurch aus.

Kohlen, deren Verbrauch den modernen Kreuzer immer wieder vom
Lande abhängig macht, brauchte der Segler nicht oder doch nur für
die Kombüse, und vor allen Dingen gab es noch keine drahtlose Tele=
graphie, die ihn sowohl den Feinden verraten konnte, wie sie seinem
Admiral die Möglichkeit ständigen Kontrollierens und ständiger Befehls=
erteilung gab. Der Fregattenkommandant auf Auslandsstation war
in jenen Tagen also in Wahrheit der absolute Herrscher in seinem
Reich. Daß bei alledem aber auch die berühmten, poesieumwobenen
Fregatten keine Wunder an Schnelligkeit gewesen sind und sein
konnten, geht, abgesehen von anderem, auch aus vielen Berichten
über wesentlich kleinere, von ihnen gejagte Fahrzeuge hervor. Meist
handelte es sich dabei um Angehörige des damals bekanntlich ziemlich
verbreiteten und mehr oder minder wohlgelittenen Seeräuberberufes,
die den Fregatten und Korvetten der Kriegsflotten jener Zeit offenbar
durch ihre Schnelligkeit viel Arbeit gekostet haben.

Die Kreuzerfregatte „Arkona", also schon ein modernes Schiff,
war ein Fahrzeug von 58 m Länge, bei 12,6 m Breite und 5,7 m
Tiefgang. Ihre Höchstgeschwindigkeit unter Segel wird von Admiral
Werner auf 12 Meilen für die Stunde angegeben, wobei bemerkens=
wert erscheint, daß das Schiff unter Dampf nicht auf zehn
Meilen kam.

Als die durchaus schnellsten Segler aller Zeiten gelten nun wohl
allgemein die sogenannten Klipper aus der Mitte des vorigen
Jahrhunderts, und in der Tat haben wir es hier mit Segelleistungen
zu tun, die alle Beachtung verdienen.

Als eine der bemerkenswertesten Reisen der Klipperzeit muß
die des amerikanischen Seglers „Comet" von San Franzisko nach
New York im Jahre 1851 gelten. Das Schiff legte die rund 15 000 See=
meilen lange Strecke in nur 75 Tagen zurück, was eine Durch=
schnittsleistung von über 8 Seemeilen für die Stunde
ergibt. Selbst unter Annahme besonderen Glückes — z. B. beim
Passieren des Cap Horn — muß der „Comet" hier also zeitweise die
überhaupt besten Segelleistungen, die, wie wir noch sehen werden,
mit etwa 17 Seemeilen für die Stunde anzusetzen sind, tatsächlich
nahezu erreicht haben. Eine andere berühmte Klipperreise*) sei hier
gleichfalls noch erwähnt, die des englischen Seglers „Murray",
der im Jahre 1863 die 13 000 Seemeilen vom Kanal nach Adelaide
in 70 Tagen hinter sich zu bringen vermochte.

---

*) S. Tabelle „Dauer von Segelschiffsreisen".

Wir kommen nun zu den modernen Schnellseglern, und in diesen riesenhaften Vier= und Fünfmastern unserer Tage haben wir in der Tat nicht nur die größten, sondern auch die schnellsten Segler überhaupt vor uns, und die Leistungen, selbst der schnellen Fre= gatten und ihrer „Freunde", der Kaper und Korsaren, bleiben erheblich hinter dem hier Erzielten zurück. Trotz der fortgefallenen Leesegel und „Wolkenkratzer".

Nach der sehr eingehenden Statistik in Laas „Die großen Segel= schiffe" haben selbst die berühmtesten Klipper eine Stundenleistung von 14 bis allerhöchstens 16 Seemeilen nur ganz ausnahmsweise erreicht, während z. B. die vor einigen Jahren im Kanal gestrandete „Preußen" fast auf jeder Reise Tage mit einer Durch= schnittsleistung von 15—16 Seemeilen hatte und als beste Leistung 17 Meilen verzeichnen konnte. Eine Stunden= leistung von 16 Meilen kann auch für die kleineren Viermaster als normale Höchstleistung veranschlagt werden. — —

Es ist nach dem Gesagten wohl erklärlich, daß eine Unterscheidung von einzelnen Schiffstypen sich geraume Zeit auf die (mehr oder minder lokal gefärbte) Charakterisierung des Rumpfes beschränkte. Die erst im Laufe von Jahrhunderten ausgebildete Takelage, die dem Segelschiff auf See heute ausschließlich das Gepräge leiht, war anfangs viel zu wenig entwickelt für eine derartige Rolle und war wohl auch vielfach das Produkt persönlichen Geschmacks und eigener Erfahrungen des betreffenden Eigners oder Schiffbauers.

Ganz ähnlich liegen die Dinge noch heute bei den kleinen Fahr= zeugen der Küsten= und auch der Binnenschiffahrt.

Je nach der Heimat solcher Schiffe finden sich ganz verschiedene Bezeichnungen für ein und dasselbe Boot, und die Besegelung, die heute selbstverständlich vollkommen durchgebildet ist (in ihren Grund= zügen wenigstens), spielt dabei absolut keine Rolle. Es gibt sogar Fälle, in denen die gebräuchliche Bezeichnung nach der Rumpfbauart oder =form gar nicht mehr zutreffend ist, dennoch aber beibehalten wird, weil man eben von Vater und Großvater her gewohnt ist, ein derartiges Fahrzeug so und nicht anders zu nennen.

Ein klassisches Beispiel hierfür ist der bekannte Ewer der Unter= elbe. Das sichere Kennzeichen des echten Ewers war nach allen Quellen ursprünglich die Bauart ohne Kiel mit flachem Kahnboden. Später kamen dann schiffsähnliche, mit leichtem Loskiel gebaute Fahrzeuge dieser Art auf, für die man aber noch die besondere Bezeichnung „Galeas=Ewer" fand, während heute alle kleinen Fahrzeuge, die in diesem Dienst in der Elbmündung Verwendung finden, kurzweg als Ewer bezeichnet werden, obwohl sie einfache kleine Kutter oder Slups (gelegentlich auch mit dem eckigen Spantquerschnitt des „Skippjack") sind. Es gibt von der Wasserkante eine bezeichnende kleine Geschichte, die diese Tatsachen illustriert und die es wohl verdient, hier wieder=gegeben zu werden: Im Seebad fragte ein Badegast einem biederen Schiffer, was sein Fahrzeug eigentlich für ein Schiff sei. Jener kratzte sich bedächtig hinter den Ohren und meinte schließlich: „Tjä, dat's son Säk, — köfft (gekauft) heb' ick em as'n Galjot, aberst fähren do ick em as'n Schoner!" —

Ein weiteres Beispiel dieser Art ist die „Jacht", worunter wir im Binnenlande bekanntlich ausschließlich ein Sport= oder Luxus=zwecken dienendes Fahrzeug verstehen, die aber besonders früher eine sehr erhebliche Rolle in der Küstenfahrt spielte. Die Besegelung der Jacht bestand und besteht im wesentlichen aus einem kurzen Pfahl=mast mit einem Gaffel= und zwei Vorsegeln, und in der Nordsee, wo solche Boote besonders häufig vorkamen, wurden sie fast aus=schließlich mit einem sogenannten platten Heck gebaut, während die=selben Fahrzeuge in der östlichen Ostsee hinten spitz zulaufend gebaut und „Warpsches Boot" oder auch kurzweg „Boot" genannt wurden. Noch weiter östlich aber hatte man, immer für dasselbe Fahrzeug, die Bezeichnung „Lomme", wobei als Besonderheit noch der Bau auf Kielsohle (der Kiel war kein vorstehender Balken, sondern eine besonders starke Planke) hinzukam.

Bemerkt sei bei dieser Gelegenheit, daß der Name „Jacht" (von Jagen abzuleiten) durchaus niederdeutsch ist, die „Yacht" haben wir dann allerdings in der bekannten Vorliebe für alles Fremde aus England zurück übernommen.

Von diesen kleinen Fahrzeugen der Küsten= und Binnenfahrt abgesehen, bildet jedoch heute die Besegelungsform durchweg das Charakteristikum des Segelschiffes, und wir werden uns hiermit im Abschnitt II noch eingehend zu beschäftigen haben. Hier sei anschließend zunächst das Erforderliche über Konstruktion und Bau des modernen Schiffes gesagt.

2. Die Konstruktion.

Wie schon aus dem vorhergehend Gesagten hervorgeht, war bis in die Neuzeit hinein der Schiffbau im wesentlichen ein einfaches Handwerk, und in der Küstenfahrt kann man gelegentlich wohl auch noch heute einen Veteranen der Schiffahrt entdecken, der schwer an der Last seines dicken Kohlenteeranstriches zu tragen hat, und bei dessen Bau der berühmte Zimmermannsdaumen sicherlich eine weit größere Rolle gespielt hat als der „neumod'sche Kram" des Zenti- oder gar Millimeters.

Die Anfänge einer wissenschaftlichen Behandlung des Schiffbaus reichen dabei bis etwa in die Mitte des 18. Jahrhunderts zurück, und zwar ist es ein Verdienst der französischen Techniker, die ersten Regeln für diese Wissenschaft geschaffen und festgelegt zu haben. Selbst noch in den großen Seekriegen der folgenden Zeit, die mit dem Tage von Trafalgar Englands Seemacht auf den Gipfel trugen, waren die französischen Schiffe als solche den berühmten „hölzernen Wällen Alt-Englands" weit überlegen, und jede genommene Prise war den englischen Werften ein wertvolles Modell.

Die Grundlage für den Bau eines Schiffes bildet heute die Konstruktionszeichnung (Abb. 8). Es ist dies ein Gebiet, das bislang auch dem Seemann ziemlich fremd blieb. Gerade der Segelschiffs-seemann verläßt sich bei seinem Urteil über ein Schiff meist einem Gefühl, das viel Instinktmäßiges besitzt, und nimmt darüber hinaus die Dinge, wie sie nun einmal sind. Auch hier kann dies Thema mit Rücksicht auf den Umfang des Ganzen nur in großen Umrissen behandelt werden. Wer mehr erfahren will, muß auf Spezialwerke verwiesen werden, die in großer Zahl vorhanden sind, und dem angehenden Seemann kann einiges Vertiefen in diese Materie nur empfohlen werden. Er wird nicht nur vieles Interessante finden, sondern auch für seinen Beruf Wichtiges und Wertvolles.

Die Formen eines Schiffes werden durch eine Anzahl von Forderungen bestimmt, deren Bedeutung gegeneinander je nach dem Verwendungszweck mehr oder minder stark verschieden ist. Es sind hier u. a. Tragfähigkeit, Raumgehalt, Seefähigkeit und schließlich Schnelligkeit zu nennen, und die Kunst des Konstrukteurs beruht im wesentlichen darin, aus der Rücksicht aus allen diesen Anforderungen das jeweils für seinen besonderen Zweck beste Schiff zu schaffen. Eine Aufgabe, die nicht nur eine Fülle positiver Kenntnisse, sondern auch zweifellos erhebliche künstlerische Begabung erfordert.

Gekennzeichnet wird jedes Fahrzeug für den Schiffbauer durch die sogenannten Hauptabmessungen. Es sind dies:

1. Größte Länge (Länge über Alles): Länge des Schiffskörpers von Vorderkante des äußersten Punktes des Vorstevens bis Hinterkante Achtersteven bzw. Spiegel.

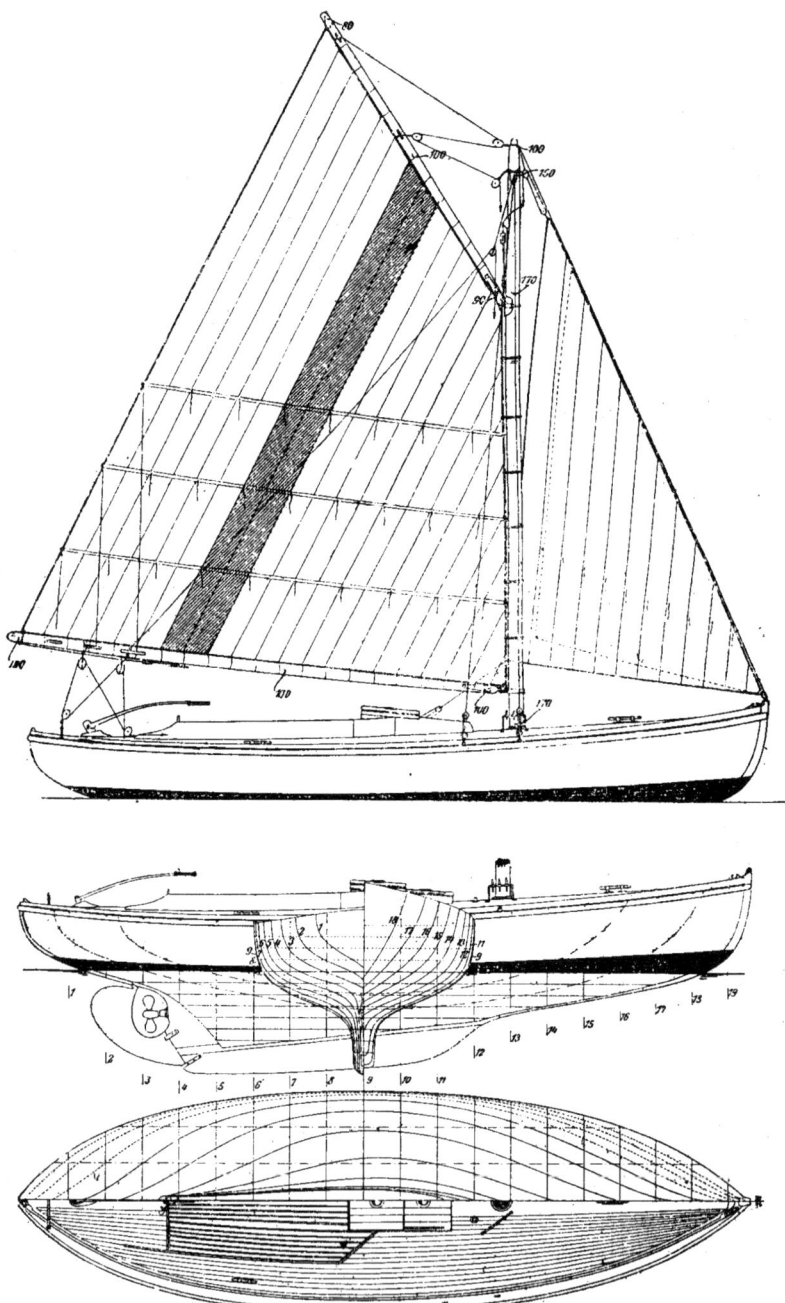

Abb. 8. Moderner Lotsen-Kutter. Konstruiert von Max Oertz.

2. **Größte Breite**: Gemessen auf der Außenhaut, jedoch ohne Berücksichtigung etwaiger Scheuerleisten, Rüsten usw.

3. **Länge in der Konstruktions-Wasserlinie**: (LWL).

4. **Konstruktionstiefe (T)**: Lotmaß von Höhe LWL bis Oberkante Kiel.

5. **Tiefgang (Tfg)**: Lotmaß von Höhe LWL bis Unterkante Kiel bzw. zum tiefsten Punkt der Schraubenflügel oder des Ruders.

6. **Seitenhöhe (H)**: Lotmaß im Hauptspant von Oberkante Kiel bis Unterkante Deck an der Bordwand.

7. **Geringster Freibord (F)**: Lotmaß von Oberkante Deck bis LWL an der niedrigsten Stelle.

8. **Wasserverdrängung (Deplacement)**: Gewicht der vom schwimmenden Schiff verdrängten Wassermenge.

Die Festlegung dieser Hauptabmessungen für ein zu bauendes Schiff ist natürlich letzten Endes eine verhältnismäßig einfache Rechenaufgabe, die auch durch besondere Bedingungen (hohe Geschwindigkeit, große Ladefähigkeit, Beschränkung des Tiefgangs usw.) nicht übermäßig kompliziert wird. — Die künstlerische Aufgabe des Konstrukteurs liegt dagegen in der Notwendigkeit, innerhalb der so ermittelten Hauptabmessungen die besten und zweckmäßigsten Linien für das Schiff zu finden, und wohl nur, wer sich selbst eingehender mit dieser Materie beschäftigt hat, weiß, eine wie bedeutende Rolle rein gefühlsmäßige, also künstlerische Momente beim Entwurf eines Schiffes spielen. —

Ihren Niederschlag finden die Ideen des Konstrukteurs in dem Linienriß, der die äußeren Formen des Schiffes festlegt. Er besteht aus drei zueinander in geometrisch-linearer Abhängigkeit stehenden Einzelzeichnungen, und zwar dem Aufriß (einer Längsansicht des ganzen Schiffes), dem Wasserlinienriß (gewissermaßen die Zusammenstellung einer Anzahl von Horizontalschnitten durch das Schiff) und dem Spantenriß (Querschnitte). — Die Abb. 8 zeigt die Konstruktionszeichnung eines kleineren Fahrzeuges und dürfte nach dem Gesagten auch dem Laien einen Begriff von dem Verfahren hierbei geben. Ein näheres Eingehen darauf verbietet die Rücksicht auf den Umfang des Buches, und wir wollen uns darauf beschränken, hier abschließend noch einige Worte über die gleichfalls durch die Konstruktion festzulegende Stabilität der Schiffe zu sagen.

Stabilität ist, wissenschaftlich ausgedrückt, das Bestreben des Schiffes, in seine normale Lage zurückzukehren, wenn es durch irgendwelche äußere Kräfte (Winddruck, Seegang usw.) seitlich geneigt (der Seemann sagt krängen, gekrängt) wird. Die Intensität dieses Bestrebens ist von verschiedenen Faktoren abhängig, und es ist auch für den Seemann von Wichtigkeit, sie zu kennen. Wobei es durchaus nicht erforderlich ist, allzu tief in das Spezialgebiet des Schiffbaues einzudringen.

Es ist in Abb. 9 I der Querschnitt eines Schiffes in normaler Schwimmlage wiedergegeben, wobei G den Punkt bezeichnet, in dem man sich das (nach unten wirkende) Verdrängungsbestreben der Last des Schiffskörpers vereinigt denkt, den sogenannten Deplacements- oder Verdrängungs-Schwerpunkt. Der Punkt F bedeutet demgegenüber die gedachte Vereinigung der Auftriebskraft des Wassers, und es ist ohne weiteres klar, daß bei normaler Schiffslage beide Punkte in ein und derselben lotrechten Achse (a—b) liegen, die mit der Mittelachse des Schiffes selbst zusammenfällt. Das Ergebnis ihrer gegeneinander wirkenden Kräfte ist eben das Schwimmen des Schiffskörpers auf seiner normalen Wasserlinie.

In II derselben Abbildung haben wir nun denselben Schiffskörper um irgendeinen Winkel nach Steuerbord geneigt vor uns. An der Lage von G wird dadurch zunächst nichts geändert, voraus=

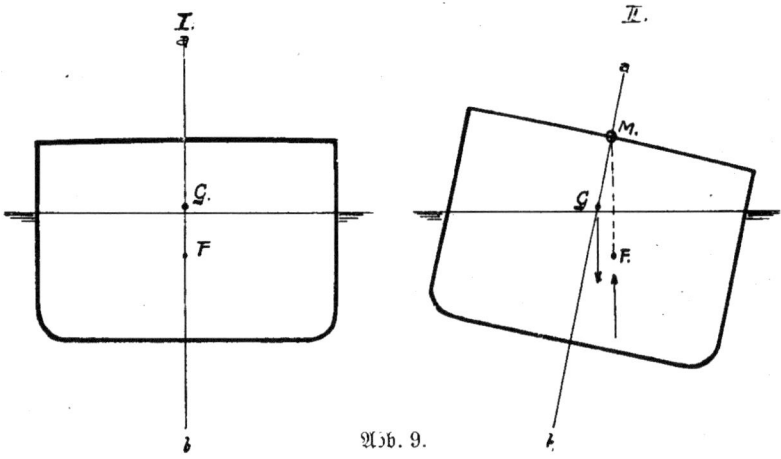

Abb. 9.

gesetzt, daß nicht etwa schwere Gewichte im Schiff selbst verschoben und dadurch auch eine Verschiebung des Verdrängungsschwerpunktes erzeugt wird. Wohl aber wandert der Punkt F mehr oder minder erheblich nach rechts hin aus, d. h. die veränderte Tauchfläche des geneigten Schiffskörpers gibt der Auf=

triebsfläche den Angriffspunkt für ihr Bestreben, die normale Lage wieder herzustellen. Unverändert ist für beide Kräfte natürlich die Richtung geblieben, in der sie wirken, d. h. die Wirkung der in G vereinigten Kräfte richtet sich nach wie vor senk= recht nach unten, die derjenigen von F gleichfalls senkrecht nach oben.

Denken wir uns nun durch F eine Senkrechte nach oben gezogen, so wird diese die Linie a—b in einem Punkte schneiden, der um so höher über den Punkt G liegen wird, je weiter F seitlich von G ent= fernt ist. Dieser mit M bezeichnete Schnittpunkt der beiden Kraft= richtungen ist das sogenannte Metazentrum des Schiffes, und es erhellt aus dem Gesagten, daß umgekehrt der Abstand zwischen G und F um so größer, das aufrichtende Moment also um so wirksamer sein muß, je höher M über G liegt, oder, wie der Schiffbauer sagt, je größer die metazentrische Höhe des Schiffes ist. —

Nun ist die Berücksichtigung dieser Dinge zunächst sicherlich Sache des Schiffbauers. Sie gehen aber gerade in der Handelsschiffahrt insofern auch den Seemann sehr viel mehr an, als im allgemeinen angenommen wird, weil die Stabilitätsverhältnisse eines Schiffes durch seine Ladung ganz wesentlich verändert werden. Es kann dies nach der negativen, wie nach der positiven Seite hin geschehen, d. h. die Stabilität kann durch zu leichte oder zu hoch liegende Ladung sehr stark verringert (das Schiff kann „rank" werden), oder es kann durch sehr schwere und tief gelagerte Ladung übermäßig „steif", die Stabilität also außerordentlich groß werden.

Letzteres ist praktisch fast noch gefährlicher als ein selbst sehr rankes Schiff. Man wird letzteren Mangel zu gutem Teil durch vor= sichtigere Segelführung, eventuell durch Abdecknehmen der oberen Raaen usw. begegnen können, — das zu steife Schiff kann nicht nur in schwerem Seegang durch seine harten, jähen Schlingerbewegungen eine Lockerung wichtiger Verbände, Leckagen usw. herbeiführen, sondern es ist auch wiederholt vorgekommen, daß dabei der größte Teil der Takelage über Bord gegangen und das Schiff zum Wrack geworden ist. — Wir werden Einiges aus diesem Kapitel noch im folgenden Abschnitt behandeln und können das Thema, auf das weiter einzugehen uns wohl allzu weit auf wissenschaftlich=technisches Gebiet führen würde, hier verlassen.

Abb. 11. Frachtdampfer im Eis.

3. Der Bau des Schiffskörpers.

Für das moderne Handelsschiff und dementsprechend auch für uns hier kommt nur noch der Bau in Eisen bzw. Stahl in Betracht, der sich im übrigen aber eng an den alten Holzbau anlehnt. Zum mindesten, soweit die Benennung der einzelnen Bauteile in Frage kommt.

Das erste eiserne Schiff wurde nach englischen Berichten bereits im Jahre 1787 erbaut, wobei es sich allerdings um ein Fahrzeug von recht bescheidenen Abmessungen (Länge 21,35 m, Tragfähigkeit

32 Tonnen) handelte, aber bis in die Mitte des vorigen Jahrhunderts hinein war das aus Holz gebaute Segelschiff noch überall in der Mehrzahl, und erst der endgültige Sieg des Dampfes führte auch zur Herrschaft des Eisens — bzw. im weiteren Entwicklungsverlauf des Stahls — im Bau der Schiffe.

Schon in einem früheren Abschnitt ist kurz darauf hingewiesen, daß vor allen Dingen die Festigkeit des Stahlbaues eine erheblich größere ist, als die Ausführung in Holz sie geben konnte, und daß es dadurch erst möglich wurde, Schiffe in Abmessungen zu bauen, wie sie heute durchaus üblich sind. Auch in dieser Hinsicht hat der berühmte „Great Eastern" (Abb. 12) — den sicher kein Werk dieser Art übergehen kann — ein klassisches Beispiel gegeben. Der 208 m lange Gigant (seine Abmessungen sind bekanntlich erst in unseren Tagen erreicht und übertroffen worden) kam beim Ablaufen nicht frei von der Helling. 90 Tage schwebte er, nur 103 m weit unterstützt, am Rande des Verderbens oder Zerbrechens; genaue Messungen haben ergeben, daß er sich nur 12,7 mm durchgebogen hatte. Jedes Holzschiff wäre in dieser Lage mitten durchgebrochen. Übrigens wurde die Frage der Festigkeit der größeren Schiffe vor allen Dingen bei den hart gesegelten und daher stark beanspruchten Klippern akut, und man sah sich hier gezwungen, nach Möglichkeit vorzusorgen. So wies der amerikanische Klipper „Great Republic" nicht weniger als 4 Decks und außerordentlich ausgedehnte und komplizierte Diagonalverbände auf. —

Einen vielleicht noch überzeugenderen Beweis von der Widerstandsfähigkeit und Dauerhaftigkeit eiserner Schiffe als der „Great Eastern" hat aber im Jahre 1861 der norwegische Dampfer „St. Olaf" geliefert. Das Schiff hatte in der Nähe von Gothenburg eine Kollision, in deren Folge es sank, ohne daß man bei dem stürmischen Wetter — es war im Herbst — etwas zu seiner Rettung tun konnte.

Im darauffolgenden Frühjahr wurde das Schiff durch einfaches Abdichten des Lecks und Lenzpumpen gehoben, und es erwies sich imstande, unter eigenem Dampf nach Gothenburg einzulaufen.

Der deutsche Schiffbau stand, wie schon in der Einleitung erwähnt, in jenen Tagen auf einer mehr als bescheidenen Stufe, und es kann dies kaum genug hervorgehoben werden, wenn man wirklich die Leistungen nach ihrem vollen Wert würdigen will, die in seiner Erhebung zu dem imponierenden Hochstande von 1914 liegen.

Dabei war die Eisenindustrie unseres Vaterlandes (die wesentlichste Vorbedingung für die Gestaltung des modernen Schiffbaus) schon zur Blütezeit der Hanja hoch entwickelt; an zahlreichen Plätzen erklang der Hammer des Osemundschmiedes, dem die vielfach zutage tretenden Lagerstätten Eisenerz, die Wälder Holzkohlen und die von den Bergen rinnenden Wasser die erforderliche Kraft boten. Besonders hervor taten sich Harz, Thüringen und das Siegerland, die Eifel- und die Saargegend. Durch die Schrecknisse des Dreißigjährigen Krieges und der dann folgenden Verwicklungen mit dem Auslande aber wurde nicht nur die Einwohnerschaft Deutschlands außerordentlich vermindert, sondern auch der blühende Wohlstand des Mittelalters zerstört und die gewerbliche Tätigkeit zugrunde gerichtet. Der Anfang des vorigen Jahrhunderts blickte auf ein politisch so gut wie völlig zerrissenes Deutschland, dessen verarmter Bevölkerung es schlechthin unmöglich war, an den Fortschritten und Umwälzungen, die die Kultur unseres Erdteils jenem Zeitraum zu verdanken hat, entsprechenden Anteil zu nehmen. Durch diese für unser Vaterland unglücklichen Verhältnisse kam es, daß das vor ähnlichem Mißgeschick bewahrte Ausland, insbesondere das durch seine insulare Lage geschützte Großbritannien einen gewaltigen Vorsprung vor Deutschland erreichen konnte, und daß vor allem auch die Entwicklung des Eisenhüttenwesens, ebenso wie diejenige des Steinkohlenhüttenbaus und der Koksbereitung, sowie weiterhin die des Eisenbahnbaues und der Dampfschiffahrt bei uns wesentlich langsamer vor sich ging als dort. Wenngleich schon im Jahre 1796 die Erblasung von Roheisen mittels Koks bei einem Hochofen in Gleiwitz zum erstenmal versucht worden war, kam man doch erst um die Mitte des vorigen Jahrhunderts dazu, diese Versuche auch im Ruhrkohlengebiet zu wiederholen. Es war dies auf „Gute-Hoffnungs-Hütte", „Friedrich-Wilhelms-Hütte" bei Mülheim a. d. Ruhr und an anderen Orten. Die Ergebnisse waren

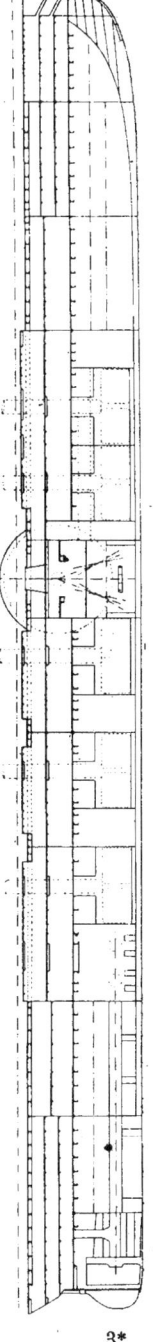

Abb. 12. Längsschnitt des Riesendampfers „Great Eastern".

so erfolgreich, daß im Jahre 1861 allein im rheinisch-westfälischen
Revier bereits 44 Hochöfen im Betriebe waren, deren Errichtung
auch dadurch Unterstützung erfuhr, daß im Jahre 1844 ein mäßiger
Roheisenzoll eingeführt worden war. Gleichzeitig entstanden dann
auch in der Nähe der Ruhrzechen in rascher Folge eine große Anzahl
kleinerer Walz- und Puddelwerke mit Dampfbetrieb. Als Namen
bahnbrechender Pioniere können die eines Friedrich und Alfred
Krupp, eines Friedrich Harkort, eines Jacobi, Haniel und
Thyssen hier nicht unerwähnt bleiben.

Es kann natürlich nicht Aufgabe dieses Buches sein, eine auch
nur annähernd erschöpfende Darstellung des modernen Schiffbaus
zu geben. Mit den Grundprinzipien auf diesem Gebiet aber sollte
jeder vertraut sein, der sich für die Materie interessiert, und vor allen
Dingen auch der junge Seemann.

Wie schon gesagt, lehnt sich das moderne Stahlschiff im allgemeinen
durchaus an sein älteres Vorbild, das hölzerne Schiff, an. Wie dort
unterscheiden wir auch hier als wichtigste und wesentlichste Bauteile des
Schiffskörpers:

den Kiel (Innen- und Außenkiel),
die Steven,
die Spanten,
die Stringer,
die Decksbalken mit Stützen und den auf ihnen ruhenden
Decks,
die Außenhaut, sowie
die Schotten.

Einige besondere Einrichtungen, Längs-Spanten, Diagonalverbände (die aber z. T. auch schon bei Holzschiffen zur Anwendung
gelangten), werden wir im Laufe unserer Ausführungen kennen lernen.

Der Kiel ist auch dem Nichtseemann als das Rückgrat des ganzen
Schiffes bekannt und vertraut, und es ist das in der Tat ein außerordentlich glücklicher Vergleich. Die Herstellung des Kiels aus einem
durchlaufenden Balken war schon im Holzschiffbau selbstverständlich
nur bei Booten und kleinen Fahrzeugen möglich. Bei großen Schiffen
bestand der eigentliche Kiel aus mehreren miteinander durch lange
Holzverbindungen (Laschen) vereinigten Balken, auf denen dann die
Spanten auflagen. Um dem Ganzen noch mehr Halt zu geben, legte
man darüber noch einen zweiten durchlaufenden (Innen-)Kiel, das
sogenannte Kielschwein. Eine fast vollkommen genaue Nachahmung
dieser alten Holzbauweise stellt der stählerne Balkenkiel mit

Träger=Kielschwein dar, der jedoch, wenigstens für größere Schiffe heut kaum noch zur Verwendung gelangt. Gebräuchlicher ist der in Abb. 13 skizzierte, sogenannte Mittel=Plattenkiel und der in

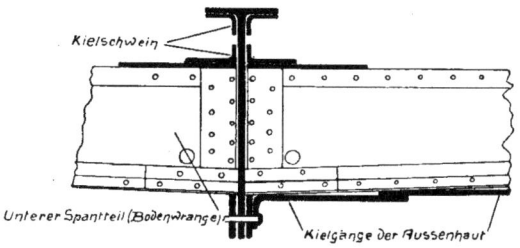

Abb. 13. Mittel=Platten=Kiel.

Abb. 14 gezeigte Flachkiel. Bei großen Schiffen wird unter dem Flachkiel zuweilen noch ein starker, schmaler Balken, der sogenannte Schutzkiel angeordnet, der im Grunde nur eine moderne Ausgabe des alten Loskiels der Holzschiffe ist, hier aber nicht nur wie dort als Schutz des eigentlichen Kiels bei Grundberührungen dient, sondern auch außerordentlich zur Erhöhung der Längsfestigkeit des Schiffes beiträgt. Um die seitlichen (Roll=)Bewegungen des Schiffes im Seegang zu mildern, werden zuweilen in der Biegung der Spanten, der Kimm,

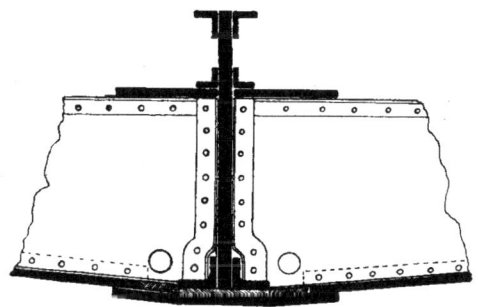

Abb. 14. Flachkiel mit durchlaufender Mittel=Kielplatte.

sogenannte Schlingerkiele eingebaut. Sie werden jedoch durch die modernen Hilfsmittel (Kreisel, Schlingertanks usw.) entbehrlich und kommen bei Neubauten kaum noch zur Anwendung, zumal sie durch die Vergrößerung der Reibungsfläche im Wasser nachteilig auf die Geschwindigkeitsleistung des Schiffes wirken.

Nach vorn und achter geht der Kiel in die Steven über, deren Konstruktionsformen sich nach dem Typ der Schiffe richtet. In Segel=

ſchiffen ſtellt der Achterſteven, wie in Abb. 15 gezeigt, einfach einen
rechtwinklig auf dem Kiel ſtehenden Träger dar, während der Vorder=
ſteven hier gewöhnlich in ſchlankem Bogen nach vorn ausladet. Bei
Dampfern iſt umgekehrt meiſt der Vorderſteven gerade, während der
Achterſteven durch die gebotene Rückſicht auf das Anbringen der
Schraube eine mehr oder minder komplizierte Konſtruktion darſtellt.

Die Konſtruktion der Spanten (der Landbewohner nennt ſie,
wieder mit einem ſehr glücklichen Vergleich, Rippen) geht aus Abb. 16

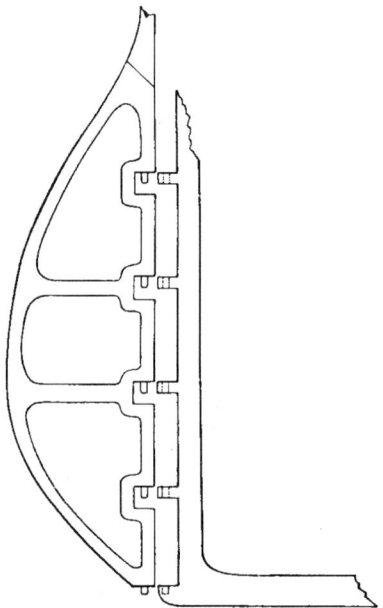

Abb. 15. Achterſteven mit Ruderrahmen
eines Segelſchiffes.

wohl gleichfalls mit für den hier vorliegenden Zweck hinreichender
Deutlichkeit hervor. Ebenſo die wieder dem Holzſchiff entlehnten Be=
zeichnungen der einzelnen Bauteile eines Spants. Die Form der ein=
zelnen Spanten iſt in dem Spantenriß, den wir in dem vorigen
Abſchnitt kennengelernt haben, erſichtlich.

Stringer (gegebenenfalls auch Seiten=Kielſchweine) ſind ur=
ſprünglich Längsverbände, die im weſentlichen als Parallel=Innen=
kiele anzuſehen ſind, nächſtdem bezeichnet man als Deckſtringer
den äußerſten, ſtählernen Decksplankengang. Sie dienen naturgemäß
in hohem Maße zur Erhöhung der Längsfeſtigkeit des ganzen Schiffes,

die in neuerer Zeit schließlich noch dadurch gesteigert worden ist, daß man auch Längs=Spanten anwendet, die mit Stringern und Quer=spanten dann ein vollkommen starres Rahmensystem bilden, das soge=nannte Isherwood=System. (S. Tafel II.)

Sehr wichtige Verbandsteile sind selbstverständlich die Decks=balken mit ihren Stützen. (S. Abb. 16 und 17.) Die Decks selbst sind als Verbände nur zu werten, wenn sie gleichfalls aus Stahlplatten

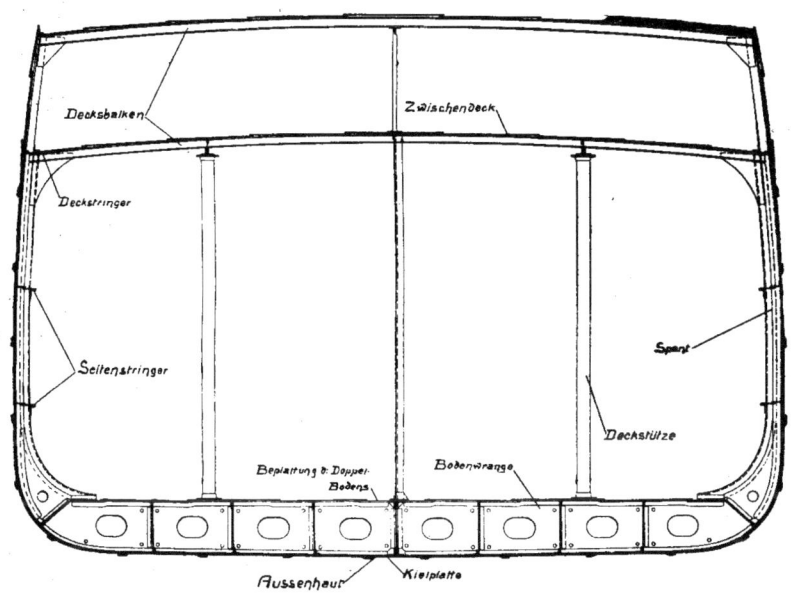

Abb. 16. Querschnitt am Hauptspant eines modernen Schiffes.

hergestellt sind, wie dies bei Seglern unseres Wissens erstmalig bei dem Fünfmastvollschiff „Preußen", bei Dampfern dagegen sehr häufig geschieht. Die hölzernen Decksplanken werden, wo dies nötig ist, auf die Beplattung, deren Gänge in diesem Fall wohl meist stumpf gegen=einanderstoßend angeordnet werden, verlegt. Die Zahl der Decks ist außerordentlich verschieden. Während Segelschiffe außer dem Oberdeck meist nur noch ein zweites, sogenanntes Zwischendeck besitzen (Abb. 16), finden wir in den großen Passagierdampfern gelegentlich 8—9 überein-anderliegende, durchlaufende Decks, zu denen dann unter Umständen noch die üblichen Teildecks (Back und Poop usw.) treten. Die Aufbauten der Segelschiffe bestehen meist in einer kürzeren oder längeren Poop (Halbdeck) mit den Räumen für Kapitän und Offiziere, sowie Proviant

und Segelkammer usw., einem hinter dem Fockmast stehenden Decks=
haus mit dem Mannschaftslogis und der Kombüse (Küche), sowie einer
kurzen Back, unter der das Ankerspill sowie Mannschaftstoilette,
Laternenspind usw. Platz finden. Bei den modernen Riesenschiffen
ist die Poop gewöhnlich auch stark gekürzt und enthält nur Vorrats=
räume usw., während alle Wohnräume in einem großen, von Bord zu
Bord reichenden ungefähr mittschiffs gelegenen Deckshaus unter=
gebracht sind.

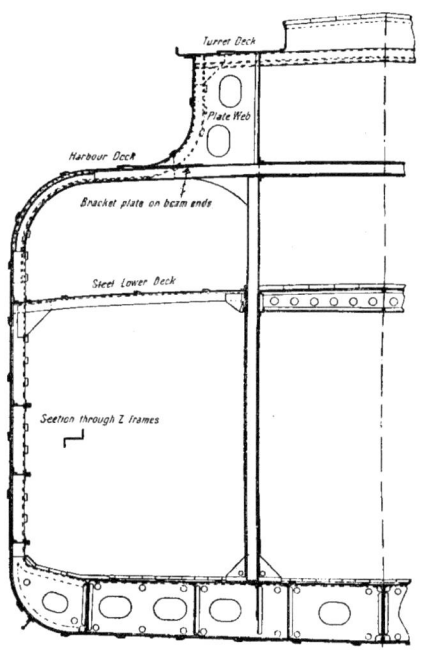

Abb. 17. Querschnitt eines Turmdeck=
(turret-deck-) Dampfers.

Die Außenhaut stählerner Schiffe besteht aus rechteckigen Platten,
deren Stärke sich natürlich nach der Größe des Fahrzeugs richtet. Sie
ist in einer der in Abb. 19 skizzierten Formen auf den Spanten und den
Längsverbänden befestigt, wobei ihr absolutes Dichthalten einen der
Vorzüge gegenüber dem ewig leckenden Holzbau bildet.

Die Befestigung der Außenhaut, ebenso wie die der einzelnen
Verbandsstücke untereinander (beim Holzbau, wie schon bei der Be=
sprechung der Kielkonstruktion angedeutet, eine oft recht schwierige
Aufgabe) erfolgt durch Nieten. In neuerer Zeit versucht man aber

diese, immerhin Zeit und Arbeit kostende Methode durch elektrische Schweißung zu ersetzen, und das erste in dieser Art gebaute Schiff ist im Jahre 1918 in England abgelaufen. Das von dem sehr gewissenhaften Britischen Lloyd (s. Kap. XIII) nach sorgfältiger Prüfung zugelassene Fahrzeug weist keine Nieten auf. Längs- und Quernähte sind von innen und außen auf elektrischem Wege verschweißt. —

Soweit sich die Außenhaut über das Oberdeck hinaus fortsetzt, nennt man sie Verschanzung oder Reling. Eine einfache Konstruktion, wie sie für Dampfer ohne Takelage in Frage kommt, zeigt Abb. 21, die Konstruktion einer Segelschiffsreling zeigen Abb. 40 und 41 usw.

Ein sehr wesentliches Mittel, die Baufestigkeit, aber auch die Sicherheit des Schiffes gegen Leckwerden zu erhöhen, bilden schließlich die Schotten, die sich im wesentlichen als das Schiff in verschiedene, mehr oder minder große Abteilungen teilende Wände charakterisieren. Man unterscheidet Längs- und Querschotten und ihre Zahl und Anordnung ist bei den großen modernen Passagierdampfern besonders nach der „Titanic"-Katastrophe derart bemessen, daß selbst das Volllaufen zweier nebeneinander liegenden Abteilungen das Schiff noch nicht sinken lassen würde. Wo hier eine Verbindung der Abteilungen untereinander erforderlich ist, erfolgt sie durch Türen, die neuerdings selbsttätig — und natürlich wasserdicht — schließend eingerichtet sind. Das gleichzeitige Schließen aller Schott-Türen erfolgt von der Brücke aus. Segelschiffe erhalten meist nur im Vorschiff ein sogenanntes Kollisionsschott. Wo man bei ganz großen Fünfmastern noch weitere Schotten anordnet, sind sie jedenfalls mit Rücksicht auf die Erleichterung des Löschens und Ladens offen. Es ist das nicht so leichtfertig, wie es dem Laien erscheinen mag, und unterbleibt auch nicht nur aus Rücksicht auf die „Profitwut der Reeder", sondern eine Schotteneinteilung wie beim Dampfer wäre für das Segelschiff insofern praktisch wertlos, als durch das Vollaufen auch nur einer größeren Abteilung die Stabilitätsverhältnisse derart verschoben würden, daß ein Kentern des Schiffes die unmittelbare Folge wäre. Abb. 18 zeigt die Decks und die Schotteneinteilung eines größeren Dampfers.

Aus ganz ähnlichen Gründen tut das Segelschiff auch gut, auf die Anwendung eines Doppelbodens, der bei Dampfern allgemein üblich ist, zu verzichten, obwohl es sich damit nicht nur der Vorzüge dieser Einrichtung bei Grundberührung begibt, sondern auch die Möglichkeit einbüßt, durch Einlassen von Wasser in bequemster und billigster Weise Ballast einzunehmen. Ein Segler wird mit Wasserballast im Doppelboden meist zu steif, mit Ladung auf dem Doppelboden aber

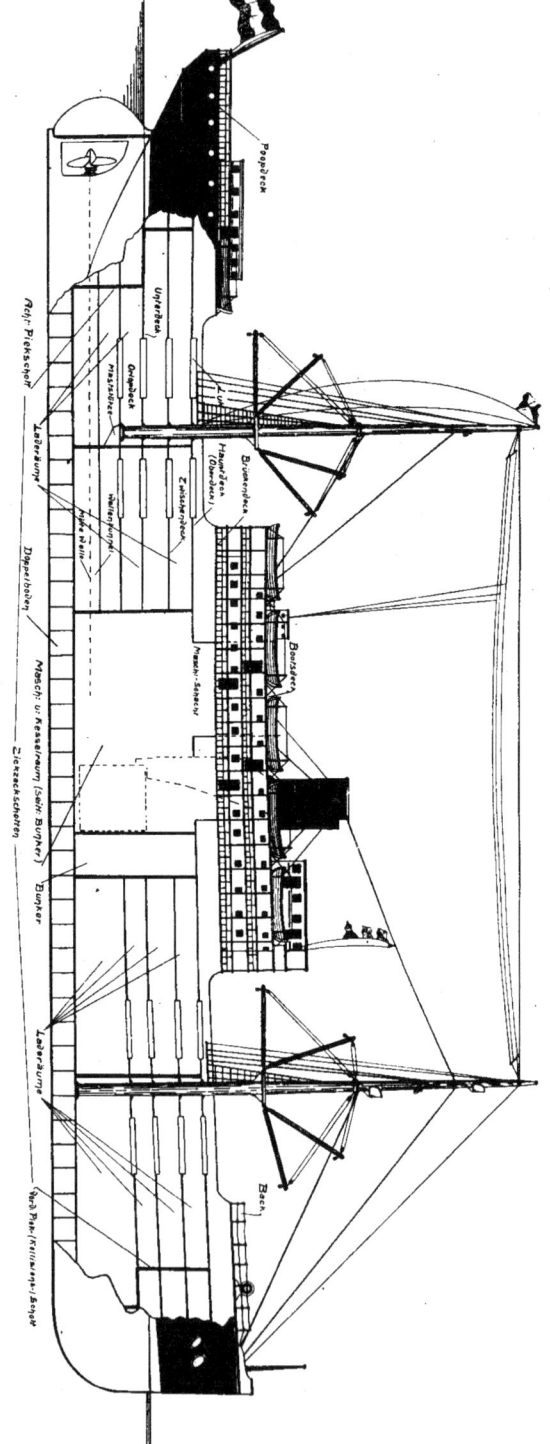

Abb. 18. Decks- und Schotteneinteilung eines größeren Dampfers für Passagier- und Frachtfahrt.

ſtets außerordentlich rank werden. Will man trotzdem hier die Mög=
lichkeit haben, mit Wafferballaſt zu arbeiten, fo muß zu Tieftanks ge=
griffen werden, die aber wieder den Laderaum beeinträchtigen.

Der Gedanke, die Spanten untereinander durch ſchräg laufende
Schienen, die ſchon erwähnten Diagonal=Verbände, zu verbinden und
auf dieſe Weiſe die Feſtigkeit zu erhöhen, liegt im Grunde recht nahe,
und, wie ſchon erwähnt, hat man hieran auch ſchon bei Holzſchiffen ge=
dacht. Die größeren, durch hartes Segeln ſtark beanſpruchten Klipper
griffen ſehr bald zu dieſer Maßnahme, die ihnen ein weſentliches Mehr
an Feſtigkeit und Sicherheit gab.

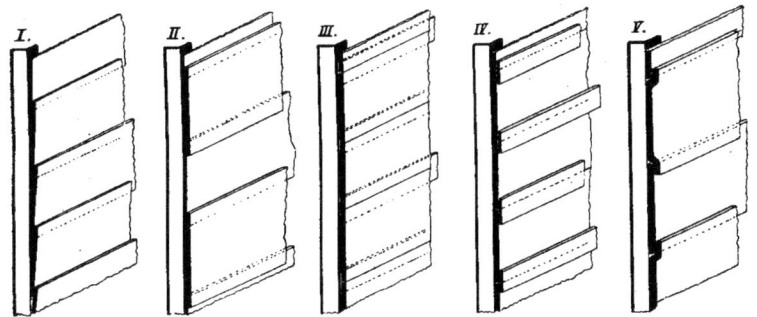

Abb. 19. Anordnungsarten der Außenhaut=Platten:
I. Klinkerbau, II. An= und abliegende Gänge, III. Karvelbau,
IV. Karvelbau mit äußeren Nahtſtreifen, V. gejoggelte Gänge.

Die Kommunikation zwiſchen den Decks erfolgt durch Luken bzw.
(wenn ſie mit Treppen ausgerüſtet ſind) Niedergänge. Ihre Zahl
und ihre Abmeſſungen ſind auch bei einem Frachtſchiffe inſofern wichtig,
als zahlreiche große Luken natürlich ſchnelles Löſchen und Laden er=
möglichen. Segelſchiffe werden im allgemeinen drei Luken aufweiſen.

Ohne das Für und Wider erörtern zu wollen, muß der Vollſtändig=
keit halber an dieſer Stelle noch des Eiſenbeton=Schiffbaus
wenigſtens kurz gedacht werden. Ob und inwieweit ſich die Hoffnungen
der Freunde dieſer Bauweiſe erfüllen werden, iſt ſchwer zu ſagen und
ſoll auch hier nicht erörtert werden. Tatſächlich jedenfalls ſind auf dieſe
Weiſe bereits Schiffe von über 7000 Tonnen Waſſerverdrängung ge=
baut worden, die ſich zunächſt auch in ſchlechtem Wetter auf See recht
gut gehalten haben.

Der Gedanke ſelbſt iſt dabei keineswegs neu. Nach verſchiedenen
Quellen iſt wenigſtens ein kleiner Kahn aus Eiſenbeton bereits 1854
in Frankreich hergeſtellt und auch auf der damaligen Weltausſtellung

Abb. 20 Der, an die Entente ausgelieferte Riesendampfer „Bismarck" der Hamburg-Amerika-Linie (70 000 t) vor dem Stapellauf.

in Paris gezeigt worden. Besonders wichtig wurde das Ganze aber, trotz mancher größeren oder kleineren Versuche auf diesem Gebiet, erst im Kriege, der durch seinen ungeheuerlichen Materialverbrauch auch die Vorräte an Schiffbaustahl derart in Anspruch nahm, daß man ge= zwungen war, nach einem Ersatz zu suchen.

Beim Eisenbetonschiff bilden die Spanten, zwischen denen ein vollständiges Geflecht aus entsprechend starken Eisenstäben angebracht wird, mit der Außenhaut und teilweise auch mit den Decks und den Schotten (für die natürlich gleichfalls ein solches Geflecht die Grund= lage abgibt) ein völlig einheitliches Ganzes von außerordent= licher Festigkeit, wozu noch zu bemerken ist, daß diese mit zunehmendem Alter des Schiffes eher größer als geringer wird. Vorläufig stehen die Betonschiffe den Eisen= bzw. Stahlschiffen allerdings wohl insofern nach, als sie erheblich stärkere Wände erhalten müssen und eben hierdurch nicht unerheblich schwerer ausfallen. Ihre Freunde behaupten jedoch, daß diese Mängel sehr wohl zu beseitigen sein würden. —

Von besonderen Bauteilen sei schließlich an dieser Stelle das Ruder etwas eingehender besprochen.

Die älteste Form des Ruders (der Ausdruck „Steuer" ist unsee= männisch) ist der in Rettungs= und Walbooten teilweise noch heute gebräuchliche Steuerriemen, allerdings nicht über das Heck gelegt, sondern seitlich an der Bordwand hängend, der sich nach den For= schungen Ahrenholds bis in das 13. Jahrhundert hinein erhalten hat. Mit Recht betont dabei der Genannte, daß die Erfindung des fest am Achtersteven angebrachten Mittelruders eine der wichtigsten und be= deutendsten Erfindungen im Seewesen überhaupt darstellt, denn man kann sich denken, daß ein solcher Steuerriemen für die Lenkung größerer Fahrzeuge in einigermaßen schwerer See nur ein sehr unvoll= kommenes Werkzeug abgab.

Daß, wie gesagt, diese Ruderform als Steuerriemen für Boote heute noch in Gebrauch ist, hat seine einfachen Gründe. Es kann hier in schwerer See naturgemäß leicht vorkommen, daß mit dem ganzen hinteren Teil des Bootes auch das Ruder vollständig aus dem Wasser gehoben wird, wodurch die Steuerung mindestens zeitweilig unwirksam gemacht würde, und diese Gefahr wird durch den langen, nachgiebigen Riemen vermieden.

Aber auch das Mittelruder blieb lange Zeit hindurch auch für See= schiffe auf die einfache Form mit direkt zu betätigender Pinne be= schränkt, die wir in kleinen Fahrzeugen und Binnenschiffen auch heute noch kennen, und das Ruder=Rad, auf das wir noch zu sprechen kommen

werden, ist zurzeit noch wenig über ein Jahrhundert alt. Es kam nach einwandfreien Forschungen tatsächlich erst im Anfang des 18. Jahr=
hunderts auf, also zu einer Zeit, in der man schon recht ansehnliche Schiffe kannte, die zudem ihrer ganzen Form nach kaum leicht zu regieren gewesen sein dürften, und es liegt auf der Hand, daß die An=
wendung der einfachen Pinne in der menschlichen Kraft Grenzen findet. Ganz abgesehen davon, daß sie in See nicht ungefährlich ist. Eine gegen das Ruderblatt schlagende See kann zweifel=
los stark genug wirken, um auf einem größeren Fahrzeuge den Steuernden mit gebrochenen Knochen über Bord zu schleudern.

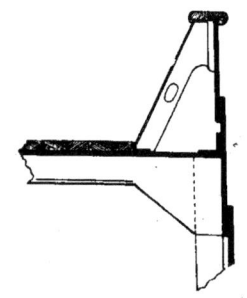

Es dürfte angebracht sein, hier zunächst das Erforderliche über die Wirkungsweise des Ruders zu sagen,

Abb. 21. Reling eines Dampfers mit Stütze und Relingsleiste.

und es sei hierzu auf die beigefügte Skizze (Abb. 22) verwiesen.

Durch die Fortbewegung des Schiffes entsteht naturgemäß ein auf beiden Seiten des Fahrzeugs nach rückwärts entlang laufender, kontinuierlicher Wasserstrom, der sich hinter dem Schiff wieder vereinigt, und ein Blick auf die Kielwasserwirbel eines schnellfahrenden größeren Schiffes zeigt deutlich, daß es sich hier um eine sehr beträchtliche Kraft=
wirkung handelt, die dabei mit steigender Schnelligkeit des Schiffes

Abb. 22.   Schema der Ruderwirkung auf das Schiff.

augenfällig größer wird. Wird nun das Ruderblatt aus seiner Mitt=
schiffslage herausbewegt, so trifft es der Fahrtstrom der Seite, nach der es gelegt wurde, und übt so einen Druck aus, der bestrebt ist, das Vor=
schiff nach der gleichen Richtung zu drehen, um auf diese Weise die Störung wieder auszugleichen. Es wird dieser Druck um so stärker (und demgemäß natürlich auch wirksamer) sein,

1. je größer die Fläche ist, auf die er wirken kann, und

2. je stärker er selbst, d. h. also der Fahrtstrom ist, und

3. schließlich hängt die tatsächliche Wirksamkeit des Ruders na=
türlich auch von dem größeren oder geringeren Widerstande ab,
den die Schiffsform diesem Streben nach einem Ausgleich
entgegensetzt.

Zu 1. ist nun ohne weiteres klar, daß ein Ruderblatt von ge=
gebener Größe dem Fahrtstrom um so mehr Angriffsfläche bietet, je
weiter es aus der Schiffsmitte herausbewegt wird, und zwar wird
diese Fläche am größten sein, wenn Schiffskörper und Ruderblatt
einen Winkel von 90 Grad bilden. Es ist jedoch zu berücksichtigen, daß
ein so stark gelegtes Ruder neben seiner Lenkwirkung auch eine stark

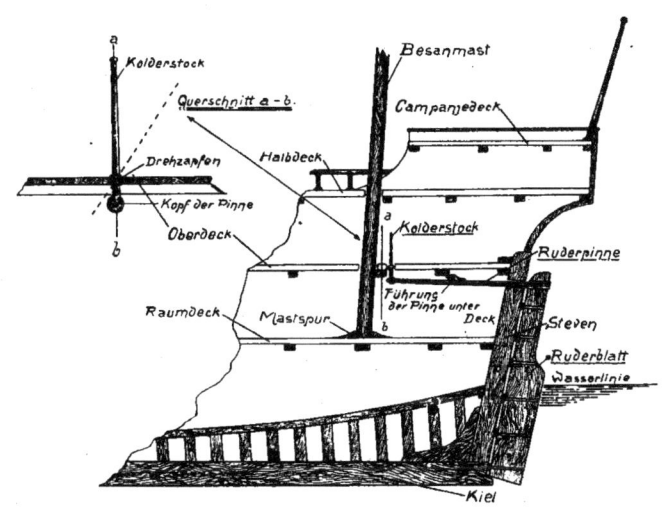

Abb. 23. Alte Rudereinrichtung.

bremsende Wirkung ausüben muß. Im allgemeinen wird in der Praxis
ein Winkel von 42 Grad als sogenannter Maximal=Ruderwinkel ange=
sehen.

Aus der Feststellung zu 2 geht hervor, daß das Ruderblatt bei
schnellen Schiffen mit geringer Fläche die gleiche Wirkung erreicht wie
ein großes Blatt bei einem langsam laufenden Fahrzeuge, und es folgt
hieraus der Grund für die Tatsache, daß bei einem Sinken der Schiffs=
geschwindigkeit über ein gewisses Maß hinaus das Ruder beginnt, un=
wirksam zu werden, was z. B. in der Seeschiffahrt für große und
schnelle Schiffe eine gewisse Mindestgeschwindigkeit erforderlich macht,
und dahin geführt hat, daß die Schiffe, die auch Kunststraßen (Suez=

Abb. 24. Dampfer „Columbus" des Norddeutschen Lloyd zu Anker.

Kanal) regelmäßig befahren, mit einer Einrichtung zur Vergrößerung der Ruderfläche ausgerüstet sind. Ganz besonders wird dies fühlbar werden, wenn, wie unter 3 angeführt, der Widerstand der Schiffsform ein besonders hoher ist, d. h. in diesem Falle, wenn es sich um Schiffe von beträchtlicher Größe und Länge handelt.

Zur rechnerischen Ermittlung des Ruderdrucks dient u. a. die Weißbachsche Formel, in der

R den Ruderdruck in kg,
F die Fläche einer Seite des Ruderblatts,
v die Geschwindigkeit des Schiffes in Knoten,
a den Ruderwinkel bedeuten. Die Formel lautet hiernach:

$$R = 34{,}5 \times F \times v^2 \times \sin a \, (1 - \cos a)$$

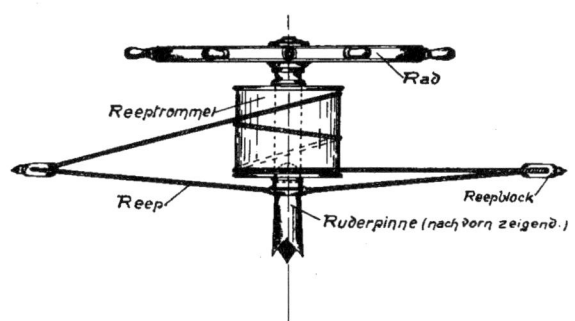

Abb. 25. Handruder mit Reep (Seil=Übertragung).

Bemerkenswert ist schließlich noch, daß der auf das Ruder wirkende Druck naturgemäß auch Nebenwirkungen auf den Schiffskörper selbst ausübt, und zwar wird ein Schiff, wenn es unter Einwirkung des Ruders dreht, sich sowohl mehr oder weniger nach der Seite überlegen, wie auch steuerlastiger werden. Letzteres (also die Veränderungen in der Längsstabilität) dürften immer so gering sein, daß es keine praktische Bedeutung hat. Die Querschiffsneigung kann jedoch unter ungünstigen Umständen, bei an sich schon mangelhafter Stabilität des Schiffes, Beschädigungen usw., tatsächlich bedenklich werden.

Schiffbaulich betrachtet, besteht die Rudereinrichtung eines Schiffes aus dem Ruder=Blatt (dem mit Platten belegten Rahmen, wie er in Abb. 15 dargestellt ist), dem an der Vorkante dieses Blattes oder Rah= mens sitzenden Schaft oder Stamm, dessen oberes Ende als Kopf bezeichnet wird, und der schon genannten, einen einfachen, auf dem Ruderkopf befestigten Hebel vorstellenden Ruderpinne.

Wie gleichfalls schon gesagt, ist nun die einfache Betätigung dieser Pinne mit der Hand einmal überhaupt nur bis zu einer gewissen Grenze möglich, dann aber auch in größeren Fahrzeugen unmittelbar gefährlich. Man kann diesen Übelständen teilweise begegnen — und ist sicher hierauf zu allererst verfallen —, indem man an jeder Seite der Pinne eine Talje (Flaschenzug) aufschlägt, deren zweiter Block an der Bordwand auf Deck befestigt ist. Es ist dies aber insofern gerade für das Segelschiff kein restlos befriedigender Ausweg, als es im Interesse guten Steuerns wünschenswert erscheint, daß der Rudersmann die normalen Ruderblattbewegungen fühlt.

Das älteste Mittel, diesen Wünschen Rechnung zu tragen, bot nun die in Abb. 23 wiedergegebene Einrichtung, die ihrem unbekannten

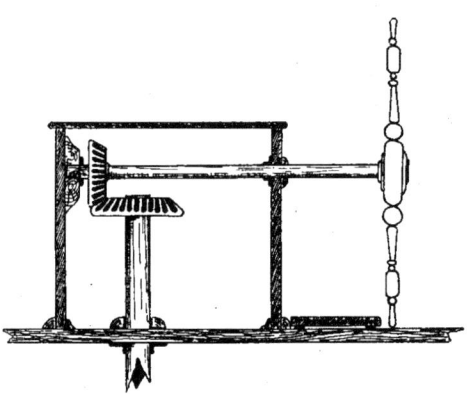

Abb. 26. Ruder mit Zahnrad-Übertragung.

Erfinder alle Ehre macht, zweifellos trotz mancher Schwächen ebenso sinnreich wie wirksam gewesen sein muß, und deren Bekanntschaft wir gleichfalls dem schon erwähnten Forscher verdanken.

Wenn man berücksichtigt, daß der Rudergänger nicht gut anderswo als unter dem vorderen Teil des Halbdecks (also dicht hinter dem letzten Mast) gestanden haben kann, denn mindestens die Segel mußte er beim Steuern selbst beobachten können, so ergibt das einmal schon eine Pinne von ganz gewaltiger Länge und Wirksamkeit, die einen Hebelarm von enormer Wirkung darstellt. Nächstdem aber war natürlich auch der Hebel des Kolberstocks (s. d. Skizze) um so wirksamer und kräftiger, je größer das Schiff war. Mindestens war hier wohl mit einem langen Hebelarm von etwa $2\frac{1}{2}$ m zu rechnen. Erstaunlich ist allerdings, wie auch Ahrenhold feststellt, der geringe Ruderwinkel, der bei Benutzung dieser Einrichtung verbleibt. Der seitliche Ausschlag der Pinne kommt, wenn der Mann an Deck seinen Hebelarm um voll 47 Grad nach einer Seite legen kann, was tatsächlich wohl das äußerste gewesen sein kann, nicht über 5 Grad, was besonders bei der Langsamkeit der großen, massigen Holzschiffe unglaublich gering erscheint, aber schon in zuverlässigen Quellen Ahrenholds ausdrücklich erwähnt und verbürgt wird.

Das heute gebräuchliche Ruderrad in seiner ursprünglichen Form zeigt die in Abb. 25 dargestellte Übertragung der am Rade betätigten Kraft auf die Pinne (nach Art der schon besprochenen Taljen) durch das sogenannte Steuer=Reep. Ein Tau oder auch eine Kette ist in mehreren Windungen um die das Rad tragende Trommel herumgeleitet und die Enden durch je nach der Größe des Ganzen ein= oder mehrscheibige Blöcke (Kloben) hindurch zur Pinne geleitet und befestigt. Jede Drehung der Trommel windet nun natürlich das Reep auf der einen Seite auf und nach der anderen ab und bewegt auf diese Weise die Pinne. Eine einfache, sinnreiche Einrichtung, die, dank ihrer großen Billigkeit und der Leichtigkeit, mit der etwaige Reparaturen möglich sind, auf älteren Segelschiffen und selbst auf kleineren Dampfern auch heute noch überwiegend im Gebrauch ist. Ihr fast einziger Nachteil liegt darin, daß es schwer oder gar nicht möglich ist, das Reep so steif zu halten, wie bei einer starren Verbindung, und es ist auf diese Weise natürlich stets etwas toter Gang vorhanden, der beim Steuern störend und auch für die Haltbarkeit des Ganzen nachteilig ist.

Eine Rudereinrichtung mit Zahnradübertragung zeigt die Abb. 26. Sie ist in dieser einfachen Form jedoch natürlich nur für kleinere Fahrzeuge zu verwenden und erfordert dabei, wenn sie nicht die gleichen Nachteile wie das Reep haben soll, ausgesuchtes Material für die Zahnräder und eine peinlich sorgfältige Lagerung des Ganzen. Zu reparieren ist sie natürlich nur, wenn man Reserveräder mitführt.

Die modernste Rudereinrichtung für Segler ist die Schraubenspindel (Abb. 27), die, gutes Material vorausgesetzt, die größte Kraftentfaltung und die weichste Wirkung gewährleistet. Es gibt hier verschiedene Einrichtungen, die jedoch mehr oder weniger alle denselben Grundgedanken benutzen.

Für die modernsten und größten Schiffe reichte aber schließlich auch diese Einrichtung nicht mehr aus, denn es war einfach nicht möglich, das Ruder bei dem kolossalen Druck, der hier auf dem Blatt lastet, mit der wünschenswerten und nötigen Schnelligkeit zu bewegen. Man hat daher bei diesen Schiffen auf die Maschinenkraft zurückgegriffen, und die kleinen Ruderräder solcher Schiffe haben mit der riesigen Stahlkonstruktion des eigentlichen Ruders selbst gar nichts mehr zu tun, fonbern finb im Grunbe nichts anberes als ber Umfteuerapparat einer mehr ober minber ftarfen Mafchine, bie burch eine leichte Drehung nach ber einen ober ber anberen Richtung hin in Tätigfeit gefeßt wirb. Der Betrieb ber Rubermafchine erfolgt meift burch Dampf ober auf hy= braulifchem Wege. In neuerer Zeit hat man jeboch auch bereits bie Elektrizität für biefen Dienft herangezogen, unb ift bei unfern mobernften Riefenbampfern fogar fchon bei ber felbfttätigen Steuerung an= gelangt, bie ben einmal eingefteuerten Kurs automatifch aufrecht= erhält. Eine eingehenbere Befchreibung bes hier in Betracht fommenben Apparates würbe wohl zu weit führen. Er ftellt im übrigen aber burchaus fein fo großes Wunber bar, wie es auf ben erften Blick er= fcheinen mag, unb wirb an anberer Stelle noch furz befprochen werben.

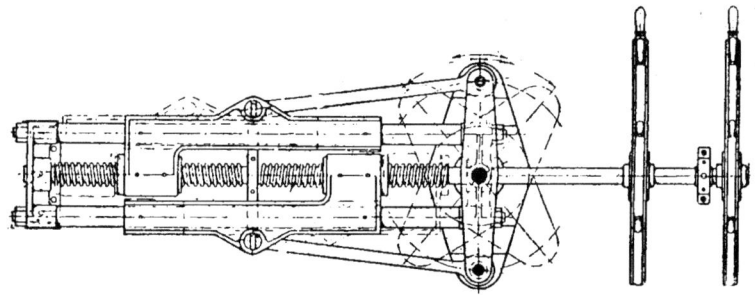

Abb. 27. Rubereinrichtung für ein großes Segelfchiff, mit Schraubenfpinbel unb boppeltem Hanbrab.

Streng genommen gehören bie Rubereinrichtungen unb min= beftens ihr mafchineller Teil wohl fchon mit in bas Gebiet ber weiterhin zu befprechenben Ausrüftung bes Schiffes. Wohl aber werben noch auf ber Helling, alfo bevor bas im Rohbau fertige Schiff zu Waffer gelaffen unb fo feinem Element übergeben wirb, eine große Anzahl einzelner Teile eingebaut, bie in ihrer Gefamtheit mit zum eigentlichen Schiffskörper gehören, unb von benen wir hier noch Klüfen unb Poller furz erwähnen wollen.

Die Klüfen finb runbe ober ovale Öffnungen in ber Borbwanb, burch welche Ketten ober Taue — zum Schleppen, ober um bas Schiff feftzulegen ufw. — hinburch geleitet werben fönnen. An erfter Stelle finb bie Bug=Klüfen zu nennen, burch welche bie Ketten ber Anfer fahren. Von ihnen, bie in ihrer Stellung am Schiff wirflich wie bie Augen etwa eines Seetieres wirfen, leitet fich übrigens bie fcherzhafte Bezeichnung ber Augen bes Menfchen als Klüfen im Seemanns= jargon her.

Poller sind kurze, starke eiserne Pfeiler, die auf Deck angebracht sind, um Taue (Festmache=Trossen usw.) an ihnen zu befestigen (s. Abb. 28).

Ist das Schiff im Rohbau fertig, so erfolgt der Stapellauf, d. h. man läßt das Fahrzeug von der schräg nach dem Wasser abfallenden Bau=Fläche, der schon erwähnten Helling, in das Wasser hinab= gleiten. Gewöhnlich erfolgt der Ablauf mit dem Heck voran, doch läßt man auch selbst große Schiffe seitlich ablaufen. Bekannt ist, daß dieser Stapellauf des Schiffes stets als ein Festakt begangen wird, dem die feierliche Taufe des neuen Fahrzeuges vorangeht. — —

Es folgt sodann die eigentliche Ausrüstung des Schiffes, die u. a. die Aufstellung und den Einbau von Spillen und Winden (der

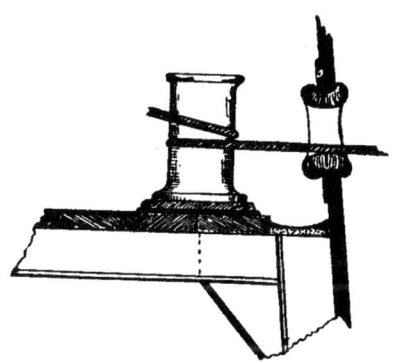

Abb. 28.　Poller mit Verhol=Klüse.

Seemann sagt „Winsch", „Winschen"), den etwaigen Hilfsmaschinen, die Ausstattung mit Ankern und Ketten, Ladebäumen und Davits, Pumpen, Booten usw. usw. umfaßt und neben der gleichzeitig der Aufbau der weiterhin gesondert zu besprechenden Takelage, bzw. bei Dampfern und Motorschiffen der Einbau von Maschinen und Kesseln usw. erfolgt.

a) Spille und Winden.

Spille und Winden sind im Grunde dasselbe: mechanische, von Hand= oder Maschinenkraft zu betreibende Vorrichtungen, mit dem Unterschiede, daß die Spille um eine senkrechte, die Winden um eine wagerechte Drehungsachse arbeiten. Im besonderen versteht man unter „Spill" die zum Aufwinden (Lichten) der Ankerketten dienende Winde und nennt die aufrecht stehenden Spille Gangspille,

Abb. 29. „Boote klar!" Rettungsmanöver auf einem modernen Passagierdampfer.

von denen große Schiffe eine ganze Anzahl besitzen. Das Gangspill auf der Back ist dabei gewöhnlich zweiteilig und dient sowohl, wie die übrigen zum Einwinden von Verholtrossen und ähnlichem, wie zum Bewegen der Ankerwinde, die gewöhnlich darunter, unter der Back steht. Das ältere Pumpspill, das die Ankerwinde durch Auf= und Niederbewegen von Hebeln — wie eine Feuerspritze — bewegt, findet sich wohl kaum noch auf großen Schiffen. Die aufrechten Gangspille werden durch Hebebäume, die Spillspaken, bewegt, indem die Leute im Kreise herumlaufen. Dampfer betreiben natürlich ihre Spille vielfach durch Hilfsmaschinen, die durch Dampf, in neuerer Zeit auch durch Elektrizität getrieben werden. Auch besondere kleine Motoren für Spille und Winden sind vorhanden. Den Gebrauch von Fall= und Brassenwinden werden wir weiterhin im Artikel „Bemastung und Takelung" kennen lernen.

b) Anker und Ketten.

Die große Bedeutung des Ankers und seines Geschirrs für die gesamte Schiffahrt wird schon durch die Tatsache genugsam bezeichnet, daß er in der ganzen Welt als das Symbol des Seewesens und der Schiffahrt gilt, und in der Tat gehört er zweifellos zu den wichtigsten Ausrüstungsstücken eines jeden Schiffes. Ganz besonders aber galt und gilt dies für das Segelschiff, für das der Anker bei drohender Strandungsgefahr die letzte Rettungsmöglichkeit darstellt, und diesem Umstande dürfte der Anker denn auch ohne Frage die erwähnte sym=bolische Stellung verdanken.

Der erste Anker war ein durchlochter, entsprechend schwerer und großer Stein, und es ist dies, besonders für kleinere Schiffe, gar kein so schlechter Anker, wie wir von unseren Festmachebojen, deren Zement=blöcke dem Wesen nach nichts anderes sind, sehr gut wissen. Hölzerne und bronzene, später dann auch eiserne Anker in Form teilweise ein=armiger Haken und zur Erzielung des erforderlichen Gewichts mit Steinen beschwert, bildeten weiterhin den Übergang zu dem doppel=armigen, eisernen Anker, der sodann seine seit langem feststehende und bekannte Form (der sogenannte Admiralitätsanker) bis in die neueste Zeit hinein zu wahren gewußt hat und auch heute noch in dieser Form im Gebrauch ist. Allenfalls hat man ihm auch einen eisernen Stock gegeben. Der, mit beweglichen Armen versehene, sogenannte Portersche Anker, verdankt seine Entstehung der Tatsache, daß der aufrecht stehende Arm des gewöhnlichen Ankers leicht Veranlassung zu einem Unklar=werden der Kette gab, die sich bei etwaigen Drehungen des Schiffes

Abb. 30. Maschinenraum des Motor-Schiffes „Havelland"
der Hamburg-Amerika-Linie.

in strömendem Wasser um den hochstehenden Arm legen kann. Sie wird in solchem Falle natürlich, wenn bei Wind und Strom Zug auf das Ganze kommt, den Anker mit Leichtigkeit aus dem Grunde brechen. Die Arbeitsweise des Ankers zeigt unsere Abb. 31, deren ausführliche

| Das Kreuz des fallenden Ankers berührt den Grund, der Anker neigt sich, bis die Kugel des Stockes gleichfalls auf dem Grunde ruht. | Durch den Zug der gestoppten Kette kantet der Anker und berührt den Grund mit einer Hand. | Der weitere Zug der Kette zwingt den Anker, sich mit Hand und Arm in den Grund einzugraben; Schaft u. Stock liegen glatt auf dem Boden. |

Abb. 31. Die Vorgänge beim Ankern.

Unterschrift eine weitere Erklärung wohl überflüssig macht. Sie zeigt aber auch weiter einen gemeinsamen technischen Nachteil aller dieser einfacheren Anker, der in der Tatsache besteht, daß immer nur ein Arm in den Grund greifen kann, während der andere nutzlos im Wasser steht, oder doch, wenn er beigeklappt wird, jedenfalls keine Arbeit leistet.

Zu den wohl ältesten Versuchen, diesem Mangel abzuhelfen, zählt der mehrarmige Anker, wie er auf allen Binnenschiffen im Gebrauch ist, und den der Seemann als „Draggen" bezeichnet. Er ist weiter ausgebildet worden zu dem sogenannten „Pilz = Anker"

Abb. 32. Pilz=Anker.

(Abb. 32), dessen Haltekraft eine ganz besonders hohe ist, und der daher mit besonderer Vorliebe für Feuerschiffe, die ständig unter oft sehr schwierigen Verhältnissen zu Anker liegen, zur Anwendung kommt. Mit den modernsten Ankerformen haben Draggen und Pilzanker das Fehlen eines Anker=Stockes gemeinsam. Der moderne Anker, von dem es eine ganze Reihe von Formen gibt (Smith, Martin, Inglefield usw.), die jedoch alle nach dem gleichen Prinzip konstruiert sind, soll in erster Linie mit beiden Händen halten und weiter (durch das Fehlen des Stockes) die schwere und langwierige Arbeit ersparen, die das Anbecknehmen (Fischen und Katten) des gewöhnlichen Ankers nach dem Lichten erfordert. Wenn der Anker über Wasser ist, hievt das Spill ruhig weiter und zieht schließlich den ganzen Schaft bis an die Hände in die entsprechend weit gehaltene Klüse hinein. Auf Dampfern sind die Anker dieser Art heut schon fast ausschließlich im Gebrauch, für Segelschiffe allerdings eignen sie sich weniger, da sie, was hier nicht immer zu erzielen ist, zu Grund kommen müssen, während das Schiff noch Fahrt voraus macht.

Unzertrennlich von dem Anker erscheint uns heut die Kette, die ihn mit dem Schiffe verbindet, und doch ist ihre Einführung noch kaum ein Jahrhundert alt, und war, so selbstverständlich sie uns heute erscheint, von einer Bedeutung für die Schiffahrt, von der wir kaum noch eine Vorstellung haben. Sie hat, von anderem abgesehen, allein erst ermöglicht, daß die gesamte Schiffahrt in unseren Breiten ihren Betrieb auch den Winter hindurch aufrechterhalten konnte, was, so erstaunlich das uns im Zeitalter des Verkehrs erscheinen mag, einfach unmöglich war, so lange man auf die dicken Hanfkabel der guten alten Zeit angewiesen war. Zunächst waren diese Ungetüme, die für die damals kaum über 500 Tonnen großen Segler einen Durchmesser von 10—15 Zoll erreichten, in steifgefrorenem Zustand naturgemäß überhaupt nicht mehr zu bewältigen. War doch ohnedies auch unter normalen Verhältnissen das Ankerlichten die schwerste Arbeit an Bord. Außerdem aber wären sie natürlich auch, trotz ihrer Dicke, vom Eise zerschnitten worden.

Trotz dieser offensichtlichen Nachteile der Ankerkabel glaubten dabei im Anfang die alten Kapitäne aus den verschiedensten Gründen sich heftig gegen die Einführung der Ketten wehren zu müssen, und so war (nach Mühleisen, „Seemannschaft") das 221 Tonnen große Schiff „Ann' and Jsabella" im Jahre 1808 das erste Fahrzeug, das diese Neuerung wagte und seine Anker an einer handgeschmiedeten Kette führte. Ein Jahr später erfand man dann auch Schäkel und Wirbel, so daß einer der wesentlichsten Einwände gegen die Kette (die Un= möglichkeit, sie im Notfall kappen zu können) entfiel; aber es dauerte doch noch bis in die Mitte der zwanziger Jahre des vorigen Jahr= hunderts, bevor die Neuerung sich so weit durchsetzte, daß man von ihrer allgemeinen Einführung sprechen konnte. Es ist eben eine alte Erfahrung, daß der Seemann und der Bauer am zähesten am Alther=

gebrachten hängen und zunächst der modernen Technik reichlich miß=
trauisch gegenüberstehen.

Die Haltekraft des Ankers ist abhängig in erster Linie von seiner
Schwere und seiner Fähigkeit, tief in den Boden einzugreifen. Nächst=
dem spielt natürlich auch die Breite der Hände eine Rolle. Trotzdem
aber wird selbst ein verhältnismäßig sehr schwerer Anker nicht halten,
wenn die Kette zu leicht und vor allen Dingen zu kurz ist. Der Haupt=
vorzug der Kette gegenüber dem alten Kabel, daß sie nämlich vermöge
ihrer Schwere im Bogen hängt, und die anrollenden Seeen erst das
ganze Kettengewicht zu heben haben, bevor Kraft auf den Anker
selbst kommt, wird bei zu leichter und zu kurzer Kette aufgehoben,
und den kurzen, unvermittelten Rucken hält auf die Dauer der Anker
nicht stand. Liegt aber gar das Fahrzeug nahezu senkrecht über dem
Anker, so wirkt sein Schaft direkt als Hebel, der bestrebt ist, den Arm
aus dem Grunde zu heben, wie dies stets beim Lichten des Ankers
der Fall ist. Es ist keineswegs übertrieben, wenn man bei einigem
Seegang an nicht ganz sicherem Ankerplatz das Drei= bis Vierfache
der Wassertiefe an Kette aussteckt.

Die Kette soll mit ihrem Ende („Tamp" sagt der Seemann) an
einem soliden Bolzen im Kiel verankert sein und liegt im übrigen in
einem abgeschlagenen Raum des Vorschiffes, dem sogenannten Ketten=
kasten. Beim Lichten des Ankers ist für ihre ordnungsmäßige Ver=
stauung mit Hilfe der Kettenhaken zu sorgen, damit sie beim Werfen
klar ausläuft.

c) Pumpen.

Die Ausrüstung mit Pumpen beschränkt sich bei Segelschiffen
auf die — wohl immer noch von Hand zu bedienenden, sogenannten
Lenzpumpen, die bestimmt sind, etwa eingedrungenes Leckwasser
aus dem Schiff zu entfernen, es, wie der Seemann sagt, „lenz zu
pumpen". Sie sind gegen große Leckagen natürlich ohnmächtig,
aber gegen solche, die im allgemeinen auf eisernen Schiffen kaum
vorkommen, ist, wo dies — etwa infolge einer Kollision oder dergl. —
wirklich vorkommt, überhaupt kein Kraut gewachsen. Auf hölzernen
Segelschiffen, die stets etwas Wasser machen, hatte man vielfach,
besonders auf Norwegern, eine Windmühle auf dem Oberdeck stehen,
die in regelmäßigen Abständen die Pumpen in Betrieb setzte. Dampfer,
besonders die großen Passagierdampfer, verfügen natürlich über eine
beträchtliche Anzahl maschinell betriebener Pumpen, deren Be=
schreibung jedoch zu weit auf das rein maschinentechnische Gebiet
führen dürfte.

Abb. 33. Der „Imperator" der Hamburg-Amerika-Linie nach dem Ablauf.

d) Boote.

Die Boote dienen sowohl zum Verkehr mit dem Lande, wenn das Schiff auf einer Reede zu Anker liegt, wie als letztes Rettungs= mittel der Mannschaft bei einem Verlust des Schiffes in See.

Sie sind in bekannter Weise teils aus Holz, teils aus Eisen erbaut und zum Teil auch, als Rettungsboote, mit Luftkammern in Bug und Heck versehen. Segelschiffe führen je nach ihrer Größe 1—6, große Schnelldampfer bis zu 24 feste und eine ganze Anzahl zu= sammenklappbarer Boote, von welch' letzterer Art die verschiedensten Konstruktionen existieren.

Boote mit Maschinen, und zwar mit Verbrennungsmotoren, sind auf Handelsschiffen bisher nur selten, und zwar auf einigen modernen Passagierdampfern im Gebrauch, wobei man dann gleich noch einen Schritt weiter gegangen ist und bei einigen Reedereien, so beim Norddeutschen Lloyd, einige der Boote auch mit einer kleinen Funksprucheinrichtung ausgerüstet hat. So hat der Dampfer „Columbus", das neueste und größte Schiff der deutschen Handels= flotte, zwei Rettungsbootfunkstellen erhalten, die in zwei Motorboote eingebaut sind. Die Rettungsbootfunkstelle ist ein in kleinster Form gehaltener Funksender, dem die Wellen 300, 450 und 600 Meter zur Verfügung stehen. Die Einrichtung ist so beschaffen, daß sich die Rettungsbootfunkstellen stets betriebsklar in den Booten befinden und im Notfalle durch einfaches Aufrichten der Masten mit geeigneten Antennen in Betrieb gesetzt werden können. Als Stromquell dient ein kleiner Umformer, der durch eine Reibungskupplung vom Boots= motor angetrieben wird. Als Empfangseinrichtung dient ein Detek= torenempfänger mit den obigen Wellenlängen. Durch die so getroffene Einrichtung sind die Rettungsboote in der Lage, fast unmittelbar, nachdem sie zu Wasser gebracht sind, in funkentelegraphische Ver= bindung mit etwa heraneilenden Schiffen zu treten. Der „Columbus" hat im ganzen 36 Rettungsboote an Bord, die insgesamt 3008 Per= sonen aufnehmen können. Da das Schiff für die Beförderung von 1792 Fahrgästen eingerichtet ist und die Besatzung 733 Personen beträgt, ist jede mögliche Gewähr gegeben, daß Fahrgäste und Besatzung bequem in den Rettungsbooten untergebracht werden können, ohne sie ganz zu füllen. Die beiden oben erwähnten Motorboote, die je 40 Personen fassen, sind mit einem Motor ausgerüstet, der es ihnen ermöglicht, die übrigen Boote ins Schlepptau zu nehmen und sie so den zu Hilfe herbeieilenden Schiffen oder dem nächsten Hafenplatze zuzuführen.

Das Aussehen (zu Wasser bringen) der Boote geschieht mit Hilfe drehbarer Krane, der sogenannten Davits, deren Flaschenzüge man Bootstaljen nennt. (S. Abb. 29.)

Zur Ausrüstung eines Schiffes gehört sodann noch das gesamte notwendige Inventar, als Rettungsgeräte (Gürtel, Ringe usw.), Tauwerk (Stahldraht und Hanf), Signalmittel, Kohlen, Wasser,

Abb. 34. Trockendock mit altem Kriegsschiff.

Proviant, Blöcke, Reserveteile für Maschinen und Takelage usw. usw., Dinge, die z. T. noch in der Folge zu besprechen sein werden. — —

Um fertige Schiffe, die eine Beschädigung an dem Unterwasserteil, dem sogenannten „lebendigen Werk", erlitten haben, ausbessern bzw. um das Unterwasserschiff gründlich reinigen und streichen zu können, sind die Werften mit Docks oder Slippvorrichtungen versehen.

Von den ersteren unterscheidet man Trockendocks und Schwimmdocks. Die Trockendocks sind große Gruben, die mit dem Wasser des Hafens durch eine Schleuseneinrichtung verbunden sind, und die man vollaufen läßt, wenn das Schiff hinein soll. Durch Auspumpen des (natürlich wieder geschlossenen) Docks sinkt das Schiff auf die Sohle, wo es abgestützt wird. Schwimmdocks sind eiserne Kastenkonstruktionen, die durch Wassereinlaß gesenkt werden, und das in sie hineingeführte Schiff mit sich heben, wenn sie wieder ausgepumpt werden. Unter Slipps versteht man eine Vorrichtung, um Schiffe aus dem Wasser auf das Trockene zu ziehen (aufzuschleppen). —

Die beigegebenen Bilder zeigen beide Arten von Docks und geben teilweise zugleich ein Bild der Schiffsformen unter Wasser. —

4. Bemastung und Takelung.

Wie schon in Abschnitt 1 dieses Kapitels erwähnt, reichen die Anfänge der Entwicklung der modernen Bemastung bis in das Zeitalter der großen Entdeckungsreisen zurück. Wenn die weltberühmte „Santa Maria" des Kolumbus wirklich, wie ihre Abbildungen dies zeigen, ein zweites Segel am Großmast gefahren hat — es ist dies vielfach bestritten worden —, so dürfte damit jedenfalls erwiesen sein, daß sie für ihre Zeit durchaus modern war, denn wesentlich früher kann nach allem diese Segelführung kaum bekannt gewesen sein, wie man sich denn auch mit ihrer Weiterbildung sehr viel Zeit (die damals ja ohnehin wohlfeiler war als heute) gelassen hat.

In der Blütezeit des Segelschiffes zeigte dann der vollgetakelte Mast das im allgemeinen auch heut noch gültige, in Abb. 37 skizzierte Bild, d. h. er bestand aus 3—5 Teilen: Untermast, Marsstenge, Bramstenge, Oberbram- oder Royalstenge und unter Umständen noch der Skysegelstenge, wobei die Bramstenge mit ihren Verlängerungen allerdings praktisch meist aus einem Stück bestand. Immer wohl dann, wenn keine Skysegel über den Royals gefahren wurden. Zu jedem dieser Teile des ganzen Mastes gehörte eine Raa mit Segel, die nach ihm benannt war, also:

Unter-
Mars-
Bram-   } =Raa, bzw. =Segel.
Royal-
(Skysegel)-

Raaen und Stengen wurden des weiteren noch näher bezeichnet durch die Namen der einzelnen Masten selbst, die, von vorn nach

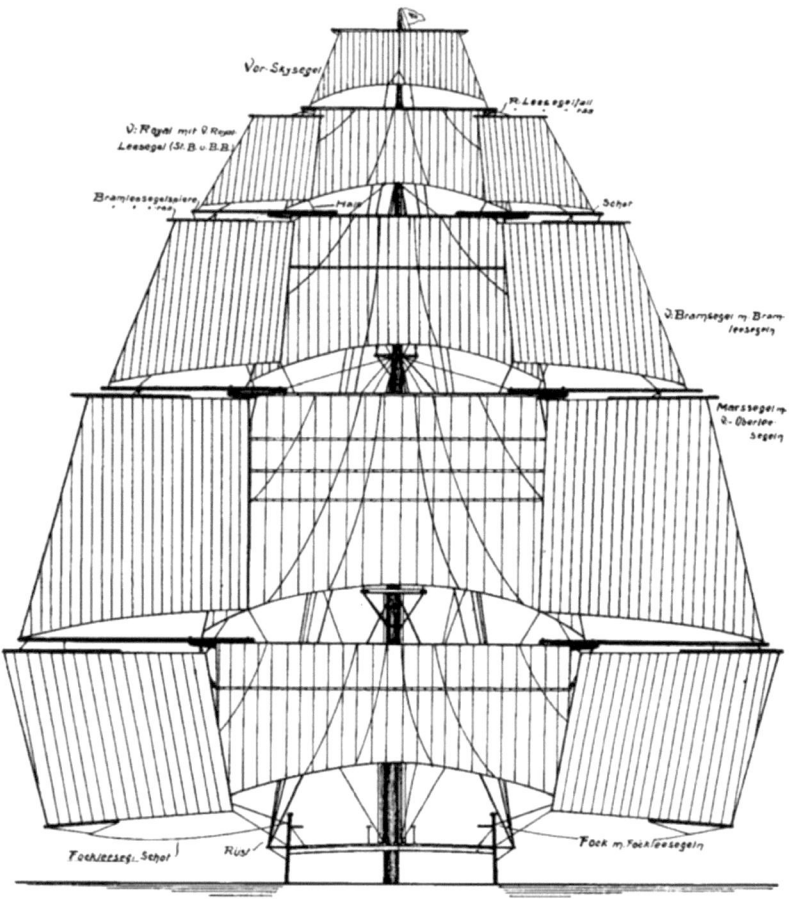

Abb. 35. Fockmast eines Klippers mit ein-
fachem Marssegel, Skysegel und Leesegeln.

achter gerechnet, bei einem, damals den Gipfel der Entwicklung darstellenden dreimastigen Vollschiff Fockmast, Großmast und Kreuzmast heißen. Hiernach ergeben sich als nähere und absolut

unmißverständliche Bezeichnungen für alle Takelageteile der ver=
schiedenen Schiffe die folgenden Bezeichnungen:

Dreimast=Vollschiff.

achter:		vorn:
Kreuzmast	Großmast	Fockmast
(Unter)=Kreuz= oder	Großraa	Fockraa
Begienraa		
Kreuz=Marsraa	Groß=Marsraa	Vor=Marsraa
„ Bramraa	„ Bramraa	„ Bramraa
„ Royalraa	„ Royalraa	„ Royalraa
„ Skysegelraa	„ Skysegelraa	„ Skysegelraa

mit den zugehörigen, nach ihren Raaen benannten Segeln, wobei
das Segel der Fockraa kurz die Fock, die der Royalraaen kurz die
Royals (gelegentlich auch phonetisch „Roils" geschrieben) heißen.

Dreimast=Bark.*)

Besan=Mast	Großmast	Fockmast
ohne Raaen	wie oben	wie oben

Brigg.

Großmast	wie beim Vollschiff	Fockmast

Dreimast=Raa=Schoner.

Besanmast	Großmast	Fockmast
ohne Raaen (das Haupt=	ohne Raaer, wie Besan=	wie oben
segel des Besanmastes [der	mast. Das Gaffelsegel	
Besan] ist das größte Segel	heißt Großsegel.	
im Schiff)		

Zweimast=Raaschoner.

Großmast	Fockmast
ohne Raaen	wie oben

In seltenen Fällen sind übrigens auch über den Skysegeln noch
meist dreieckige, sogenannte Mondsegel oder Sternschraper (Monsail,
skyscraper) gefahren worden. Auch waren gelegentlich die Skysegel
dreieckig, also ohne Raaen. Ein deutscher Name für die letzteren ist
dem Verfasser nicht bekannt geworden, wohl aber gab es immer schon
die auch von der Marine angenommene Bezeichnung Oberbram=
segel für die Royals, die allerdings heute keineswegs mehr zutreffend
ist, wie wir weiterhin sehen werden.

*) S. Abb. 47.

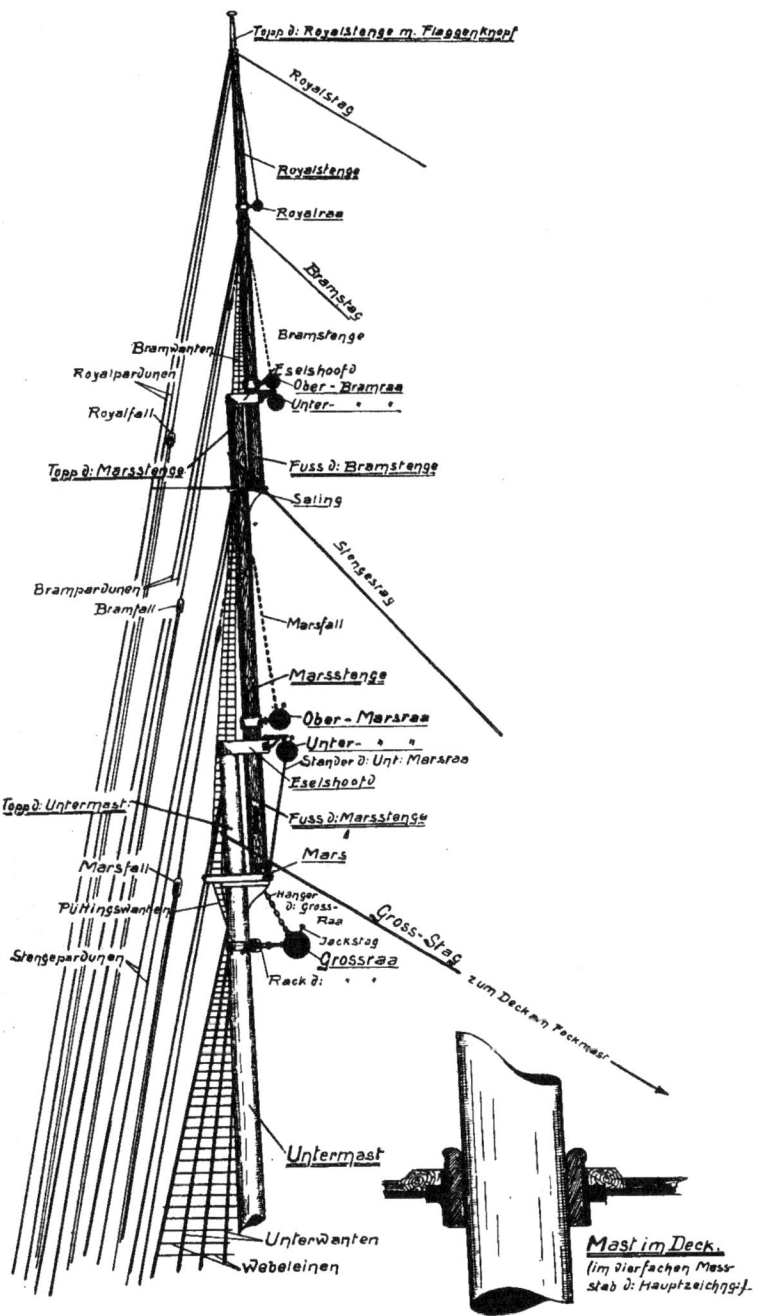

Abb. 37. Vollgetakelter Großmast eines modernen Schiffes.

Es ist seit Einführung der modernen Stahlrohr=Masten vielfach
üblich geworden, Untermast und Marsstenge ebenso aus einem Stück
herzustellen, wie dies früher nur für Bram= und Royalstengen üblich
war. Es werden sogar vollgetakelte Masten ganz in eins, also als
sogenannte Pfahlmasten hergestellt. Es hat dies auf die sonstige
Betakelung und auch auf die Bezeichnung der einzelnen Mastteile
jedoch keinen Einfluß.

Masten ohne Raaen bestehen normalerweise aus zwei Teilen
(Untermast und Stenge). Sie werden heute wohl überwiegend als
Pfahlmasten konstruiert (s. Abb. 38). —

Ein großes Vollschiff der Klipperzeit fuhr hiernach im allgemeinen
(ohne Berücksichtigung der Stagsegel, auf die wir noch zu sprechen
kommen) 15 Raaen mit den dazu gehörigen Segeln.

Bei günstigen Windverhältnissen aber war man bestrebt, diese
bedeutende Segelfläche noch weiterhin zu vergrößern und bediente
sich zu diesem Zwecke der sogenannten Leesegel, die bei raumem
(schräg von achter einkommendem) Winde auf einer, und zwar der
Luv=Seite, bei platt von achter kommendem Winde jedoch an beiden
Seiten gesetzt werden konnten, so daß sich die imposante Leinwand=
pyramide ergab, die in der Skizze (Abb. 35) dargestellt ist. Die Art
der Anbringung der Leesegel geht aus der Zeichnung mit hinreichender
Deutlichkeit hervor, zumal es wohl kein Schiff mehr gibt, das noch
diese Beisegel fährt, das Ganze also praktisch der Vergangenheit
angehört.

Abgesehen davon, daß auch auf diesem Gebiet das Holz so gut
wie vollständig durch Eisen bzw. Stahl verdrängt worden ist (in der
deutschen Kriegsflotte trug die 1867 in Frankreich erbaute Panzer=
fregatte „Friedrich Karl" die ersten eisernen Hohlmasten, warf aber
schon auf der Überführungsreise in der Biskaya Fock= und Großmast
über Bord), ist diese Anordnung der Besegelung in ihren Grundzügen
bis heute bestehen geblieben und hat sich eigentlich nur insofern noch
weiter entwickelt, als man zunächst die Zahl der Segel (und damit
natürlich auch die der Raaen) zugunsten einer Steigerung ihrer Größe
beschränkte (die zahllosen kleinen Segel und Beisegel machten sehr
viel Arbeit, erforderten eine zahlreiche Besatzung und besaßen dabei
nur eine geringe Wirkung), um später notgedrungen das umgekehrte
Verfahren einzuschlagen, die Segelzahl wieder zu erhöhen und
daneben Einrichtungen zu schaffen, um trotz der sich steigernden Größe
der Schiffe die Bedienung durch möglichst wenige Hände zu er=
möglichen.

Verschiedene Konstruktionen, die ein selbständiges Reffen und Bergen besonders der recht schwierig zu bedienenden Marssegel ermöglichen sollten, konnten mindestens nur sehr bedingt befriedigen

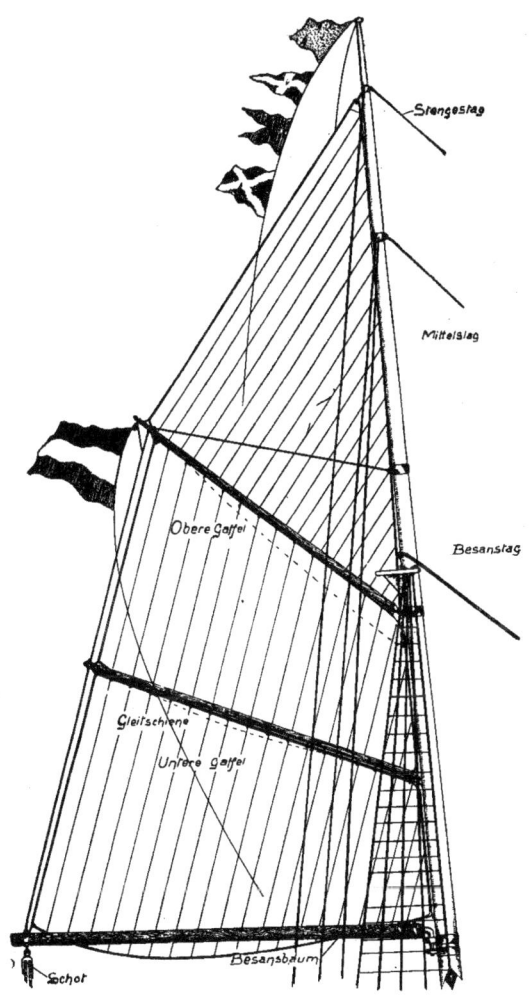

Abb. 38. Moderner Besanmast (Pfahlmast)
eines großen Schiffes mit geteiltem Besan.

und finden sich heute wohl nur noch vereinzelt an Bord älterer Schiffe vor. Praktisch brauchbarer erwies sich der Ausweg einer Teilung der Marssegel in Ober= und Untermarssegel, die bald einen charakteristischen Unterschied zwischen Handels- und Segelkriegsschiffen bildete. Das sehr große, hochliegende und dabei notwendigerweise ziemlich lange gefahrene Marssegel erforderte bei starkem Winde eine Mannschaftszahl zu seiner Bewältigung, die sich Handelsschiffe nicht wohl leisten konnten.

Im weiteren Verlaufe der Entwicklung gelangte man dazu, diese Teilung auch bei den Bramsegeln durchzuführen.

Die Skysegel, und mit oder noch vor ihnen auch Mondsegel oder Sternschraper, sind heute ebenfalls fast verschwunden, und es wird sogar bei geteilten Bramsegeln nicht selten auch auf die Royals verzichtet.

Es liegt nun wohl auch für den Laien auf der Hand, daß ein solcher Mast eines größeren Schiffes mit seinen Stengen und Raaen ein Bau= werk von sehr beträchtlichen Abmessungen und ebenso beachtlichem Gewicht darstellt. Die letzten großen Segel=Linienschiffe verfügten über ein Segelareal von fast 3400 Quadratmetern, wobei die Großraa (damals massives Holz) eine Länge von über 36 m aufwies, und wenn die moderne, hohle Eisen= bzw. Stahlraa auch wesentlich leichter ist als ihre Vorgängerin in Holz, so wird dies durch die Ver= mehrung der Zahl der Raaen zu gutem Teil wieder ausgeglichen. Ein modernes Fünfmast=Vollschiff mit doppelten Bramraaen und Royals — auf die Skysegel wird hier jetzt wohl ganz verzichtet — trägt immerhin in jedem Mast 6, im Ganzen also 30 Raaen, von denen die Großraa etwa 30 m Länge besitzt, während eine Royalraa immer rund 16 m Länge aufweist. Nächstdem aber haben die Masten natürlich den ganzen Druck des Windes auf die Segel aufzunehmen, und es ist — ohne auf wissenschaftliche Einzelheiten einzugehen — nicht ohne Interesse, sich einmal klar zu machen, was dies in der Praxis bedeutet. Ein Wind in Stärke 5 der Beaufort=Skala, der dem Schiff noch die Führung aller Segel gestattet, übt auf den Quadratmeter Fläche einen Druck von 18,9 kg aus. Auf einer Segelfläche von rund 3000 qm ruht also der ungeheuerliche Druck von 56 700 kg! Von besonderem Interesse dürfte hierzu der in Abb. 54 dargestellte Vergleich der Segelfläche einer modernen Renn=Segeljacht mit der eines Schiffes sein.

Eine sehr sorgfältige und wohlüberlegte Abstützung der Masten ist unter diesen Umständen natürlich unerläßlich, und sie stellt in ihrer heute noch geltenden Form das Produkt einer langen Entwicklung dar. Man darf sagen, daß der Weg für jedes einzelne der zahlreichen Taue, „Enden" sagt der Seemann, durch jahrelange Erfahrung festgelegt worden ist, und hier bietet sich dem jungen Seemann ein Mittel, sich verhältnismäßig rasch mit dem Gegenstand vertraut zu machen. Ein wenig Überlegung wird ihm bald zeigen, wie dies oder jenes not=wendigerweise gemacht werden muß, und das „Labyrinth von Tauen" wird sich ihm bald als ein nach genauen Regeln arbeitendes und ver=hältnismäßig sogar einfaches Getriebe entschleiern.

Wie wir bereits gesehen haben — und es gilt das auch für Schiffe mit mehr als drei Masten —, heißt der erste Mast (von vorn gerechnet) stets Fockmast, der zweite Großmast, der dritte, wenn er Raaen trägt, Kreuz=, sonst (bei Barkschiffen) Besanmast. Es ist daher auch beim Schoner der Mast ohne Raaen, beim Zweimastschoner der hintere, der Großmast. Für die Vier= und Fünfmaster hat man noch den Mittel=mast eingeschoben, so daß also die Masten einer Fünfmastbark von vorn nach achter heißen: Fock=, Groß=, Mittel=, Kreuz= und Besan=mast. Ein gewissermaßen überzähliger, bisher noch nicht erwähnter Mast ist nun das Bugspriet, das sich über den Vordersteven hinaus in schräger Richtung erstreckt und, wie die Segelzeichnungen zeigen, als unterer Stützpunkt für eine Anzahl dreieckiger Segel dient.

Wie gleichfalls bereits kurz erwähnt, besteht der Mast eines Schiffes aus mehreren Teilen, die wir nun im einzelnen zu besprechen haben (s. Abb. 37).

1. Der Untermast.

Der Untermast eines modernen Schiffes stellt sich als eine eiserne oder stählerne Röhre dar, deren unteres Ende — der Fuß — auf dem Kielschwein bzw. auf einer besonderen Verstärkung über diesem ruht. Durch die verschiedenen Decks hindurchreichend und in ihnen verteilt (s. Abb. 37), trägt der Untermast kurz unter seinem oberen Ende — dem Topp — ein schweres, halbkreisförmiges Stahl= und Holzgerüst, welches von den Landratten mit dem wohlklingenden Namen „Mast=korb" beehrt wird, seemännisch aber kurzweg die Mars heißt. Auf dem Topp des Untermastes ist ein stählerner Doppelring derart befestigt, daß der eine den Mast fest umschließt, während der andere das Hin=durchführen der ersten Verlängerung des Untermastes, der Marsstenge, gestattet. Man nennt diese beiden Ringe das (Unter=)Eselshoofd, im Gegensatz zu dem Stengeneselhoofd, welches auf dem Topp der Marsstenge befestigt ist (s. hierzu auch Abb. 39).

Durch dieses Eselshoofd gehalten, ruht die Stenge mit ihrem Fuß vermittels des Schloßholzes auf der Mars und trägt, wie der Untermast, kurz unter ihrem Topp eine zweite allerdings einfacher konstruierte Mars, die den Namen Saling führt. Auf ihr ruht —

durch das Stengenejelshoofd gehalten — die zweite Verlängerung des Untermaſtes, die Bramſtenge, die nach oben in die Royalſtenge ausläuft.

Die koniſch zulaufende Topp der Royalſtenge, der alſo die Spitze des geſamten Maſtes bildet, trägt den Flaggenknopf. Die Abſtützung

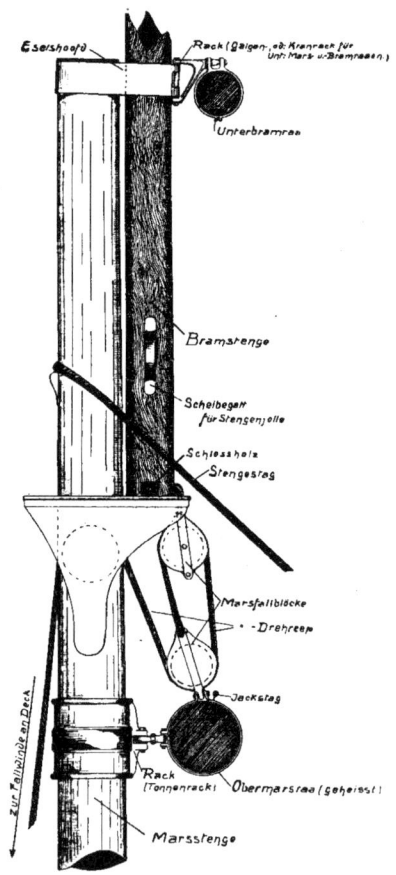

Eſelshoofd

Rack (Galgen- ob. Kranrack für Unt: Mars u. Bramraaen.)

Unterbramraa

Bramstenge

Scheibegatt für Stengenjolle

Schlosshols

Stengestag

Marsfallblöcke

-Drehreep

Jackstag

Zur Taupinöle an Deck

Rack (Tonnenrack)

Obermarsraa (geheisst)

Marsstenge

Abb. 39. Topp eines ſtählernen Maſtes.

dieſes Baues nun wird durch ein ausgedehntes Syſtem von — in neuerer Zeit ſtets aus Draht hergeſtellten — Tauen, deren Geſamtheit man mit dem Namen ſtehendes Gut bezeichnet, erreicht. Der Untermaſt wird durch die Wanten, die, zu Strickleitern ausgewebt, gleichzeitig den Weg nach oben darſtellen (Unterwanten), nach der Seite und, da dieſelben ſich fächerförmig ausbreiten, auch nach hinten gehalten; der

Marsstenge leisten die Stengen=, der Bramstenge und der dazu=
gehörigen Royalstenge die Bram= und die Royalpardunen
diesen Dienst.

Alle diese Taue, die der Konservierung halber teils mit geteertem
Hanfgarn umwickelt — gekleidet —, teils verzinkt und mit Ölfarbe

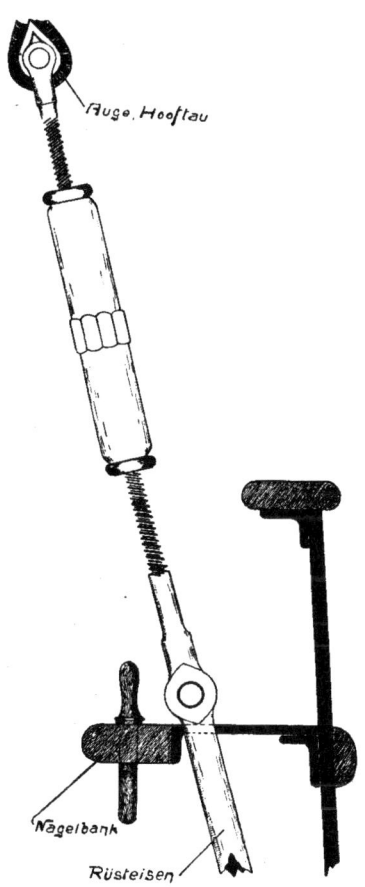

Abb. 40. Want mit Spannschraube.

gestrichen sind, werden einerseits um den Topp ihres Mastteils ge=
streift, während sie mit ihrem unteren Ende entweder auf der Nagel=
bank (Abb. 40/41) oder auf Rüsten (an der Außenseite der Bordwand
angebrachten starken Eisenplatten) befestigt sind. Wanten und Par=
dunen werden hier durch Jungfern oder neuerdings durch

Schrauben*) befestigt. Stengen= und Bramwanten dienen nur zum Ersteigen der betreffenden Mastteile.

Nach vorn wird jeder Mastteil durch ein nach ihm benanntes Stag gehalten, und zwar laufen im allgemeinen die Stagen von Untermast und Marsstenge an Deck, das Bramstag nach dem

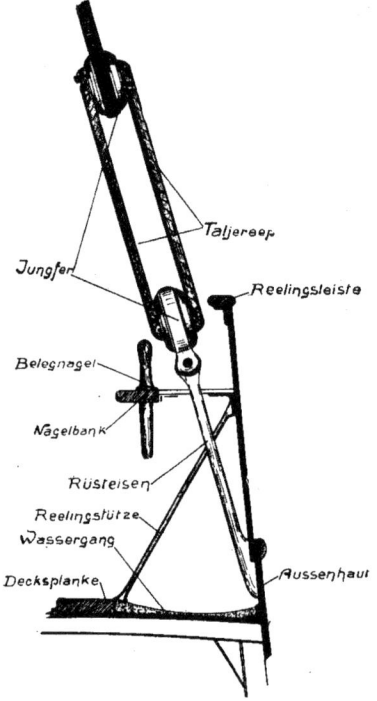

Abb. 41.   Segelschiffs=Reeling mit Nagel= bank und auf Taljereep gesetztem Want.

Topp des davorstehenden Untermastes und das Royalstag nach dem Topp der Marsstenge. Die Stagen von Untermast und Marsstenge sind doppelt.

Wie bereits erwähnt, fahren die Segelschiffe außer den aufrecht stehenden Masten noch einen solchen, der schräg über den Vorsteven hinausragt. Derselbe besteht bei modernen Schiffen vielfach aus einem Stück, einer langen, leicht konisch zulaufenden Stahl= oder Eisenröhre, bei älteren Schiffen jedoch aus einem kürzeren, unteren Teil, dem Bugspriet, und dessen Verlängerung, dem Klüverbaum.

---

*) Beide Befestigungsarten werden weiterhin noch besprochen.

Das Bugspriet ist der Ausgangspunkt der Abstützung der Takelage und muß daher besonders stark befestigt sein.

Führt es einen Klüverbaum, so geschieht diese Befestigung durch mehrere Ketten und Taue, das Stampf= und das Wasserstag, die einerseits am Topp des Bugspriets, andererseits am Steven des Schiffes befestigt sind. Bestehen Bugspriet und Klüverbaum aus einem Stück, so versehen gewöhnlich eine oder mehrere starke eiserne Stangen diesen Dienst. Seitwärts wird das Bugspriet ebenfalls durch Ketten oder

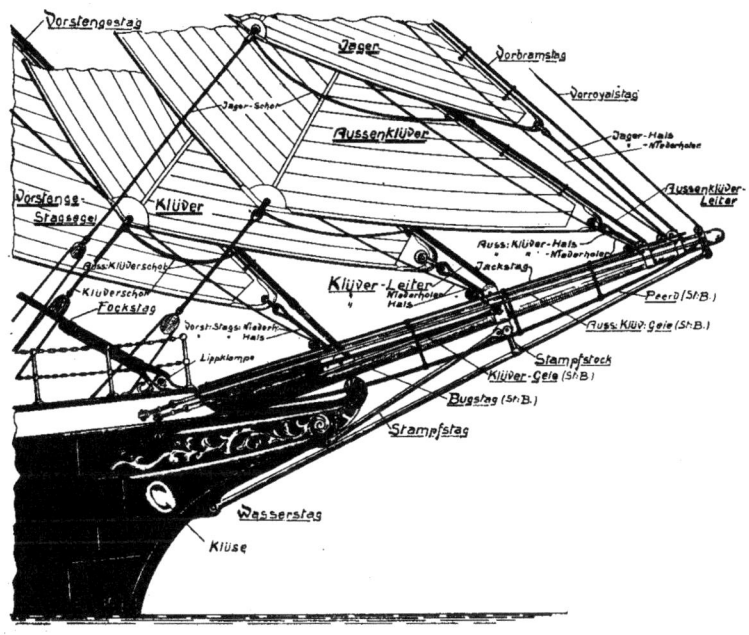

Abb. 42. Bugspriet eines modernen Schiffes mit vier Vorsegeln.

Stangen gehalten, die nach den Schiffsseiten laufen und Bugstagen bzw. Geien genannt werden (s. Abb. 42).

Wir kommen nun zu den Raaen und Segeln selbst.

Die Betakelung der Raaen ist, wie schon früher angedeutet, aus sehr bescheidenen Anfängen zu hoher Vollendung bei denkbar großer Einfachheit entwickelt worden, wobei allerdings zu bemerken ist, daß die Entwicklung in der letzteren Richtung erst eine Errungenschaft der Neuzeit darstellt. Die Raaen noch der letzten getakelten Kriegsschiffe wiesen eine Menge Einrichtungen auf, die auch in der Handelsflotte nur nach und nach verschwanden.

Ursprünglich kannte man außer dem in der Mitte der Raa an=
greifenden Fall, mit dem das Segel geheißt wurde, überhaupt kein
Geschirr irgendwelcher Art, und die auf Bildern phantasiebegabter
Kunstjünger vielfach zu findenden Brassen, Buliens und Gordinge sind

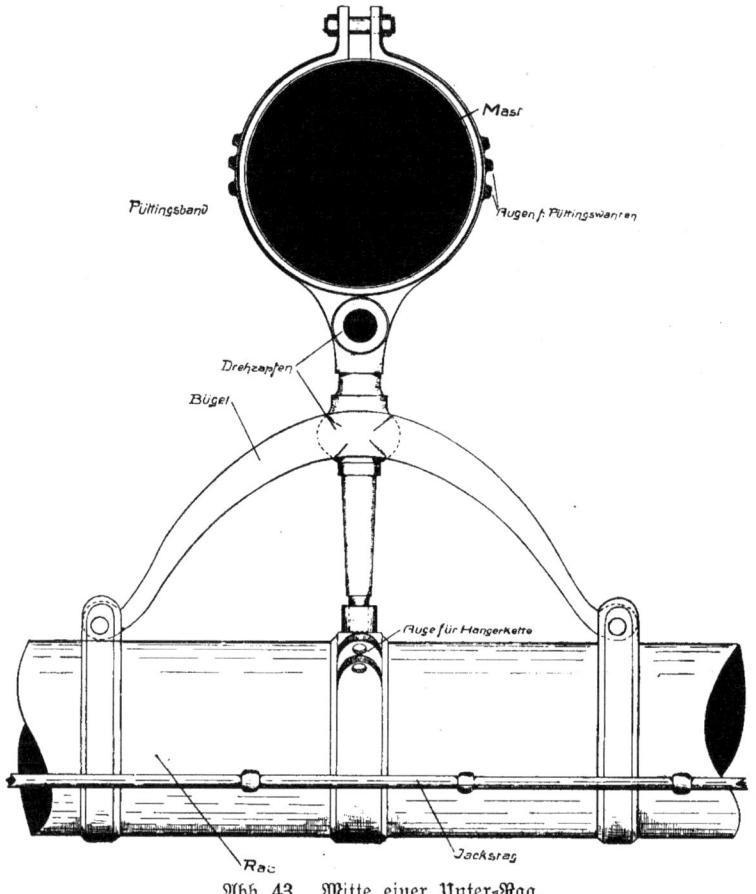

Abb. 43. Mitte einer Unter=Raa.

eben lediglich Phantasiegebilde. Alle derartigen Einrichtungen sind im
Laufe von Jahrhunderten einzeln zu dem Ganzen gefügt worden, das
wir heute haben, und es hat zweifellos stets sogar ziemlich lange ge=
dauert, bis eine Neuerung sich allgemein durchzusetzen imstande war.
Bemerkenswert erscheint übrigens die Takelung des Mastes selbst, die
wir aus den bekannten Funden solcher alten Fahrzeuge mit Sicherheit
feststellen können. Sie bestand lediglich aus einem nach dem Vorsteven

geführten Stag, mit dessen Hilfe wie bei unseren Binnenschiffern der Mast gesetzt und gelegt werden konnte; das Fall der Raa wurde, wenn das letztere stand, nach dem Achtersteven genommen, um, dort belegt, gleichzeitig als rückwärtige Stütze (Backstag) zu dienen.

Die weitere Ausgestaltung dieser einfachen Besegelung verfolgte zunächst wohl überall den einfachsten Weg, der in einer Vergrößerung der Mastenzahl zu suchen ist, und man wird, wie schon erwähnt, dem

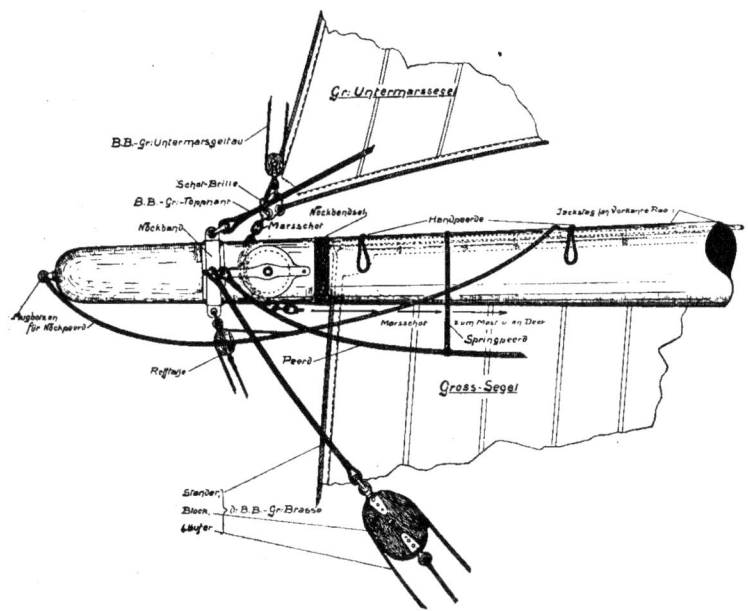

Abb. 44.   Die Backbord-Nock der Groß-Raa.

verdienstvollen Forscher auf diesem Gebiet, dem Kapitän Ahrenhold, beipflichten müssen, wenn er feststellt, daß Takelungen mit zwei oder gar noch mehr Raaen übereinander erst im späten Mittelalter aufkamen.

Die Raaen des modernen Segelschiffes sind zylindrische, nach den Enden (Nocken) zu sich verjüngende Körper, die aus Holz oder aus Stahlrohr bestehen. Die Enden sind in diesem Fall durch hölzerne Pfropfen verschlossen.

An stehendem Gut trägt die Raa:

1. Das Jackstag.

* Das Jackstag ist eine kräftige, runde Stahlstange, die auf der Oberseite der Raa von innen nach außen läuft und in geringen Abständen von dem eigentlichen Körper der Raa auf kleinen Bolzen ruht.

Es dient, wie aus der Abb. 44 ersichtlich ist, zur Befestigung des Segels an der Raa. Die äußeren Enden der Segel werden dabei, wie übrigens feste Gaffelsegel auch, und wie aus der Abb. 44 gleichfalls zu ersehen ist, durch ein mehrfach um die Raa selbst gelegtes Ende (den Nockbendsel) steif ausgeholt und gehalten.

2. Die Toppnants.

Die Toppnants gehören eigentlich und ursprünglich zum soge=
nannten laufenden Gut, denn sie dienten, wie ihr Name besagt, zum Toppen, also zum senkrechten Lüften einer Seite der Raa, wobei die andere Seite natürlich im gleichen Winkel geneigt wurde. Auf Handels=
schiffen sind jedoch nur noch die Toppnants der Unterraaen überhaupt beweglich, und auch sie werden nur sehr selten (etwa wenn fahrbare Krane oder Gebäude an einem Kai dieses wünschenswert und not=
wendig erscheinen lassen) benutzt, sonst dienen sie auf der Handelsflotte lediglich noch zur Entlastung der Fallen (s. diese), wenn die Raaen nicht geheißt sind. Sie sind also für das Handelsschiff heute zuminde st in überwiegender Mehrzahl zum stehenden Gut zu rechnen.

3. Die Peerde.

Woher dieser Ausdruck, der im wesentlichen durch die Marine in „Pferde" übersetzt worden ist, was dem Laien um so mehr imponiert, als sogar verschiedene „Rassen" solcher „Pferde" an Bord unterschieden werden, ursprünglich stammt, ist eins der ungelösten Rätsel der See=
mannssprache. Im übrigen ist die Verhochdeutschung Pferd sogar jedenfalls falsch, denn den fraglichen nützlichen Vierfüßler bezeichnet der Niederdeutsche mit „Pierd", während die verschiedenen „Bordpferde" eben Peerd genannt werden. Sachlich betrachtet sind es Taue, die unter den Raaen im Bogen aufgehängt sind (und zwar an den Spring=
peerden) und auf denen man bei Arbeiten an Raa oder Segel steht. Eine ebenso falsche Übersetzung dürfte das „Eselshaupt" für Eselshoofd (s. dies.) darstellen; es ist hier überall die niederdeutsche Bezeichnung beibehalten worden.

An laufendem Gut gehören zur Raa selbst (also abgesehen von den verschiedenen Enden für die Bedienung der Segel; Schoten, Geitaue, Gordings usw.) Fallen und Brassen.

Beide dienen der Bewegung der Raa, und zwar die Fallen in senkrechter Richtung, also zum Heißen der Raa an ihrer Stenge, wenn das Segel gesetzt werden soll, während die Brassen die Bewegung in der Wagerechten vermitteln, und das Segel nach dem Winde stellen. Die Unterraaen, sowie die unteren Raaen geteilter Mars= und Bramsegel, sind an ihren Masten bzw. Stengen fest, brauchen also keine Fallen. Ihre Segel werden nach dem Lösen einfach durch die Schoten ausgespannt. Die Raaen umfassen die Stenge mit dem sogenannten Rack, dessen verschiedene Konstruktionen aus den Zeichnungen ersichtlich sind. Ein statt an der Stenge an einer Gleitschiene angreifendes Rack zeigt Abb. 45.

Wir haben also hiernach an jedem Mast ein Mars=, ein Bram= und ein Royalfall, und es seien diese wichtigen und an Bord leicht aufzufindenden Taue gleich benutzt, um dem jungen Seemann einen Begriff von der Art der Anordnung des Tauwerks zu geben.

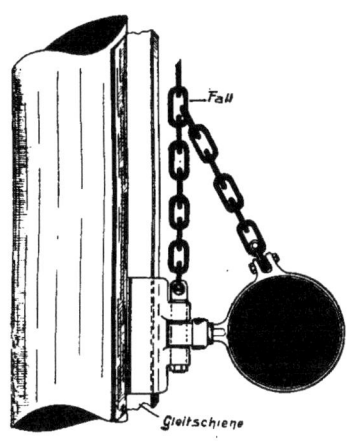

Abb. 45. Obermarsraa an
Gleitschienen=Rack.

Gesetzt den Fall, das Vormarsfall befindet sich an der Backbord= seite, so fährt das Vorbramfall an der Steuerbordseite, das Vorroyal= fall wieder an der Backbordseite zu Deck.

Im Großmast aber liegt wieder das Marsfall an Steuer=. bord usw. usw.

Die zum Stellen der Segel erforderliche Bewegung der Raaen in der Horizontalebene wird, wie schon gesagt, durch die Brassen ver= mittelt. Die Brassen sind Taljen (Flaschenzüge), die an den Nocken der Raaen befestigt sind, und von dort aus entweder direkt oder über den zunächst stehenden Mast an Deck geführt sind, so daß ein Anziehen der= selben die betreffende Seite der Raa nach achter bewegt. Man nennt diese Tätigkeit brassen und sagt weiterhin, die Raaen stehen vier= kant, wenn sie rechtwinklig in Kielrichtung hängen, sie sind über Steuerbord oder Backbord angebraßt, je nachdem die eine oder die andere Seite der Raaen nach achter zeigt, und sie sind endlich back gebraßt, wenn der Wind von vorn in die Segel fällt. Die Brassen des Kreuzmastes auf Vollschiffen laufen nach vorn und sämtlich über den Großmast.

Wir kommen nunmehr zu den Segeln selbst, von denen auf großen Schiffen die Raasegel die wichtigsten sind. Alle Segel bestehen aus einzelnen Bahnen mehr oder minder starken Segeltuches, die man Kleider nennt, und die durch doppelte Nähte miteinander verbunden werden. An Stellen, die irgendwie besonders stark beansprucht werden müssen, werden noch Verstärkungen (Stoßlappen) aufgenäht, und das Ganze dann durch Taue, die sogenannten Lieken eingefaßt. Die näheren Bezeichnungen der Lieken (Fuß=, Raa= usw. Liek) geht aus der Abb. 46 hervor. Ösen (Gatchen, Gat oder Gatt = Loch) zum Befestigen des ganzen Segels, der Reffzeisinge usw. werden an den entsprechenden Stellen vorgesehen.

Zum Ausspannen der Segel im Wind dienen die in den Schot= brillen (s. Abb. 14) befestigten Schoten, starke Drahttaue oder Ketten, die bei den oberen Segeln durch die unter ihnen liegende Raa hindurch zum Mast und von da an Deck geführt werden.

Die Schoten der Obermars= und eventuell der Oberbramsegel sind fest, so daß die dicht über ihrer Unterraa liegende Raa nach dem Lösen des Segels nur geheißt zu werden braucht. Bei den Untersegeln laufen die Schoten natürlich direkt an Deck, und hier ist noch zu bemerken, daß man die Ecke des Segels, die bei angebraßten Raaen auf der Wind= seite — zu luvard — liegt, den Hals nennt. Man sagt daher auch, das Schiff segelt mit Backbord= oder Steuerbordhalsen.

Die Geitaue dienen zum Aufholen der unteren Ecken der Segel, wenn dieselben geborgen, festgemacht werden sollen. Sie laufen an der Hinterseite der Segel vom Schothorn entweder gerade nach oben, nach der Nock der Raa oder (bei den Untersegeln) nach der Mitte. Obermars= und Oberbramsegel haben natürlich keine Geitaue.

Ist das Segel durch die Geitaue aufgegeit, so wird das lose Tuch durch die Gordings zusammengeschnürt und gedämpft, wozu natürlich um so mehr Gordings nötig sind, je größer das Segel ist. Der Royal, das kleinste Raasegel, hat gewöhnlich nur eine, große Untersegel dagegen vier Bug= und zwei Nockgordings, von denen die ersteren nach dem Fußliek, die letzteren nach den Seitenlieken laufen.

Reeftaljen sind Flaschenzüge, die vom Reefband nach der Raa= nock laufen und dazu dienen, das Segel beim Reefen steif auszuholen, damit es dann mit Hilfe eines Taues, des Steckbolzens, befestigt

Lloyd-Dampfer „Köln" in der Nordsee.

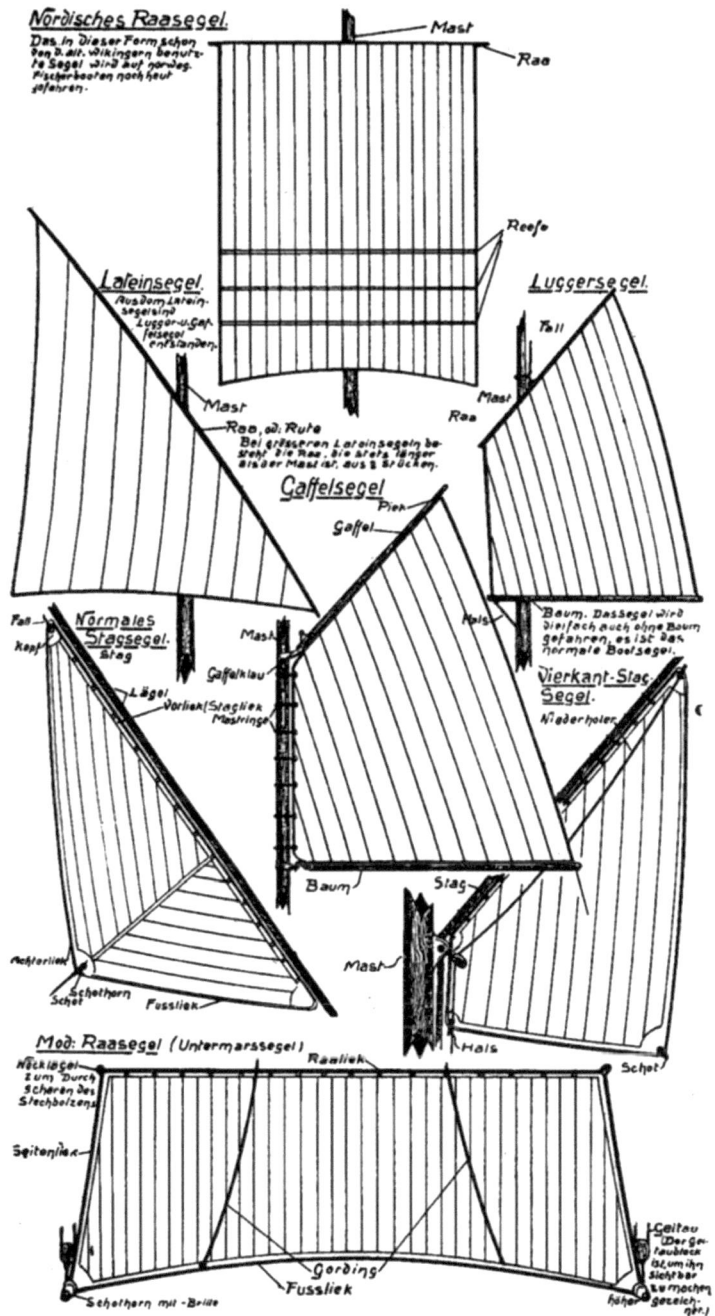

Abb. 46. Segel-Formen.

werden kann. Die Obermarssegel werden meist direkt durch den Steckbolzen aufgeholt.

Ein laufendes Ende besonderer Art ist der Marsdumper oder =domper, der auf jeder Seite der Obermarsraa von deren Nock nach der darunter liegenden Raa läuft und dazu dient, die Raa an der Stenge herabzuholen, wenn dies nötig sein sollte.

Dies „laufende Gut" wiederholt sich also für jedes Segel, und es sei zur Orientierung folgendes bemerkt:

Es laufen gewöhnlich:

die Schoten nach einer Nagelbank um den Mast;

alle anderen Taue nach der Nagelbank an der Reling, und zwar in der Reihenfolge:

$$\left.\begin{array}{l}\text{Geitau}\\\text{Buggording}\\\text{Nockgording}\end{array}\right\}$$ für Untersegel, Untermars=, Obermars= Bramsegel und Royal.

Die Reihe läuft von vorn nach achter.

Außer den Raasegeln führt jedes Schiff noch:

Gaffelsegel und

Stagsegel.

Gaffelsegel sind trapezförmige Segel, die zwischen zwei Bäumen ausgespannt werden, deren Normalrichtung in die Längsschiffslinie fällt.

Ein solches Segel ist z. B. das unterste des Besanmastes einer Bark (s. diese), wird jedoch auch von Vollschiffen gefahren. Es führt den Namen der Besan.*) Der Besan ist ausgespannt zwischen Baum (unten) und Gaffel (oben) und wird auf kleineren Schiffen derart gesetzt, daß man die Gaffel durch zwei Fallen am Fuß und an der Spitze heißt, während große Fahrzeuge, die oft (s. Abb. 38) ein geteiltes Gaffelsegel fahren, es zum Setzen wie einen Vorhang ausholen.

Von den Gaffelfallen heißt das an der Spitze Piek= und das andere Klaufall. An der Piek der Gaffel ist meist ein kleiner Block für die Flaggenleine befestigt, an der die Nationalflagge weht, wenn nicht ein Flaggenstock am Heck gefahren wird. Vollschiffe, seltener Barken und Dreimastschoner, fahren zuweilen einen dreieckigen Besan ohne Gaffel. Das dreieckige Segel über dem Besan einer Bark oder über einem Gaffelsegel überhaupt heißt Gaffeltoppsegel.

---

*) Beim zweimastigen Schoner heißt es Großsegel, bei der Brigg Briggsegel. Das Gaffelsegel am vorderen Mast eines Schoners heißt Schonersegel, beim Dreimastschoner also von vorn nach achter: Schoner=, Großsegel, Besan.

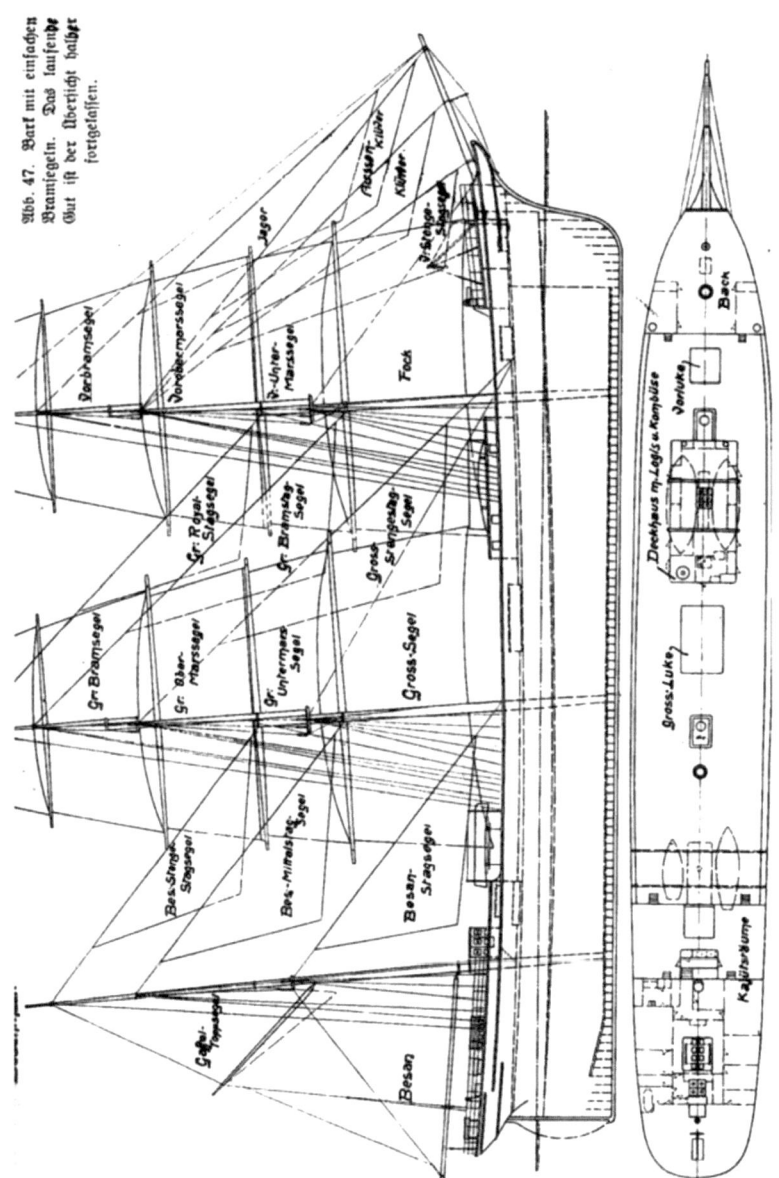

Abb. 47. Bark mit einfachen Bramsegeln. Das laufende Gut ist der Übersicht halber fortgelassen.

Ⓐ Aussen-Klüver
Ⓑ Klüver
V.-Stenge-Stagsegel
Barübramsegel
Vorobermarssegel
Jager
V.-Unter-Marssegel
Fock
Gr. Rgau-Stagsegel
Gr. Bramsegel
Gr. Bramstag-Segel
Gr. Ober-Marssegel
Gross-Stengenstag-Segel
Gr. Untermars-Segel
Bes.-Stenge-Stagsegel
Gross-Segel
Bes.-Mittelstag-Segel
Gaffel-Topsegel
Besan-Stagsegel
Besan

Back
Deckhaus m. Logis u. Kombüse
Vorluke
Gross-Luke
Kajütenkümpe

6*

Stagsegel sind dreieckige (selten viereckige) Segel (s. Abb. 46), die ihren Namen von ihrem Platz an den Stagen haben, an denen sie in eisernen Ringen auf- und niedergleiten.

Ein vollgetakeltes Schiff führt gewöhnlich folgende Stagsegel: An den Stagen vom Fockmast nach dem Klüverbaum (von innen nach außen): (S. Abb. 42.)

Vorstengenstagsegel (am Stag der Vormarsstenge),

Klüver (an der Klüverleiter),

Außenklüver (der Außenklüver fährt, wenn das Schiff keinen Jager führt, und er das letzte Segel ist, gewöhnlich am Bramstag, sonst an der Außenklüverleiter),

Jager (am Bramstag)*).

An den Stagen zwischen Groß- und Fockmast (von unten nach) oben):

Großstengenstagsegel (am Großstengenstag),

Großbramstagsegel (am Großbramstag),

Großroyalstagsegel (am Großroyalstag).

Ein Mittelstagsegel (zwischen Stengen und Bramstagsegeln) wird selten, ein Großstagsegel (am Großstag) bisweilen von Briggen und von getakelten Dampfern gefahren. Man nennt das letztere scherzweise Deckschwabber nach einem Instrument aus gedrehtem Tauwerk, welches zum Auftrocknen des Decks benutzt wird.

An den Stagen zwischen Kreuz- und Großmast.

Hier wird meist nur ein Bramstagsegel und auch dies selten gefahren, da diese beiden Masten dichter aneinanderstehen als Groß- und Fockmast, die unteren Stagsegel also wenig Nutzen bringen. Sonst gilt dieselbe Anordnung wie bei den Segeln zwischen Fock- und Großmast.

Barken fahren hier (zwischen Besan- und Großmast) gewöhnlich:

Besanstagsegel,

Mittelstagsegel,

Besanstengenstagsegel.

Über das laufende Gut der Stagsegel ist wenig zu sagen. Sie werden durch ihr Fall geheißt und zum Festmachen mit einem einfachen Tau, dem Niederholer, an ihrem Stag herabgeholt.

Ganz besondere Anforderungen aber sind in neuerer Zeit nun weiter an die Vereinfachung der Takelage gestellt worden, und man

---

*) Schoner und ähnliche Fahrzeuge führen auch am Fockstag ein Segel, die Stagfock (s. d. Tafel III).

hat tatsächlich erzielt, daß die Bedienung einer modernen Fünfmast=
bark kaum mehr Zeit beansprucht als die eines wesentlich kleineren
Vollschiffes.

Als der bedeutendste Fortschritt auf diesem Gebiet sind die Fall=
und Brassen=Winden zu bezeichnen, die den modernen Ersatz
der langwierigen, schweren und bei schlechtem Wetter auch gefähr=
lichen Methode des Brassens mit Handtaljen darstellen. Der bedeu=
tende Vorteil dieser Einrichtung liegt in folgendem: Zum Brassen
mit den alten Handtaljen bedurfte man für jeden Topp mehrere Mann,
welche die Brassen der verschiedenen Raaen fierten und auf der anderen
Seite durchholten. Bei schwerem Wetter ist dies in Lee eine lang=
wierige und gefährliche Arbeit, besonders, wenn das geladene Schiff
mit der Leereling durch das Wasser segelt, Seen über die Mannschaft
brechen und die langen Läufer der Brassen durch die Wasserpforten
spülen oder sich an Deck bekneifen.

Mit den Winden geschieht nun das Brassen gleichzeitig für die
drei unteren Raaen an jedem Mast durch zwei Mann, welche mitt=
schiffs (also geschützt und trocken) kurbeln, und zwar gleichzeitig für
beide Seiten; es werden z. B. die Luvbrassen gefiert und gleichzeitig
die Leebrassen geholt, so daß die drei Raaen in jeder Lage während
des Brassens festgehalten werden. Das Herumwerfen der Raaen
beim Wenden geschieht sehr leicht durch Auskuppeln der Trommeln,
eine Handbremse ermöglicht es, die Bewegung nach Belieben zu
hemmen. Nach dem Brassen müssen nur noch die Strecktaljen, die
vor dem Brassen losgeworfen sind, kurz steif geholt werden, um die
Lose aus den Brassen herauszubringen. Immerhin mag jedoch erwähnt
sein, daß es noch viele Schiffsführer gibt, die sich vor allem mit den
Brassenwinden nicht befreunden können. Aber auch sonst ist man in
jeder Hinsicht bestrebt gewesen, die altüberkommene Takelage in
ihren Einzelheiten zu modernisieren und vor allen Dingen alles Über=
flüssige fortzulassen bzw. Notwendiges mit modernen Mitteln leichter,
einfacher und praktischer zu gestalten.

Es gehört hierher die ausgedehnte Anwendung von Stahl=
drahttauwerk, und zwar (was noch vor gar nicht langer Zeit als unerhört
gegolten hatte) auch für laufendes Gut. Daß man Stage und Wanten,
auch weiterhin Peerde und Toppnants aus Stahldraht herstellte,
war etwas, womit sich der Seemann zu rechnen gewöhnt hatte, daß
man aber, wie dies bei den großen Schiffen heute vielfach geschieht
(und in Zukunft zweifellos durchweg geschehen wird), selbst Geitaue,
Schoten und sogar Gordings der Untersegel aus diesem Material

nimmt, hat bei den alten Seebären manches Kopfschütteln gezeitigt. — Darüber hinaus ist schließlich immer das Bestreben vorhanden gewesen, eine rein mechanische, nur von Deck zu betätigende Vorrichtung zum Bergen und Setzen auch der Raa-Segel zu finden, um die Mannschaft so wenig wie möglich in die Takelage schicken zu müssen. Erwähnung an dieser Stelle, als von einem aktiven Seemann stammend, verdient von derartigen Erfindungen jedenfalls das System Rägener, das jedoch, außer in schiffbautechnischen Fachkreisen, bisher u. W. noch recht wenig bekannt geworden ist.

Rägener hat nur feste Raaen, und jedes Segel ist in der Mitte vertikal geteilt. Das Einholen und Ausbringen der Segel erfolgt wie beim Besan durch horizontale Bewegung. Raaliek und Unterliek sind fest geführt, das Raaliek an einer Schiene unter der oberen Raa, das Unterliek an einem Jackstag auf der unteren Raa; letzteres ist in der Höhe einstellbar, wenn das Segel sich im Gebrauch gereckt hat, oder ein Segel durch ein anderes ersetzt werden soll.

Die Einteilung der Segel ist so gewählt, daß Unter- und Obermarssegel die kleinsten Segel sind, da sie am längsten stehen bleiben sollen. Bram- und Royalsegel sind als Passat- oder Schönwettersegel größer gewählt.

Es kann beim System Rägener auch dieselbe Anordnung der Raaen gewählt werden wie bisher, also gegebenenfalls 5 Raaen statt 4 über dem Untersegel; dies würde z. B. bei Umänderung einer bestehenden Takelage nach dem neuen System zweckmäßig sein.

Folgende erhebliche Vorteile des Systems Rägener müssen ohne weiteres anerkannt werden:

1. Die losen Raaen (Obermars, Oberbram, Royal) werden fest, die Zahl der Raaen kann vermindert werden, da die Einzelsegel durch die vertikale Teilung viel kleiner werden als bei dem alten System; durch den Fortfall von ein oder zwei Raaen, jedenfalls aber durch die nicht mehr notwendigen Fallen wird Gewicht gespart und die Bedienung vereinfacht.

2. Die festen Raaen können alle mit Toppnanten versehen und daher leichter werden.

3. Die Beanspruchung des Segels und der Raa ist durch die feste Führung des Unterlieks wesentlich günstiger. Die Raa kann daraufhin (bei gleicher Segelgröße) sicher leichter werden, das Segel wird besser stehen und nicht so einseitig beansprucht werden wie die Schot.

Ob die anderen von Herrn Rägener angeführten Vorteile voll
erreichbar sind, ob vor allem ein besonderes Festmachen der Segel
oben nicht notwendig ist und weniger Raaen gefahren werden können,
ob und wieviel Mannschaft gespart werden kann, darüber wird nur
der praktische Versuch entscheiden. Am besten wäre es natürlich,
wenn dem Erfinder selbst Gelegenheit gegeben werden könnte, die
Einzelausführung seiner Ideen zu leiten und auf einem von ihm
geführten Schiffe zu erproben.

Abschließend blieben sodann wohl noch einige Worte über die
Takelage des modernen Dampfers zu sagen. In den Anfängen
der Dampfschiffahrt gab es Unterschiede zwischen ihm und dem Segler
kaum. Der Dampfer war ein Schiff wie andere auch, das zudem
seine Takelage oft genug bitter nötig hatte, und mit der zunehmenden
Größe der reinen Dampfer wuchs oft lediglich die Zahl der segel=
tragenden Masten. Selbst noch die ersten Schnelldampfer glaubten,
auf das Segel nicht verzichten zu sollen, und erst die Neuzeit hat hier
wirklich grundlegend Änderung geschaffen.

Für den größeren modernen Dampfer dienen seine Masten nur
noch zu besonderen Zwecken: Ausspannen der Antenne für Funken=
telegraphie, Ausguck, Heißen von Flaggen und als Träger für Lade=
bäume. Allenfalls benutzt man sie auch, um bei seitlich einkommendem
Wind und Seegang einige kleine Segel zu setzen, die im wesentlichen
dazu dienen, die Schlingerbewegungen zu dämpfen! — — Im übrigen
sind, wo wirklich noch Segel gefahren werden, die Einzelheiten der
Takelage dieselben wie auf gleichartig getakelten Segelschiffen.

5. Die Dampfmaschine.

Die physikalischen Grundlagen der Dampfmaschine dürfen als
bekannt vorausgesetzt werden. Sie beruhen im wesentlichen auf dem
Bestreben des Dampfes, sich auszudehnen, das um so stärker in die
Erscheinung tritt, je höher die Dampftemperatur ist. Die Verwandlung
von Wasser in nutzbaren Dampf (an sich vollzieht sich ja die Ver=
dunstung, also der Übergang in den gasförmigen Zustand, bei jeder
Temperatur, aber eben als langsame Verdunstung,) erfolgt
bekanntlich bei einer Temperatur von 80° Reaumur, und zwar besitzt
der hierbei entwickelte Dampf eine Spannung von einer Atmosphäre.
Diese verhältnismäßig geringe Spannung steigt jedoch bei weiterer
Erhitzung außerordentlich schnell, und zwar wächst sie

bei 121 Grad auf 2 Atmosphären
„ 144 „ „ 4 „
„ 171 „ „ 8 „
„ 200 „ „ 16 „

Es erhellt hieraus, daß Maschinen, die mit hoher Dampfspannung arbeiten, einen größeren Nutzeffekt besitzen. Unsere modernen, großen Dampfer benutzen daher durchweg Hochdruckdampf, nutzen jedoch den hohen Hitzegrad desselben, den er natürlich nicht so rasch wieder verliert, noch dadurch aus, daß sie ihn mehrere Male, bei den neuesten Maschinen bis zu viermal, verwenden.

Bei einer Vierfachexpansionsmaschine tritt hiernach der hoch= gespannte Dampf aus dem Kessel zunächst in den ersten (Hochdruck=) Zylinder, bewegt dessen Kolben, wobei er natürlich an Spannung verliert, geht in den zweiten (Mitteldruck)=Zylinder und nach dort vollbrachter Arbeitsleistung noch in zwei Niederdruckzylinder, in denen er seine letzte Kraft ausgibt. Die einfachsten Maschinen dieser Art (Compoundmaschinen) haben zwei, einen Hoch= und einen Nieder= druckzylinder.

Von Kesseln unterscheidet man heute im wesentlichen zwei Arten, nämlich Wasserrohr= und Feuerrohrkessel. In ersteren zirkuliert das Wasser in engen, vom Feuer umgebenen Röhren, was eine sehr schnelle Dampfentwicklung zur Folge hat, in den letzteren laufen große und kleine Röhren, durch die die Flammen hindurchziehen, durch einen großen Wasserraum. Auf der Handelsmarine gelangen die fast durchgängig zylindrisch geformten Feuerrohrkessel weitaus in der Mehrzahl zur Anwendung. Der Wasserrohrkessel ist empfindlicher, verlangt sehr sorgfältige Behandlung und Bedienung, hat aber den Vorteil schnelleren Anheizens. Besonders aus dem letzteren Grunde ist er auf Kriegsschiffen wohl durchweg in Gebrauch.

Als Feuerungsmaterial verwendet man an Bord fast aus= schließlich Steinkohle, in neuerer Zeit hat man jedoch erfolgreiche Versuche mit mannigfachen flüssigen Heizstoffen (Öl, Petroleum, Masut usw.) gemacht, die allem Anschein nach in der Zukunft noch viel verwendet werden dürften. —

Die dem Kolben durch den einströmenden Dampf erteilte Bewegung überträgt sich durch die Pleuelstangen auf die Schrauben= welle, die, auf verschiedenen Lagern ruhend, in dem sogenannten Wellentunnel bis zum Achterschiffe geführt wird, und tritt durch eine wasserdicht schließende Stopfbüchse nach außen, wo auf ihr die Schraube befestigt ist.

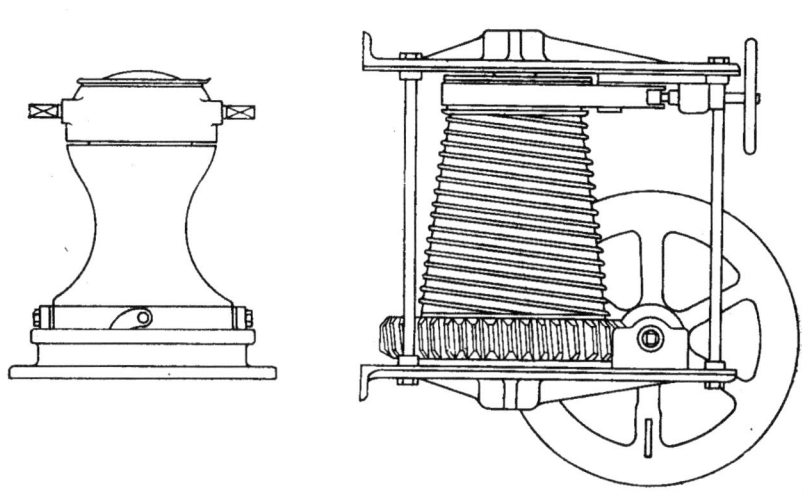

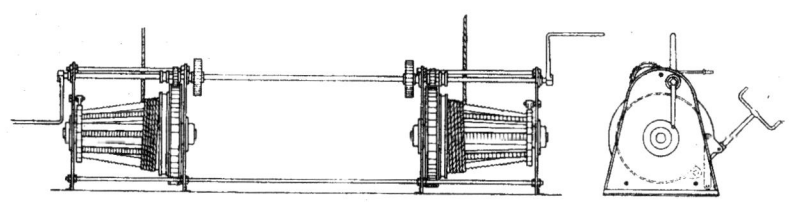

Abb. 48. Fall- und Brassen-Winden.

Man unterscheidet bei Schiffsschrauben nach der Anzahl der Flügel

$$\left.\begin{array}{l} 2 \\ 3 \\ 4 \end{array}\right\} \text{flügelige Schrauben,}$$

sowie ferner rechts= und linksgängige Schrauben, je nachdem die Steigung von rechts nach links oder umgekehrt gerichtet ist.

Am gebräuchlichsten sind die drei= und vierflügeligen Schrauben.

Als Material gelangt Stahl, Stahl mit Überzug aus Deltametall und Bronze zur Verwendung.

Von außerordentlicher Wichtigkeit ist dabei eine möglichst glatte Oberfläche der Schraube. Der Unterschied im Nutzwert zwischen polierten Bronze= und einfachen Stahlschrauben ist auf Grund sorg= fältiger Messungen mit rund 10% festgestellt worden. Bei stark bewach= senen Schrauben wurde ein Leistungsrückgang von 50% beobachtet.

Den Druck der Schraube auf das Schiff nimmt das Druck= lager auf, welches kurz hinter der Maschine liegt. Auf die Welle aufgeschweißte Ringe greifen zwischen entsprechende Ringe des Lagers, so daß diese also den Druck aufnehmen. Doppelschraubendampfer besitzen natürlich auch zwei vollkommen selbständige Maschinenanlagen, worin ihre Hauptvorzüge begründet sind.

Dadurch, daß die eine Maschine vorwärts, die andere rückwärts arbeitet, sind sie manövrierfähiger als Einschraubenschiffe, ja sie können sogar bei einem Bruch des Ruders mit den Schrauben allein gesteuert werden, wie dies vielfach selbst auf großen Schiffen geschehen ist. Sie können ferner, wie bereits eingangs dieses Kapitels erwähnt, bei Beschädigungen einer Schraube oder Maschine mit der anderen allein, wenn auch mit verminderter Geschwindigkeit weiterfahren.

Außer den zur Fortbewegung des Schiffes dienenden Haupt= maschinen besitzt ein großer Dampfer noch eine gewaltige Anzahl von Hilfsmaschinen zu verschiedenen Zwecken, die teils aus den Hauptkesseln mit Dampf versehen werden, teils besondere Kessel haben.

6. Der Verbrennungsmotor.

Der Verbrennungsmotor ist ohne Frage auf dem Wege, die Maschine unserer Zeit zu werden. Im besonderen sind die modernsten Errungenschaften der Technik, das Lenk=Luftschiff und weiterhin das Flugzeug, überhaupt erst möglich geworden, seit uns im Verbrennungs=

91

Abb. 49. Motor-Passagier- und Frachtschiff „Rio Bravo" der Reederei H. Schuldt, Flensburg. Erbaut von der Germania-Werft, Kiel-Gaarden.

Abmessungen: Länge 119,5 m, Breite 15,8 m, Seitenhöhe bis zum Hauptdeck 8,45 m, Wasserverdrängung: 9800 t. Antrieb: 2 Zechylinder-Viertakt-Dieselmotoren mit 2800 P. s. bei 125 Umdrehungen. Geschwindigkeit 12 Seemeilen.

motor eine Kraftquelle zur Verfügung steht, die wesentlich leichter und wesentlich bescheidener in bezug auf ihren Raumbedarf ist als die Dampfmaschine, und die auch den zugeführten Brennstoff wesentlich stärker ausnutzt.

Auf die größere Leichtigkeit ist dabei in der Schiffahrt noch am wenigsten Wert zu legen, und die Groß=Schiffsmotoren können auch in der Tat in dieser Hinsicht nicht mit den kleinen ihrer Art in Wett=

Abb. 50. Motorschiff „Rio Bravo“, Maschinisten=Stand.

bewerb treten. Es bleibt aber auch hier mindestens der durch den Fortfall der Kesselräume zu gewinnende Raum — der naturgemäß außerordentlich wertvoll ist —, die bessere Brennstoff=Ausnutzung und schließlich eine bedeutende Ersparnis an erforderlichem Bedienungspersonal. Kein Wunder also, wenn das Motorschiff ständig dem Dampfer gegenüber an Bedeutung gewinnt.

Das Urbild — auch des schweren Schiffsmotors — ist dabei der normale Benzinmotor, der in seinen Grundlagen wohl gleichfalls allgemein bekannt sein dürfte: Ein Gasgemisch, entstanden aus dem bei normaler Temperatur rasch und leicht verdunstenden Benzin und atmosphärischer Luft, wird in den Arbeitszylinder eingesaugt, durch den Kolben stark komprimiert und schließlich durch irgendeine Vorrichtung — beim modernen Leichtmotor immer ein elektrischer Funken — entzündet. Die Expansionskraft der Gase treibt dann den Kolben abwärts und wird, wie bei der Dampfmaschine, mit Hilfe der Pleuelstange auf die Welle übertragen und durch den Pro= peller in nutzbare Arbeit umgesetzt.

Dieser normale Benzinmotor ist für den Groß=Schiffsbetrieb im wesentlichen durch den verwandten Brennstoff ungeeignet. Mit der ihm eigenen, im Verhältnis zur Dampfmaschine sehr hohen Um= drehungszahl könnte man schließlich wohl fertig werden. Es bleibt aber die Tatsache, daß die Lagerung so großer Mengen hochentzünd= lichen Brennstoffs an Bord kaum unbedenklich sein würde, und daß auch der hohe Preis des Benzins seine Verwendung hier ausschließt.

Alle diese Mängel vermeidet der moderne Diesel=Schiffs= motor, der die Grundlage für alle Maschinen dieser Art abgibt. An die Stelle des Benzins tritt hier das bei normaler Temperatur schwer oder gar nicht entzündliche Roh=Öl, das mit Hilfe einer vom Motor mit angetriebenen Spritzpumpe zerstäubt und mit Luft gemischt in den Zylinder eingespritzt wird. Darüber hinaus vermeidet der Dieselmotor auch noch die besondere Zündvorrichtung, indem das Gemisch im Zylinder so hoch komprimiert wird, daß es sich von selbst entzündet.

7. Sicherheits= und Rettungseinrichtungen.

Eine Anzahl von baulichen und sonstigen Einrichtungen, die unter dieser Überschrift Platz finden könnten (Schotten, Pumpen, Boote usw.) ist bereits an anderen Stellen erwähnt und mehr oder minder eingehend besprochen worden. Es dürfte indessen angebracht sein, hier noch einiges Ergänzende zu sagen und nächstdem die Frage der Sicherheit der modernen Schiffe einer kurzen Allgemeinbetrachtung zu unterziehen.

Daß die, kurz schon im Kapitel „Ausrüstung" behandelten Boote des Schiffes vor allen Dingen auch als ultima ratio für die Rettung bei einem Untergang des ganzen Fahrzeuges dienen sollen, ist schon gesagt und auch bekannt. Die gesetzliche Forderung, daß jedes Schiff, also auch — oder eigentlich gerade auch — die großen Passagierdampfer über genügenden Bootsraum verfügen müssen, um im Notfall sämt= liche an Bord befindlichen Personen aufnehmen zu können, ist also durchaus berechtigt. Das hindert nun freilich nicht, daß sie praktisch außerordentlich schwer erfüllbar ist, gerade soweit die großen Passagier= schiffe in Frage kommen. Der Untergang eines derartigen Schiffes wird stets nur in Frage kommen, wenn durch irgendwelche äußeren Einwirkungen eine Verletzung der Außenhaut bewirkt ist, die so aus= gedehnt ist, daß auch die Schotteneinteilung versagt. Der letzte große Fall dieser Art war der Untergang der „Titanic", deren Schotten= einteilung allerdings nach deutschen Begriffen schon damals nicht auf der Höhe war. Die erste Folge einer solchen Verletzung des Schiffs= körpers ist nun aber ein außerordentlich starkes, schließlich bis zum gänzlichen Kentern durchgeführtes Überlegen des Schiffes nach der beschädigten Seite hin. Das bedeutet, daß es (ab= gesehen davon, daß z. B. bei einer Kollision sicher auch ein oder mehrere Boote selbst beschädigt werden dürften) sehr schnell unmöglich sein wird, die auf der entgegengesetzten Seite stehenden Boote zu Wasser zu bringen, der gegebene Bootsraum also ganz außerordentlich reduziert wird!

Die Erfinder sind naturgemäß eifrig am Werke gewesen, hier Ab= hilfe zu schaffen, und jeder größere Schiffsunfall hat eine Fülle, manch= mal recht merkwürdiger und jedes Verständnisses für die hier in Betracht kommenden Faktoren entbehrender Konstruktionen erscheinen lassen, ohne daß das Problem als solches bis heut ganz gelöst wäre. Eher kann man schon sagen, daß — besonders seit der „Titanic"=Katastrophe — die Einteilung in wasserdichte Räume heut wirklich so weit durchgeführt ist, daß schon ganz außergewöhnliche Momente dazu gehören, einen Dampfer dieser Art überhaupt zum Sinken zu bringen.

In erster Linie vergrößert man daneben den Bootsraum durch die Mitführung von Klapp=Booten. Bei Nichtgebrauch zusammen= gelegt, nehmen sie nur einen sehr bescheidenen Raum in Anspruch und sind verhältnismäßig leicht und schnell fertig zu machen. Ein Nach= teil aller derartiger Boote liegt in der Tatsache, daß das Segeltuch mit dem sie bezogen sind, besonders in den Falten rasch brüchig wird.

In das Unendliche geht die Zahl der Konstruktionen von Ret= tungs=Flößen. Fast bei allen derartigen Erfindungen rechnen aber die Schöpfer vielleicht mit den Wellen eines Landsees, nicht aber mit den Sturmseen des Atlantic und noch weniger oft mit der Panik, die eine Katastrophe auf einem Schiffe hervorrufen muß, das mit Leuten

Abb. 51. Motorschiff „Monte Sarmiento" der Hamburg-Südamerikanischen Dampfschiffahrts-Gesellschaft.
Mit einer Rauchverbrennung von 20000 t und 7000 PS leistenden Motoren, die ihm eine Geschwindigkeit von 18 Meilen geben, das größte und schnellste Motorschiff Deutschlands.

überfüllt ift, die niemals vorher das Meer gefehen haben und fich voll=
kommen hilflos fühlen.

Von großer Wichtigkeit ift felbftverftändlich die Möglichkeit des
rafchen Zuwafferbringens auch der feften Boote und hier wäre
Gelegenheit, ein befonderes Buch zu fchreiben, denn was an fahrbaren,
fchwenkbaren und fonftigen Kranen, Detafchierapparaten und ähnlichen
Gegenftänden konftruiert wurde und wird, ift tatfächlich faft nur noch
mit dem algebraifchen Zeichen ∞ zu nennen, und befonders die Jn=
fpektoren und Konftruktionsbureaus der großen Dampfergefellfchaften
wiffen ein Lied hiervon zu fingen. Selbftverftändlich ift nämlich jeder
Erfinder von der Überzeugung durchdrungen, daß die Gefellfchaft, die er
mit feinem Apparat beglücken möchte, nur zwei Gründe für die Ab=

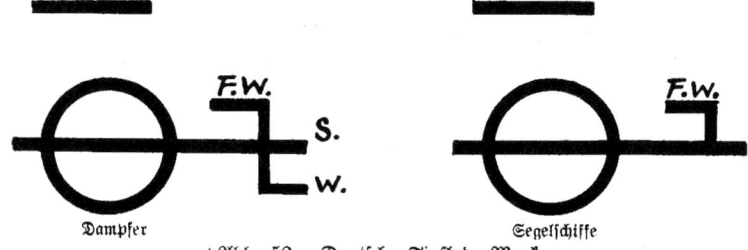

Abb. 52. Deutfche Tieflade=Marke.

lehnung hat: Geiz, oder — — dasjenige, wogegen die Götter fogar
vergeblich kämpfen follen! —

Bei der Urteilslofigkeit, die in Marinefragen leider noch immer
in der Tagespreffe vorherrfcht, findet er aber auch ftets Blätter, in
denen das bekannte Lied von dem Haß der Seeleute gegen Neuerungen
wieder angeftimmt werden oder über die Gefellfchaft losgezogen
werden kann, die durch die Einführung der fraglichen Erfindung
ihre Dividenden zu fchmälern fürchtet. — Tatfächlich aber ift der alte
Bootskran — der Seemann fagt Davit — wohl verbeffert und mo=
dernifiert, in feinen Grundzügen aber noch immer nicht übertroffen
worden und feine, fraglos vorhandenen Mängel müffen eben mit in
den Kauf genommen werden.

Die gewöhnlichen Rettungsringe dürften wohl allgemein
bekannt fein. Unter den Verbefferungen, die an ihnen verfucht worden
find, dürfte eine Konftruktion die größte Verbreitung aufweifen, die
aus einer Verbindung des gewöhnlichen Korkringes mit einem
Schwimmkörper befteht, der mit Phosphorcalcium gefüllt ift. Das
letztere entzündet fich bei der Berührung mit Waffer und brennt mit

heller Flamme, so einerseits dem über Bord Gefallenen den Ort der geworfenen Boje anzeigend, andererseits aber auch dem ausgesetzten Boote sein leichteres Auffinden ermöglichend.

Unter dem Ringe ist vielfach noch ein Netz oder ein Sack angebracht. Gleichfalls bekannt sind die Korkjacken (Schwimmwesten), von denen dem Gesetz zufolge jedes Schiff e i n e f ü r j e d e a n B o r d b e f i n d l i c h e P e r s o n mitführen muß, die mindestens einmal jährlich auf ihre Be= schaffenheit zu untersuchen sind und so aufbewahrt werden müssen, daß sie jederzeit leicht zu erreichen sind.

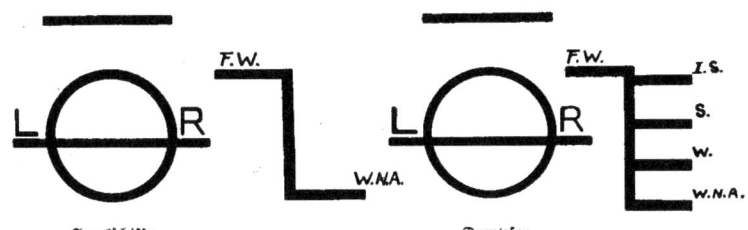

Segelschiffe   Dampfer

Abb. 53. Englische Tieflade=Marke.

Buchstabenbedeutung: F. W. Frischwasser, S. Sommer=Salzwasser, I. S. Indischer Ozean, W. Winter,
W. N. A. Winter=Nordatlantik.

Der Sicherheit des Schiffes dienen schließlich noch die, seit einiger Zeit auch in Deutschland eingeführten Tieflade=Marken, die ein zu schweres Beladen der Schiffe verhindern und dadurch ihre Wider= standsfähigkeit gegen die See erhöhen sollen. — Es ist wohl nicht zu bestreiten, daß gelegentlich bei uns wie im Auslande Schiffe mehr oder weniger überladen worden sind. Vielfach aus einfacher Unkenntnis der Beteiligten. Im allgemeinen dürfte es aber kaum zuviel gesagt sein, wenn man die berühmte Plimsoll=Marke und ihre deutsche Nach= folgerin als eine Konzession an — — — — die Politik bezeichnet!

Ganz allgemein ist die Sicherheit der modernen Schiffe eine außer= ordentlich hohe. Zum mindesten, soweit die Passagierfahrt in Betracht kommt. Ganz wird sich freilich das Gefahrmoment hier so wenig aus= schalten lassen, wie auf irgendeinem anderen Gebiet der modernen Technik und des Verkehrs.

II. Die Typen der modernen Handelsschiffe.

Wenn auch vom reinen technisch-wirtschaftlichen Standpunkt aus unter den heute geltenden Verhältnissen selbstverständlich der Dampfer die weitaus bedeutendste Rolle in der Schiffahrt spielt, gebührt in einem Werk, das in erster Linie mit für den angehenden Seemann gedacht ist, doch die erste Stelle dem Segelschiff.

Der Segler ist, wenn auch nicht mehr die Heimat, so doch entschieden die Schule des Seemanns, und wir halten es auch, trotz des Vorhandenseins anders gerichteter Strömungen, für das einzig Richtige, an der Forderung der Segelschiffahrzeit für den, der Offizier werden will, festzuhalten. Man lernt hier ganz gewiß nicht das Manövrieren mit Maschinen von Zehntausenden von Pferdestärken. Auch nicht einmal die wissenschaftlich exakte Navigation des modernen Schnelldampfer-Offiziers, und der junge Mann, der hier erzogen wurde, wird schließlich sogar manchmal erst wieder etwas „Mensch werden" müssen, bevor er das Wollhemd des Segelschiffsteuermanns über den „Leesegeln", dem Leinenkragen des Dampferoffiziers vergessen lernt. — Er wird aber unbedingt Seemann auf diesen alten „Windklemmern", und man sollte bei der an sich gewiß nicht ganz unberechtigten Forderung des Dampfer-Examens nicht vergessen, daß die Rekorde dieser Dampfer von Leuten geschaffen wurden, die in ihrer Jugend gar nichts anderes kannten, als eben den Segler.

1. Das Segelschiff.

Das voll entwickelte Segelschiff besaß, wie schon früher ausgeführt, im Gegensatz zu den Fahrzeugen einer früheren Zeit in seiner Takelage das gegebene Charakteristikum, und es ergab sich hieraus eigentlich wohl ganz von selbst der Gebrauch, das Fahrzeug nach der Besegelung, die es trug, zu benennen. Nur, wo dies allein nicht ausreichte, wie z. B. in der Kriegsflotte, ging man auch jetzt noch weiter und zog auch andere Momente zur genauen Bezeichnung des Schiffes mit heran. So waren hier Linienschiffe (die wieder in Zwei-, Drei- und Vier-decker, nach der Zahl der übereinander liegenden Kanonendecks be-

nannt, zerfielen), Fregatten und Korvetten der Besegelung nach
Vollschiffe, aber diese letzte Bezeichnung allein reichte bei der starken
Verschiedenheit der Schiffe untereinander eben nicht aus.

Im übrigen bewährt sich auch auf diesem Gebiet wieder die bekannte Lehre vom Kreislauf aller Dinge, denn während in der Blütezeit der Segelschiffahrt die Schiffe nie mehr als drei Masten besaßen,
hat man heute, wie wir noch sehen werden, vollgetakelte Schiffe mit
bis zu fünf, andere aber sogar mit bis sieben Masten, nur ist dieses an
sich eigentlich auch keine Errungenschaft der Neuzeit, denn das Mittelalter kannte Schiffe mit der gleichen Mastzahl sehr wohl.

Wenn wir, um von unten zu beginnen, zunächst die Besegelungsformen der einmastigen Schiffe betrachten, so finden wir hier (trotz
des anscheinend so beschränkten Gebietes) ziemlich viele Spielarten
vertreten.

Als der vornehmste Typ der Fahrzeuge mit einem Mast muß der
Kutter gelten, der allerdings, wie die meisten kleinen Fahrzeuge,
eine Reihe kleiner, mehr oder minder wichtiger und charakteristischer
Variationen aufweist, die oft ziemlich flüssige Grenzen zeigen. Streng
genommen, versteht man unter einem Kutter ein Fahrzeug, dessen
einziger Mast aus zwei Teilen besteht, also eine Stenge trägt, und das
drei oder vier Vorsegel besitzt. Mast und Stenge nun aber bestehen
im Zeitalter der modernen Stahlrohrmasten selbst bei den größten
Schiffen oft aus einem Stück, so daß im wesentlichen die Vorsegel das
Bestimmende bleiben; doch wird man im allgemeinen damit aus-
kommen, jedes Schiff als Kutter zu bezeichnen, das bei Gaffeltakelage
2—3 Vorsegel und ein Toppsegel fährt, denn schließlich ist die sogenannte
Sloop (s. Abb. Tafel III) auch nichts anderes als eben eine Spielart des
Kutters. Gewissermaßen ein Kutter ohne Vorsegel ist das in der Tafel
gleichfalls wiedergegebene, besonders in Amerika sich großer Beliebtheit
erfreuende Catboot. Der Mast steht ganz vorn im Schiff und trägt
nur ein auf diese Weise natürlich ziemlich großes Gaffelsegel.

Ohne hier näher auf Vorzüge und Nachteile einzelner Besegelungsformen eingehen zu können, darf man zum besseren Verständnis des
Ganzen doch feststellen, daß an sich (rein theoretisch) die Cattakelage
die beste und auch zweckmäßigste Besegelungsform ist, die es gibt.
Daß, um dies vorweg zu nehmen, eine gegebene Segelfläche um so wirksamer sein muß, je weniger sie unterteilt ist, liegt auf der Hand, und vor
dem Lugger und dem Sprietsegel hat das Gaffelsegel in jedem Falle
den durch die Ausspannung zwischen drei Spieren bedingten besseren
Stand voraus. Schaltet man hiernach die Luggertakelage aus, die im

wesentlichen nur noch als Bootstakelage und bei Fischerfahrzeugen, denen es auf große Schnelligkeiten nicht allzu sehr ankommt, zu finden sein dürfte (es gibt übrigens hier Lugger mit drei Masten und den Untersegeln gleichen Toppsegeln), so haben wir das Catboot als das theoretisch am besten besegelte Boot, dem sich der Reihe nach Sloop, Kutter und weiterhin Jawl und Ketsch anschließen, je nach der weiter= gehenden Teilung der Segelfläche. Tatsächlich ist diese Theorie bis zu einer gewissen Grenze auch ohne weiteres praktisch richtig. Wenn wir für ein gegebenes Boot also beispielsweise 60 Quadratmeter Segel=

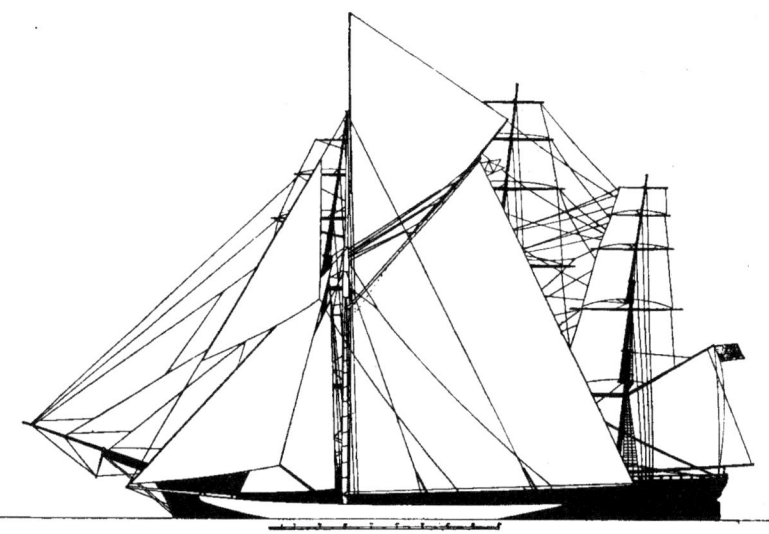

Abb. 54. Segelzeichnung der amerikanischen Kutterjacht „Reliance" von 90 Fuß Länge i. d. W. L. im Vergleich zu der des berühmten Klippers „Flying Cloud".

fläche haben, so wird das Fahrzeug wirklich bei Cattakelage die besten und bei Ketschbesegelung die schlechtesten Amwind = Eigenschaften zeigen, und die Folge davon ist, daß man bei Rennsegelbooten die Vereinfachung der Besegelung, so weit als angängig ist, erstrebt. Was das bei den riesigen, hier oft in Betracht kommenden Segelflächen be= deutet, zeigt die Abbildung 54. Man kann sich vorstellen, daß einmal die Bedienung solcher Segel bei dem kolossalen Winddruck zu einer selbst die Kräfte einer starken Besatzung übersteigenden Aufgabe werden kann, und daß zum anderen Bootskörper und Spieren bei zulegendem Winde bis an die Grenzen des Möglichen und nur allzu leicht darüber hinaus beansprucht werden müssen.

Unter normalen Verhältnissen wird man also zu einer Unterteilung der Segelfläche schreiten müssen, sobald die Größe des Fahrzeugs selbst, und damit auch die der Segelfläche wächst, und man kann
dies um so eher, als trotz allem die Vorzüge der ungeteilten Segel
nicht absolut und unter allen Umständen bestehen. — So ist — um nur
dies zu erwähnen — der große Kutter oder gar das Catboot bei einigem
Seegang vor dem Winde laufend vieler seiner sonstigen Vorzüge
anderen Besegelungsformen gegenüber ledig.

Sprietsegel (das auch bekanntlich unsere binnenländischen Last-
kähne fast durchweg führen) und das Lateinsegel sind als unmittelbare
Vorläufer des Gaffelsegels zu betrachten. Wie denn auch der Besan der
großen Schiffe noch im späten Mittelalter ein Lateinsegel mit langer,
schwerer und unhandlicher Raa war, das, vor allem auch abwechselnd
mit dem Sprietsegel, dabei gleichzeitig auf Fahrzeugen vorkommt, die
wir nach heutigen Begriffen jawl- oder sogar schunergetakelt nennen
müßten.

Jawl und Ketsch (die kleinsten zweimastigen Schiffe, vielfach
auch als Anderthalbmaster bezeichnet) sind in erster Linie ausgesprochene
Fischertakelagen. Sie sollen die bei größeren Abmessungen zweifellos
vorhandene Unhandlichkeit des einen großen Kuttersegels vermeiden und
bilden andererseits die Vorläufer des Schuners, der in seinen verschiedenen Formen zu den interessantesten Typen der Segler gehört.

Die Jawl ist, wie die Skizze zeigt, im Grunde ein Kutter, dessen
Großsegel etwas verkürzt ist, und die als Ersatz des so entfallenden Segel-
teils ein zweites kleines Gaffelsegel hinter dem Großsegel auf dem Heck
erhalten hat.

Der verbliebene Kuttermast wird auf diese Weise zum Großmast,
während der neue Treiber- oder Besanmast heißt. Treibt man die
Verkürzung des Kuttersegels weiter, so daß der Besanmast seinen Platz
vor dem Ruder erhalten kann, so erhält man die Ketsch. Die naturgemäß vorhandene größere Fläche zwischen der Gaffel des Besanmastes und diesem selbst gibt meist Anlaß, bei der Ketsch auch ein Besan-
Toppsegel anzubringen. Bemerkt sei, daß z. B. im Segelsport die nach-
trägliche Umwandlung größerer Kutter in Jawls, seltener in Ketschen
häufig genug vorkommt, wie man auch für größere Rennkutter, die
außerhalb der Wettfahrten als Tourenboote benutzt werden sollen, zwei
Takelagen (davon die eine als Jawl) besitzt.

Die seemännischen Vorzüge von Ketsch und Jawl sind im wesentlichen in der Verkürzung der Spieren und der größeren Leichtigkeit
der Bedienung der erheblich kleineren Segel gegeben. Die selbst mit

noch vollen Untersegeln fahrende Jawl oder Ketsch kann im Notfalle durch Werfen des Großsegels von einem einzigen Mann in kürzester Zeit unter Sturmsegel gebracht werden, und bei der letzteren vollends steht auch der Besanmast soweit im Schiff, daß alle notwendigen Arbeiten mit denkbar hoher Sicherheit ausgeführt werden können. Die Fahr= zeuge sind unter diesen Umständen die gegebenen Fischerboote für die rauhe und launische Nordsee, mit der sie sich auch unter allen Verhält= nissen abzufinden wissen.

Wir kommen nunmehr zu der überaus vielgestaltigen und zahl= reichen Gruppe der Schoner.

Das Urbild des Schoners ist der zweimastige Gaffelschoner, der ersichtlich noch zu den nahen Verwandten des Kutters gehört und entsteht, wenn man sich den Besanmast von Jawl und Ketsch so weit nach vorn gerückt denkt, daß sein Segel schließlich wichtiger und größer als das vordere Gaffelsegel wird. Er führt dementsprechend nun hier seinerseits die Bezeichnung Großmast, während der vordere zum Schonermast wird. Zwei Schonermasten vor dem Hauptsegel er= geben dann den Dreimastgaffelschoner, und die mannigfachen Vorzüge dieses Typs, die sich im wesentlichen auf seine verhältnismäßig guten Leistungen bei Seitenwind (ein Raaschiff kann natürlich nicht so dicht an den Wind gehen) gründen, haben zu einer weiteren Aus= gestaltung dieses Typs bis zum Siebenmaster geführt und ihm auch unter den modernsten Schiffsriesen einen Platz zu sichern gewußt.

Die Heimat dieser Entwicklung ist Amerika, an dessen langen Küsten mit überwiegend herrschenden Westwinden diese Takelage tat= sächlich ganz besonders günstige Verhältnisse traf. Immerhin ist jedoch festzustellen, daß die Sechs= und Siebenmaster sich nicht bewährt haben. Im wesentlichen beherrscht hier der Viermaster (s. Abb. 55) das Feld.

Der Schoner ist nun aber auch dasjenige Schiff, das in verschiedenen seiner Abarten zur Raatakelage, und damit zu den großen und größten Segelschiffen herüberleitet, und es erscheint daher an dieser Stelle eine etwas eingehendere Besprechung dieser Beseglungsart am Platze.

Bemerkt sei noch, daß dies keineswegs immer der Fall war. Wie man unter anderem aus der ebenso interessanten wie reichhaltigen Modellsammlung des Kgl. schwedischen Zeughauses feststellen kann, gab es noch im 18. Jahrhundert Kutter (das Wort ist übrigens vom englischen „to cut" schneiden, abgeleitet und bedeutet zunächst ein scharf gebautes, also schnell segelndes Schiff überhaupt), die an ihrem einzigen Mast eine vollständige Raatakelage trugen. Auch jawl= oder

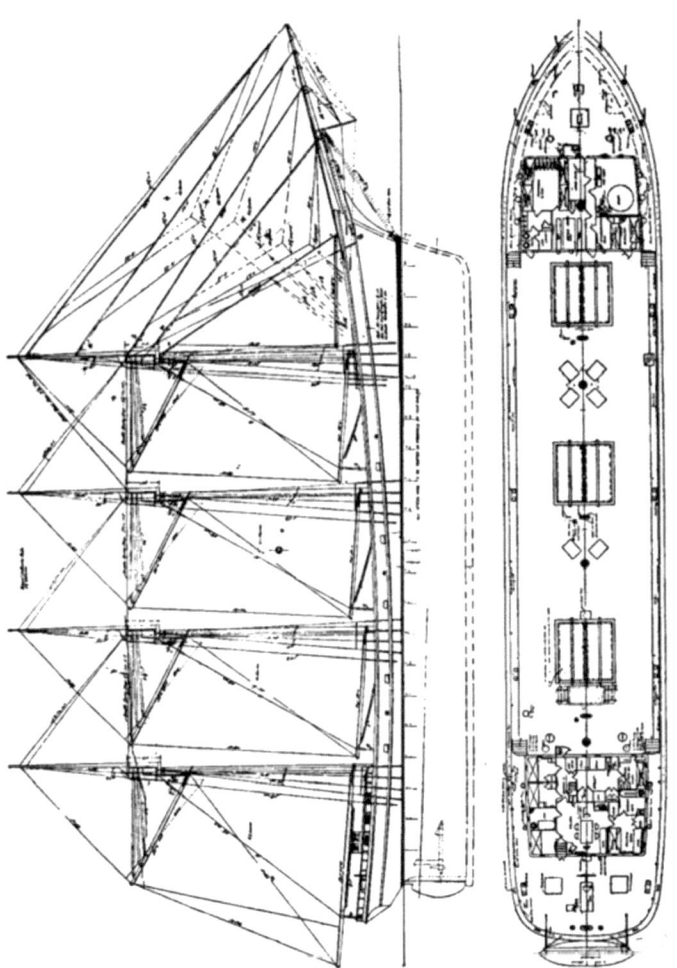

Abb. 55. Amerikanischer Viermast-Gaffelschoner.

Das Schiff ist mit 2 Diesel-Hilfsmotoren ausgerüstet, die ihm bei Windstille etwa 9 Seemeilen stündlich Fahrgeschwindigkeit geben. Haupt-Abmessungen: Länge über alles 70,15 m, Länge W. L. 64,01 m, Breite 11,89 m, Tiefgang: 7,2 m.

ketfchartig getakelte Fahrzeuge mit Raatakelage am Großmast waren damals vorhanden.

Heute nun bildet den Übergang zu den Raaschiffen der zwei= maftige Schoner mit vollständiger oder verkürzter Raatakelage am vorderen Maft (Toppfegelfchoner, Raafchoner ufw., je nach der Voll= ftändigkeit feiner Raabefegelung, f. Tafel III). Derfelbe Typ aber ift auch zum Dreimaftfchoner und in neuerer Zeit fogar zum Viermafter (Barkantine f. Tafel) von recht erheblichen Abmeffungen ausgebildet worden. Daß der reine Gaffelfchoner in feiner Entwicklung bereits weiter, und zwar bis zum Siebenmafter fortgefchritten ift, haben wir bereits erwähnt.

Die großen und mannigfachen Vorzüge der verfchiedenen Raa= Schonerarten find einmal in ihrer an fich glücklichen Mifchung von Raa= und Gaffelfegel begründet, zum anderen aber bietet fich auf diefe Weife die fchätzenswerte Möglichkeit, eine große, auf eine Reihe von Maften verteilte Segelfläche zu fchaffen, die gleichwohl mit verhältnismäßig wenig Händen bedient werden kann, und zwar ohne die mannigfachen Schwierigkeiten der vollen Raatakelage. Um das zu würdigen, muß man fich klar machen, daß kein Handelsfchiff Leute genug hat, um kriegs= fchiffmäßig nahezu alle Segel auf einmal fetzen oder bergen zu können. Es gilt hier, die einzelnen Segel nacheinander feftzumachen oder zu löfen, was für Raafegel fchon allein dadurch erhebliche Zeit in Anfpruch nimmt, daß die Mannfchaften in einen Topp hinauf müffen, von dort, nach Beendigung ihrer Arbeit wieder herunter kommen, und nun erft von neuem bei dem nächften Maft beginnen. Man wird alfo immer eine für ein Handelsfchiff ziemlich ftarke Händezahl fahren müffen, wenn man nicht fehr früh mit dem Segelbergen beginnen, fondern, was heut für den Segler der Handelsflotte unbedingt gilt, die Lage aus= nutzen will.

In unferen deutfchen, feemännifchen Kreifen beftehen allerdings gewiffe Bedenken gegen eine fehr ftarke Vergrößerung gerade der Gaffelfegel, deren Bäume nur durch die Schot gefeffelt find und felbft= verftändlich leicht, wie man zu fagen pflegt, „klar Deck machen", wenn diefe Schot (was an fich zweifellos im Bereich der Möglichkeit liegt) einmal brechen follte. Es ift bei fteifer Brife dann ficherlich kein Sonn= tagsvergnügen, einen folchen Baum, der von einer Deckfeite zur anderen raft, wieder einzufangen; aber man darf diefe Gefahr auch nicht über= fchätzen. Unfere großen Rennkutter im Segelfport kennen noch größere Segel, die unter fehr fchwierigen Verhältniffen zu bedienen find, und dennoch anftandslos bewältigt werden, und die an folche Takelagen ge=

wöhnten Amerikaner werden gleichfalls überall mit ihnen fertig. Es handelt sich hierbei eben viel um die Gewohnheit.

Während der erwähnte, einmastige Raakutter lediglich der Ge=schichte angehört, gibt es zweimastige Schiffe mit voller Raatakelage noch recht häufig, wenngleich auch von ihnen Neubauten wohl schon seit einer ganzen Reihe von Jahren nicht mehr zu verzeichnen sein dürften.

Brigg (nicht ganz vollständige Raatakelage) und Schonerbrigg er=freuten sich in der Blütezeit des Segelschiffes denkbar großer Beliebtheit und waren damals sogar in den Kriegsflotten (als kleine Kreuzer, wie wir heute sagen würden,) ziemlich zahlreich. Die deutsche Flotte hat verschiedene derartige Schiffe als Schiffsjungen=Schulschiffe besessen, und eine ganze Anzahl heute noch lebender Angehörige der Marine dürften sich der Jahre auf „Muskito" oder „Rover" noch recht gut erinnern. Unter den Unannehmlichkeiten der Fahrzeuge, die nicht zuletzt darin gipfelten, daß man unter Deck gerade nur zwischen den Deck=balken aufrecht stehen konnte (vorausgesetzt, daß man hübsch beim Nor=malmaß geblieben war), haben die Jungen am wenigsten gelitten, und so dürften denn auch solche Erinnerungen ziemlich ungetrübt sein.

Wir kommen nun zu den dreimastigen Schiffen, als deren Ver=treter der Reihe nach Schonerbark (den Dreimastschoner haben wir ja bereits behandelt), Bark und schließlich das Vollschiff folgen.

Schonerbark und Bark fahren Raatakelage an beiden vorderen Masten (Fock= und Großmast), während der dritte (Besanmast) nur mit Gaffelsegeln ausgerüstet ist; der Unterschied zwischen beiden ist in der größeren oder geringeren Vollständigkeit der Raabesegelung (s. Tafel Segelschifftypen) begründet; übrigens sind Schonerbarken bei uns nicht gerade häufig und verschwinden in neuerer Zeit immer mehr. Schiffe, die nicht groß genug erscheinen, um sie als Barken (d. h. also mit vollständiger Raabesegelung an den beiden Vordermasten) zu takeln, werden heute meist als Dreimast=Schoner gebaut, wie diese Schiffsklasse auch zweifellos viel dazu beigetragen hat, die Brigg zu verdrängen.

Mit dem Vollschiff (daher der Name), das also drei vollgetakelte Masten mit Raasegeln (Fock=, Groß= und Kreuz=Mast) trägt, war dann bis in die neuere Zeit hinein der Gang der Entwicklung abgeschlossen, und, wie bereits angeführt, zwang erst die immer steigende Größe der Schiffe, die die einzelnen Segel zu unhandlich hätte werden lassen, zu einem Weitergehen auf diesem Wege. Übrigens kann man das Wachsen der Schiffsgröße recht deutlich auch bei den einzelnen Typen feststellen, die sich gegen früher recht erheblich verändert haben. So

Abb. 56. Blick in den Rauchsalon eines modernen Passagierdampfers; Dampfer „Madeira" der Hamburg-Südamerikanischen Dampfschiffahrts-Gesellschaft.

war noch vor gar nicht langer Zeit eine Bark von 500 bis 600 Tonnen ein sehr stattliches Schiff und hätte mit 700 oder gar 800 Tonnen das übliche Normalmaß ganz wesentlich überschritten; heute sind Fahrzeuge der gleichen Besegelung von 1000 und 1200 Tonnen keineswegs etwas Ungewöhnliches, und man bevorzugt in diesen Größen, die damals kaum das größte Vollschiff erreichte, sogar die Bark, weil sie infolge der fehlenden Raaen am letzten Mast mit geringerer Händezahl auskommt, und zwar, was immerhin Beachtung verdient, tatsächlich auch ohne größere Belastung der Mannschaft.

Das Schiff von 5000 bis 6000 Tonnen (als Segler) ist heute eine bekannte Erscheinung in den großen Handelsflotten, eine weitere Steigerung seiner Größe schiffbautechnisch, wie jeder Dampfer be= weist, bei dem man über dieses Maß bekanntlich bereits weit hinaus= gegangen ist, ohne weiteres möglich, und 4000 bis 4500 Tonnen sind in jeder Hinsicht heute durchaus als das Normale für ein Segelschiff langer Reise zu bezeichnen.

Es liegt auf der Hand, daß man bei derartigen Abmessungen des Schiffes wieder auf Segel von ganz beträchtlicher Größe gekommen wäre, wenn man bei den drei vollgetakelten Masten des alten Voll= schiffes hätte bleiben wollen, und der einzige Ausweg (der übrigens, wie wir ja bereits gesehen haben, sich sogar auf historische Vorbilder stützen konnte) war unter diesen Umständen eine Entwicklung der ganzen Takelage über die Zahl der drei Masten hinaus.

Abgesehen von den bereits erwähnten Sondertypen der mehr als dreimastigen Schiffe (Gaffelschoner und Barkantine) haben sich diese Fahrzeuge in ihrer Besegelung schrittweise und vollkommen ordnungs= mäßig fortentwickelt. Dem Vollschiff folgte die Viermastbark, ein= fach aus jenem durch Hinzufügen eines Besan=Mastes analog dem der Dreimastbark geschaffen, und man gewann weiter durch eine Ausrüstung auch dieses Mastes mit Raaen das Viermast=Vollschiff, das aller= dings eine ziemlich seltene Erscheinung geblieben ist. In jüngster Zeit aber reichte auch dies nicht mehr aus, und man ging in ganz derselben Weise über die Fünfmastbark zum Fünfmast=Vollschiff vorwärts, womit bis heute die Entwicklung abgeschlossen ist.

Das erste Schiff dieser Art (Fünfmastbark) war die Französin „La France", die im Jahre 1890 von der Firma Vordes in England (Greenock) erbaut wurde und beträchtliches Aufsehen erregte. Schon recht bald aber wurde sie von deutschen Schiffen überholt, und bis kurz vor dem Kriege besaß Deutschland in dem Fünfmast=Vollschiff

„Preußen" der bekannten Segelschiffsreederei F. Laeiß in Hamburg das weitaus größte Segelschiff der Welt.

Die „Preußen" ist, wie erinnerlich, nach manchen bemerkenswert schnellen und glücklichen Reisen in dem für so große Segler immer unangenehmen Fahrwasser des englischen Kanals gestrandet und war, trotz äußerster Anstrengungen infolge Zusammentreffens verschiedener unglücklicher Umstände nicht mehr zu retten. — Hoffen wir, daß das rastlose Streben nach Erneuerung der deutschen Handelsflotte uns auch eine neue „Preußen" bringen möge.

2. Dampfer= und Motorschiffe.

Eine Einteilung der in der Handelsschiffahrt zur Verwendung kommenden Dampfschiffe kann naturgemäß von verschiedenen Gesichtspunkten aus erfolgen.

Wir finden hier:

1. Rad=Dampfer, die wieder in Seiten= und Heck=Rad= dampfer zu teilen sind.
2. Schrauben=Dampfer, zerfallend in Einschrauben,= Doppel= und Mehrschraubenschiffe.
3. Dampfer mit Kolbenmaschine.
4. Turbinen=Dampfer.

Ferner sind der Verwendung nach zu unterscheiden:

1. Passagierdampfer (darunter Schnell= und Postdampfer).
2. Frachtdampfer und
3. Schiffe und Fahrzeuge zu besonderen Zwecken, wie: Tankdampfer, Erzdampfer, Schlepper, Fischdampfer, Kabelleger usw.

Schließlich wäre noch eine Einteilung nach der Bauart der Schiffe selbst möglich.

Der Raddampfer, um diesen vorweg zu nehmen, ist von der hohen See so gut wie vollkommen verschwunden, da er gegenüber der Schraube erhebliche Nachteile aufweist, unter denen vor allem das ungleichmäßige Eintauchen der Räder bei Seegang zu nennen ist. Seine Vorzüge, relativ großer Nutzeffekt des Motors und sehr geringe Erschütterungen des Schiffskörpers, sind jedoch immerhin Veranlassung genug, um ihn als Passagierdampfer für kurze Strecken noch verhältnismäßig häufig Verwendung finden zu lassen. Ein besonderer Vorzug ist die Möglich= keit, ihn mit flachem Boden und minimalem Tiefgang zu bauen, wie denn die Amerikaner ihren riesigen Fluß= und Küstenraddampfern,

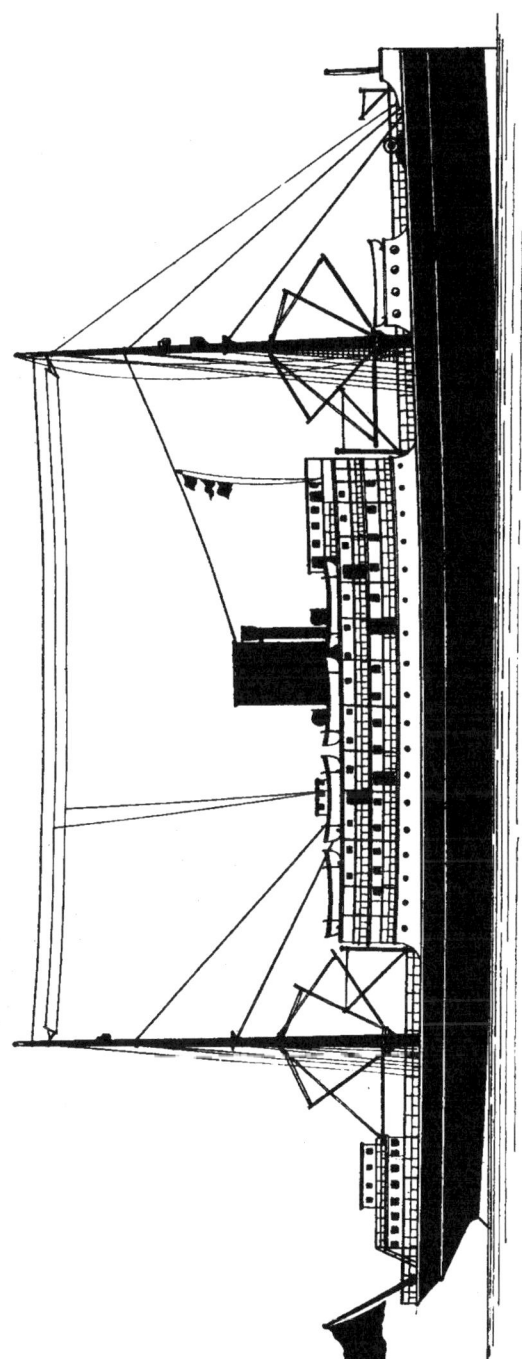

Abb. 57. Großer Sturmbeck-Dampfer für Passagier- und Frachtfahrt.

die besonders auf Hudson und Mississippi zu Haus sind, mit Vorliebe nachrühmen, sie seien imstande, „auf einer tauigen Wiese" zu fahren. Den ersten Platz, der Zahl nach, nimmt unter den Seedampfern der Einschraubendampfer ein, der vielfach auch heute noch mit einer alle möglichen Variationen aufweisenden Takelage versehen ist. Für größere Schiffe sind heute Doppelschrauben die Regel, und sie lassen auch die Hilfstakelage mehr und mehr verschwinden, da mit ihnen das Schiff bei der Beschädigung einer Maschine noch mit der anderen allein fahren kann, dagegen erfordern zwei Maschinen natürlich er= heblich mehr Platz, der dem nutzbaren Laderaum entzogen wird. Erst bei schon sehr großen Schiffen wird dieser Übelstand weniger fühlbar.

Die Geschichte der Dampfschiffahrt auf See ist dabei auch nur wenig über ein Jahrhundert alt, und der Dampfer hat hier geraume Zeit hindurch sogar nur eine sehr bescheidene Rolle spielen können. Eigentlich ist er sogar erst in der zweiten Hälfte des vorigen Jahrhunderts zu einem ernstlichen Konkurrenten des Segelschiffes geworden, der dann allerdings mit Riesenschritten Boden gewann. Genau genommen ergeben sich etwa folgende bemerkenswerte Daten auf diesem Gebiet:

Die konstruktiven Anfänge der Dampfmaschine reichen bis in das Jahr 1707 zurück, und im Jahre 1788 befuhr zum ersten Male ein derartiges Schiff den Clyde, ohne mit seiner ungeschickten, 1 P.S. leistenden Maschine nachhaltige Erfolge erzielen zu können. Das Jahr 1807 brachte dann den Erfolg des Fultonschen „Clermont", und schon 1819 erfolgte die erste Überquerung des Atlantik durch den Raddampfer „Savannah", der in 29½ Tagen von dem gleich= namigen amerikanischen Hafen nach Liverpool fuhr.

Daß der Raddampfer überhaupt kaum auf See gehört, ist bereits angedeutet worden. Aber auch die Schraube war zunächst ein recht fragwürdiges Instrument, dessen Entwicklung Zeit und Arbeit erforderte. Schließlich aber arbeiteten die Dampfmaschinen jener Zeit wirtschaftlich so unvollkommen wie möglich. Man rechnete in den An= fängen der Dampfschiffahrt mit einem Verbrauch von 2 Kilogramm Kohlen und darüber für die Pferdekraft in der Stunde, woraus allein hervorgeht, daß ein moderner Schnelldampfer mit damaligen Maschinen einfach eine Unmöglichkeit sein würde. Bei Maschinen bis zu 70 000 P.S., wie wir sie heute kennen, würde er in der Stunde also 140 Tonnen Kohlen verbrennen müssen, was für eine Reise zwischen Europa und New York die Mitführung von rund 20 000 Tonnen Kohlen (nur für die Hinreise) bedingen würde.

Ganz abgesehen von den Kosten eines solchen Kohlenverbrauches, die selbstverständlich jede Rentabilität ausschließen müßten, wäre selbst ein modernes Riesenschiff nicht imstande, diese Kohlenladung neben dem übrigen zu tragen, womit naturgemäß die bekannte Schraube ohne Ende auch auf diesem Gebiet in Tätigkeit gesetzt worden wäre.

Man kann hiernach wohl sagen, daß man zunächst in der Maschine nicht viel mehr sah als ein Mittel, den Segler von den Launen des Windes unabhängig zu machen. Ein Mittel, das dank der Umstände und Kosten, die es verursachte, keineswegs allzu gern und bereitwillig angewendet wurde. Die unbeholfene Maschine beanspruchte einen sehr erheblichen Raum im Schiff und versagte zudem meist immer gerade dann, wenn sie wirklich notwendig gebraucht werden sollte. Ganz abgesehen davon, daß das Anheizen einen beträchtlichen Zeitraum erforderte. Beim Raddampfer kam schließlich noch hinzu, daß die Schiffe unter Segel allein fast nur noch platt vor dem Winde laufen konnten, wesentlich an Schnelligkeit dabei einbüßten (durch den Widerstand der stilliegenden Schaufeln im Wasser), schlecht steuerten und in dem ungefügen Radkasten der See einen willkommenen Angriffspunkt boten. Schließlich waren die tatsächlichen Leistungen der Maschinen, trotz ihres Raumbedarfs, noch recht bescheiden, und die „Dämpflinge" hatten bei nur einiger Brise gar keine Aussicht, einen nur einigermaßen flinken Segler selbst an absoluter Schnelligkeit zu schlagen.

Dementsprechend waren auch die Maschinenleistungen der ersten Dampfer nach heutigen Begriffen reichlich bescheiden. Der auch hier schon erwähnte „Great Eastern" war auch in dieser Hinsicht geradezu ein technisches Wunder seiner Zeit, aber die über 7000 Pferdekräfte seiner Maschinen trugen ebenfalls viel dazu bei, ihn zu einer wirtschaftlichen Unmöglichkeit zu machen.

Der Dampfer der Hamburg-Amerika-Linie, die „Borussia", der im Jahre 1855 in Dienst trat, repräsentiert den Durchschnitt jener Zeit entschieden viel besser, und das Schiff verfügte über ganze 375 Pferdestärken, also eine Leistung, die von sehr vielen Flußdampfern heute in den Schatten gestellt wird.

Aber selbst die Schnelldampfer blieben in der ersten Zeit nach heutigen Begriffen noch recht bescheiden in dieser Hinsicht, wie denn die „Elbe" des Lloyd, die in der Tat einen sehr bemerkenswerten Schritt vorwärts bedeutet, noch mit 5600 Pferdestärken auskam, die sich bei der „Lahn" auf rund 9000 erhöhten. Bei beiden Schiffen aber ist bemerkenswert, daß diese Maschinenleistung auf eine Schraubenwelle wirkte, und daß die hier erforderte Leistung also immerhin schon eine für den damaligen Stand der Maschinentechnik sehr beachtenswerte Aufgabe darstellt. Ihre einwandfreie Lösung beweist schlagend, daß man auf diesem Gebiete über sehr wesentliche Fortschritte verfügte.

Mit den Schnelldampfern „Columbia", „Bismarck", „Augusta Viktoria" der Hamburg-Amerika-Linie wird dann aber das zehnte Tausend bei der Gesamtmaschinenleistung sehr energisch überschritten, gleichzeitig allerdings gelangt man auch wieder zu der (übrigens natürlich sehr wünschenswerten und die Sicherheit beträchtlich stei=gernden) Teilung der Maschinen, indem man zum Doppelschrauben=Antrieb übergeht, der seitdem mindestens für die großen Liniendampfer das Dominierende geblieben ist. Von der Weiterausbildung zum modernen Drei= und Vierschraubensystem kann hier abgesehen werden, da dies auf ein anderes Gebiet gehört und mindestens teilweise auch anderen Gründen entspringt.

Die „Columbia" wurde im Jahre 1889 in Dienst gestellt, sie ver=fügte über 12 300 Pferdestärken, eine Leistung, die sich beim „Fürst Bismarck" bis auf 16 400 Pferdestärken steigerte.

Wenn man (besonders unter Berücksichtigung der schon erwähnten neuerlichen Unterteilung der Maschinen) die Steigerung der Leistungen bis hierher immerhin als eine stetige bezeichnen kann, so muß sie für die nächsten Jahre um so mehr sprunghaft genannt werden. Man eilt mit Riesenschritten in das Gigantische hinein, und in der jüngsten Zeit ist bekanntlich auch der Kriegsschiffbau, der anfangs in dieser Hinsicht ziemlich zurückhaltend blieb, auf diesem Wege gefolgt.

Heute sind die 28 000 Pferdekräfte, die den viel bewunderten „Kaiser Wilhelm der Große" des Lloyd vorwärts peitschten, eine fast lächerlich geringe Leistung geworden. Mit 35, 40, 45 und 60 000 P. S. arbeiteten seine Nachfolger, in den neuesten Riesen=Postdampfern vom Typ „Imperator", „Vaterland" usw., die nun auch an Größe den „Great Eastern" weit hinter sich zurücklassen, und es ist dies noch keineswegs die Höchstgrenze. Die neue Inhaberin des „Blauen Bandes", die englische „Mauretania" bedarf für ihre rund 25 Meilen stündlich einer Maschinenleistung von 70 000 P.S., und noch höher gehen die gigantischen Schlachtkreuzer der Kriegsflotten.

Daß solche technischen Fortschritte sich nur entwickeln können, wenn sie sich auf einen entsprechenden Bedarf im eigenen Lande stützen, bedarf kaum einer näheren Begründung, und die Tatsache, daß sie der deutschen Schiffbauindustrie diesen Bedarf und die mit ihm verbundenen Entwicklungsmöglichkeiten geschaffen haben, ist es, die Gesellschaften wie Lloyd und Hamburg-Amerika-Linie über das Niveau des reinen

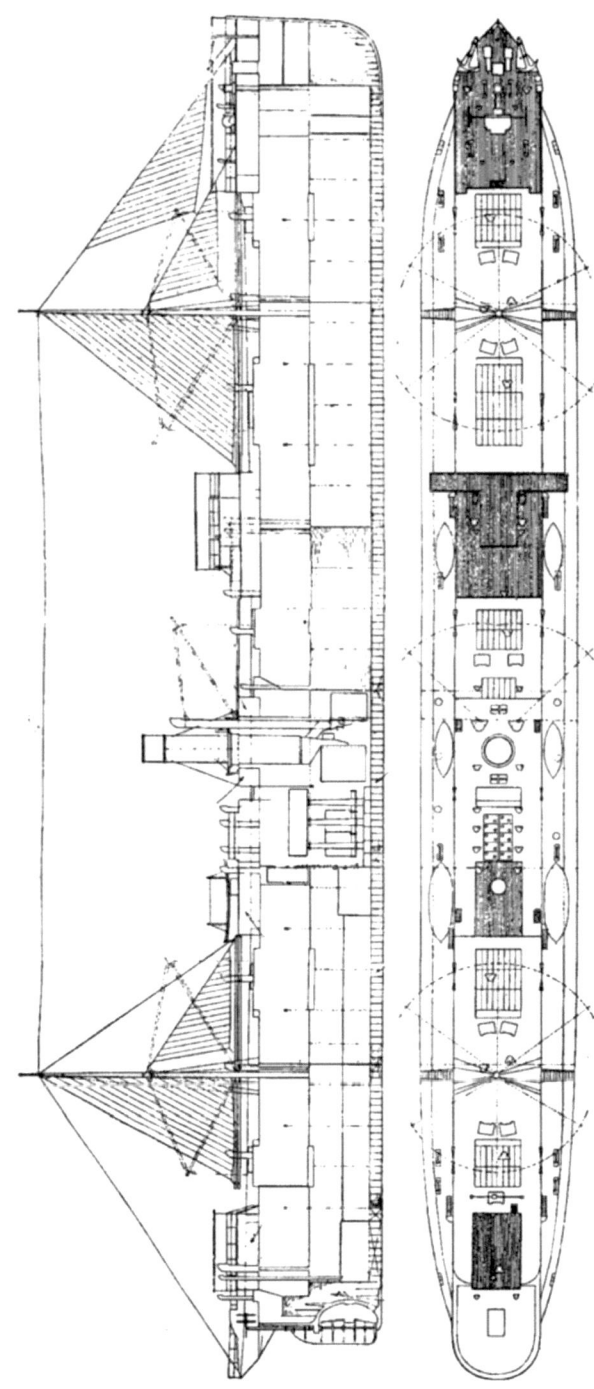

Abb. 58. Längsschnitt und Deckplan eines Turmdeck- (turret-deck-) Dampfers. Querschnitt hierzu s. Abb. 17.

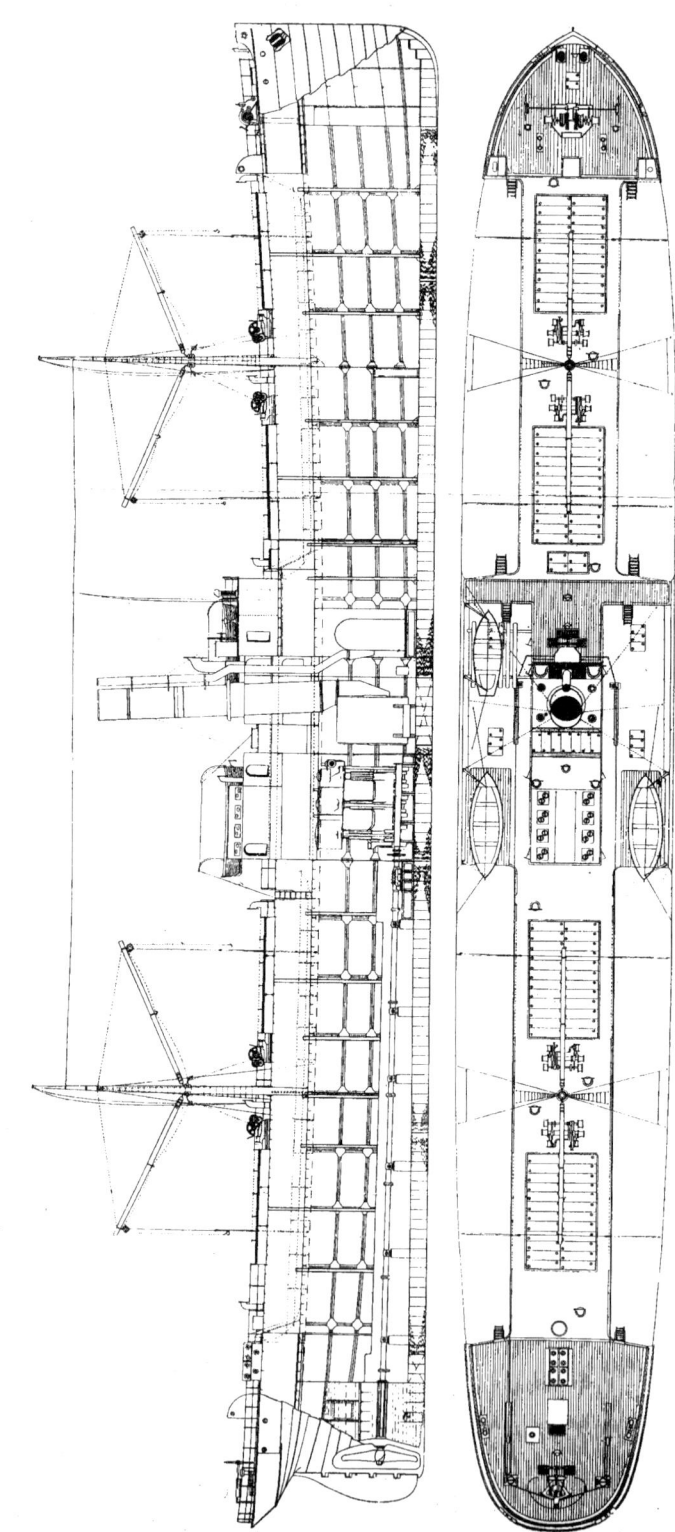

Tafel III. Hofsetdet. (Trunk-deck-) Dampfer nach dem Sherwood-Syftem.

'

Erwerbes (dessen Bedeutung übrigens auch sehr viel größer ist, als noch immer viele annehmen) hinaushebt.

Daß diese modernen Ozeanriesen Geschwindigkeiten erreichen, die für den Segler unter allen Umständen unmöglich sind, liegt auf der Hand. Wie Torpedoboote und Motorrennboote zeigen, lassen sich mit Hilfe der Maschine Fahrtleistungen von über 40 Seemeilen stündlich ohne weiteres erzielen, wenn es sein muß, aber ganz uneingeschränkt läßt sich dies auf die normale Handelsschiffahrt denn doch nicht über= tragen.

Im allgemeinen wird die Geschwindigkeitsgrenze für den modernen Frachtdampfer bei 10 bis höchstens 12 Meilen die Stunde liegen, wenn er nicht so teuer im Betriebe werden soll, daß er für die einfache Frachtfahrt nicht mehr rentabel sein kann, und was den Betrieb auf den großen Linien angeht, so gibt Tafel I hierfür ein lehrreiches Beispiel. Für ein Mehr von knapp 5 Meilen in der Stunde muß die „Mauretania" 70 000 P. S. gegen 30 000 des „Columbus" aufwenden!

Mit der fortschreitenden Verbesserung der Maschinen, die in erster Linie in einer gesteigerten Leistungsfähigkeit und Zuverlässigkeit bei gleichzeitiger Herabminderung des Kohlenverbrauchs zum Ausdruck kamen, nahm die Bedeutung der Takelage für den Dampfer allmählich ab, wenngleich nicht geleugnet werden kann, daß Einschrauben=Schiffe sie bei einer Wellenhavarie noch bis in unsere Tage hinein gelegentlich schmerzlich vermißt haben dürften. Immerhin ist das Material heute so vorzüglich, daß solche Zufälle zu den Seltenheiten gehören, um deretwillen man nicht jahrelang das Gewicht einer größeren Besegelung mitschleppen kann. Gleichzeitig stieg aber auch die Größe der Schiffe, und man sah sich bald damit gezwungen, zu Besegelungen zu greifen, die in ihrer Mannigfaltigkeit und Eigenart auch der gründlichste Segel= schiffsseemann nicht mehr zu klassifizieren imstande war. Auch hierfür ist wohl der „Great Eastern" ein klassisches Beispiel, dem man zu einer Zeit, in der das dreimastige Vollschiff noch unbedingt herrschte, nicht weniger als sechs Masten gegeben hatte, um die Besegelung nicht allzu hoch werden zu lassen. Noch wesentlich seltsamer aber ist die Anordnung und Verteilung der Segel auf diese Masten, von denen zwei mit Raasegeln (noch einfache, ungeteilte Marssegel) ausgestattet sind, während die anderen lediglich Gaffelsegel führen. Ein kleiner Mast auf der langen Back hatte wohl im wesentlichen den Zweck, das infolge des senkrechten Vorstevens fehlende Bugspriet mit seinen Stagsegeln zu ersetzen. Es erscheint dies jedoch als eine Maßnahme, die ziemlich überflüssig sein dürfte, denn die Segel hätten auf den riesigen Schiffs=

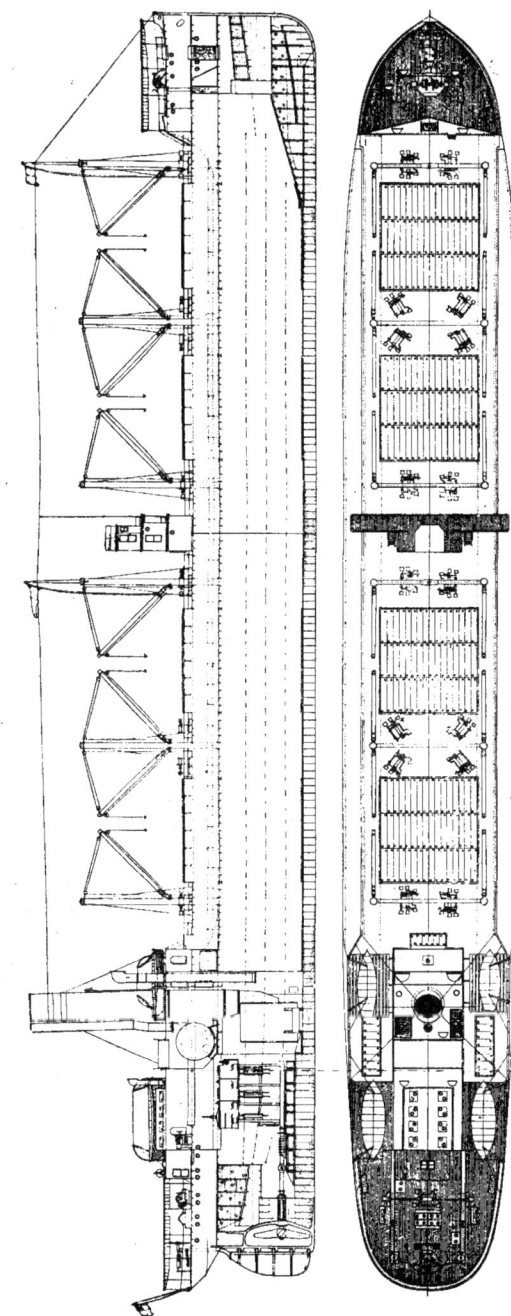

Abb. 59. Längsschnitt u. Decksplan eines Kofferdeck (trunk-deck-) Dampfers mit achter liegender Maschine, 4 großen Luken u. 12 Lademasten.

körper doch kaum sonderlichen Einfluß auszuüben vermocht, und tat=
sächlich ist der Versuch auch unseres Wissens nicht wiederholt worden.

Im allgemeinen bleibt heute die Takelage auf den kleinen und
allenfalls noch mittleren Frachtdampfer beschränkt, aber auch für diese
Schiffe verliert sie mehr und mehr an Bedeutung. Es hängt dies im
wesentlichen mit der Tatsache zusammen, daß diese kleinen Schiffe
immer mehr in die reine Küstenfahrt gedrängt werden, wo mit ziemlich
rasch wechselnden, unzuverlässigen Windverhältnissen gerechnet werden
muß, unter denen eine Besegelung mehr Arbeit machen würde, als sie
Nutzen stiftet.

Wesentlich verschiedene Typen der Dampfer ergeben sich, wie
schon gesagt, aus der Bauart des Rumpfes, und es erscheint
angebracht, einige derselben an dieser Stelle kurz zu besprechen.

In erster Linie gehört hierher das Sturmdeck=Schiff. Es sind
dies Fahrzeuge, die über dem eigentlichen Hauptdeck (Oberdeck) ein
glattes, durchlaufendes Deck tragen, auf dem sich im allgemeinen
keine Aufbauten zu Wohnzwecken (ausgenommen auf Passagierschiffen
leichte Rauchsalons und ähnliches) befinden dürfen. Die Wohnräume
für die Mannschaft und etwaige Passagiere befinden sich in dem Raum
zwischen Ober= und Sturmdeck. Sturmdeckdampfer dienen sehr häufig
zum Transport lebenden Viehs, das dann ebenfalls unter dem Sturm=
deck Aufnahme findet.

Als Abarten des Sturmdeckschiffes sind Schiffe mit teilweisem
(also nicht über die ganze Schiffslänge reichendem) Sturmdeck,
Schutz= und Schattendeck=Schiffe und Glattdeck=Schiffe anzu=
sehen. Die Bezeichnungen erklären sich zu großem Teil aus sich selbst,
so ist ein Schattendeck nichts anderes als ein besonderes leichtes, an den
Seiten offenes Sturmdeck usw.

Brunnen= oder Tiefdeck=Schiffe sind Fahrzeuge mit einem
langen, hinteren Aufbau auf dem Oberdeck und einer Back (Vorder=
aufbau), Walrückendeck=Schiffe haben ein Oberdeck, dessen
Breite geringer ist als die des Schiffes selbst, und die Seitenwände
gehen bogenförmig in das Deck über.

Ganz besonders wird schließlich beim Dampfer die seit geraumer
Zeit bemerkbare Steigerung der Schiffsgröße augenfällig. Bei dem
erheblichen Raum, den hier Maschine, Kessel und Kohlen allein in
Anspruch nehmen, liegt die wirtschaftliche Größengrenze für den
Dampfer wesentlich höher als für das Segelschiff, dessen gewaltigste
Vertreter noch nicht wesentlich über 6000 Tonnen hinaus gelangten,

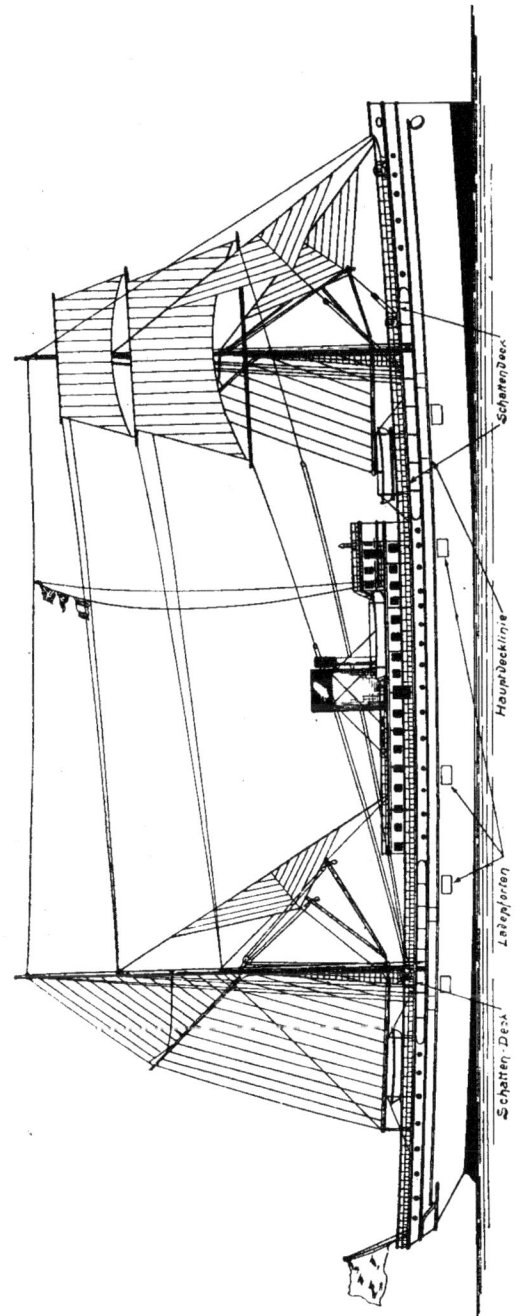

Abb. 60. Schattendeck-Dampfer mit Hilfsbesegelung.

während der Dampfer von 10—12 000 Tonnen in großer Fahrt längst keine Seltenheit mehr ist, und die größten Schiffe in ihrer Tonnenzahl das halbe Hunderttausend bekanntlich bereits über=schritten haben.

Selbstverständlich sind durch diese gewaltige Steigerung der Schiffsgröße dem Techniker Aufgaben gestellt worden, die keineswegs immer leicht zu lösen waren, und die auch kaum schon in jeder Hin=sicht restlos gelöst sind. So hat es seinerzeit die „Titanic"=Katastrophe gezeigt, daß insbesondere die Sicherung der modernen Riesenschiffe (die der See gegenüber allerdings wehrhaft genug sind,) gegen äußere Verletzungen noch keineswegs derartig ist, wie man es erstrebt und wünscht, und man hat unter dem unmittelbaren Eindruck dieses Ereig=nisses abermals zu neuen und weitergehenden Einrichtungen gegriffen.

Eine besondere Stellung nehmen schließlich die Tankschiffe ein, die besonders den Transport von Öl und Petroleum zu ver=mitteln haben. Die Bauvorschriften verlangen von ihnen, daß die Laderäume, abgesehen von anderen Sicherheitsmaßregeln, vorn und hinten von doppelten, durch das ganze Schiff reichenden Schotten begrenzt sein müssen, und es wäre unter diesen Umständen nicht nur eine beträchtliche Raumverschwendung, sondern würde auch die Bau=kosten erheblich steigern, wenn man, wie allgemein, die Maschine zwischen einen vorderen und hinteren Laderaum legen wollte. Man hat daher hier zuerst dazu gegriffen, sie ganz in das Hinterschiff zu verlegen, und die Fahrzeuge dieses Typs fallen denn schon von weitem durch den weit hinten stehenden Schornstein auf. In neuerer Zeit wird diese Bauart auch für andere reine Frachtschiffe vielfach ange=wendet. S. Abb. 59.

Wie bereits angedeutet, war die Entwicklung des modernen Dampfers in erster Linie durch die Fortschritte der Maschine bezeichnet und begrenzt. Die Richtlinien für diese Fortschritte waren dabei von Anfang an gegeben. Sie hatten auf der einen Seite die größtmögliche Steigerung der Zuverlässigkeit der Maschine, auf der anderen aber die Erhöhung ihrer Wirtschaftlichkeit zum Ziele.

Ersteres ist wohl im wesentlichen als das Verdienst der Eisen=industrie zu betrachten, die rastlos bestrebt war, in der Beschaffung und Bearbeitung des Materials dem Konstrukteur immer Vervoll=kommneteres zur Verfügung zu stellen, und es ist festzustellen, daß Deutschland auch auf diesem Gebiet Vorbildliches geleistet hat und leistet. Trotz des gewaltigen Vorsprungs, den insbesondere England hier naturgemäß hatte, hat die deutsche Industrie diesen nicht nur

Abb. 61. Eine Luxuswohnung auf dem Schnelldampfer „Cap Polonio" der Hamburg-Südamerikanischen Dampfschiffahrts-Gesellschaft.

eingeholt, sondern steht in vieler Hinsicht in bezug auf die Herstellung und Verarbeitung hochwertigen Stahles heute unerreicht da.

Zur Erzielung höherer Wirtschaftlichkeit der Dampfmaschine war von vornherein nur ein Weg offen: Die möglichst rationelle Verbrennung des Heizmaterials und — vor allen Dingen — eine möglichst weitgehende Ausnutzung des einmal erzeugten Dampfes. Auch diese war bei den ersten Dampfmaschinen eine mehr als mäßige. Der in geringer Spannung erzeugte Dampf entwich, nachdem er in einem Zylinder Arbeit geleistet hatte, einfach in die Luft, und erst später kam man wenigstens dahin, ihn in Kondensatoren neuerdings zu Wasser zu verdichten und auf diese Weise an Brennstoff zu sparen. Erst in den 60er und 70er Jahren des vorigen Jahrhunderts gelangte man durch die sogenannten Compound=Maschinen wenigstens auf den Weg zu einer wirklich rationellen Wirtschaft. Man verwendete hier Dampf von bereits 5—7 Atmosphären Spannung, der hinter= einander in mehreren Zylindern Arbeit abzugeben hatte, und kam dann in den 80er Jahren zu drei= und später vierfacher Expansion des einmal erzeugten Dampfes, der dabei eine Spannung von 10—15, ja bei vierfacher Expansion bis 20 Atmosphären erhielt.

Es ist, wie schon im Kapitel „Dampfmaschine" ausgeführt wurde, auf diese Weise gelungen, den Kohlenverbrauch der modernen Maschinen ganz erheblich herunterzudrücken. Es ist aber kaum zu verkennen, daß man in dieser Hinsicht heute nun auch die Grenze des Möglichen erreicht hat, ohne von dem Ergebnis an sich voll befriedigt zu sein. Aber auch, abgesehen hiervon, bleiben für das Schiff, dessen immer= hin beschränkter Raum natürlich kostbar ist, schon der große Kessel= raum und die ebenfalls raumfressenden Bunker nur notwendige Übel, und es ist mithin kein Wunder, wenn das Motorschiff zu einem gefähr= lichen Konkurrenten des Dampfers geworden ist.

Über die Bedeutung des Motors für die moderne Handels= schiffahrt ist das hier Erforderliche in Kapitel I Abschnitt 6 gesagt worden. Als Typ, also mehr äußerlich gesehen, fällt das Motorschiff dem Dampfer gegenüber eigentlich wohl nur durch das Fehlen des großen Schornsteins auf, der hier bescheidenere Dimensionen auf= weist, oder gar gänzlich fehlt. Letzteres erscheint übrigens mindestens als eine überflüssige Sparsamkeit, denn die Ableitung der Gase durch die Bordwand unter dem Heck oder auch durch einen Mast erfordert gleichfalls eine entsprechende Rohrleitung, und der Schornstein ver= bessert demgegenüber nicht nur das Aussehen des Schiffes, sondern ist auch sonst — z. B. als Ventilator — durchaus von Nutzen. —

Die Takelage der Dampfer ist bereits besprochen; zu einer Cha=
rakterisierung der Schiffe trägt sie unmittelbar kaum bei.

Abschließend sei hier noch eine etwas eingehendere Beschreibung
des jüngsten, großen Lloydbampfers „Columbus" wiedergegeben, der.
einen vollgültigen Beweis für das zähe und zielbewußte Streben nach
einem gesunden Wiederaufbau unserer Handelsflotte liefert. Das
auf der Werft von F. Schichau in Danzig erbaute Schiff ist mit
seinem Raumgehalt von 32 500 Br. R. T. nach dem Verlust von
„Vaterland" und „Imperator" heut das größte Schiff der deutschen
Handelsflotte. Die beim Bau seines Schwesterschiffes, des an England
abgelieferten Dampfers „Homeric", gesammelten Erfahrungen, sowie
alle neueren Vorschriften für die Beförderung von Reisenden sind bei
diesem Schiffe in weitestem Umfange berücksichtigt worden.

Das Schiff hat eine Länge von rund 236 m, also von fast einem
Viertel Kilometer. Die größte Breite beträgt 25,3 m; das ist mehr
als das Doppelte der normalen Verkehrs= und Landstraßenbreite in
Deutschland. Voll beladen hat der Dampfer einen Tiefgang von
rund 10 m, bei diesem Tiefgang eine Wasserverdrängung von rund
40 000 t zu 1 000 kg und damit eine Tragfähigkeit von 10 000 t, die
sich aus 6000 t Heizöl für die Kessel, 2000 t Wasser für Trink=, Wasch=
und Kesselspeisezwecke und 2000 t Ladung, Post, Besatzung, Fahrgäste,
Gepäck und Proviant zusammensetzt.

Das oberste freie Deck liegt etwa 12 m über der Wasseroberfläche,
das darüber liegende Bootsdeck noch etwa 3 m höher und die Kom=
mandobrücke etwa 20 m über Wasser. Der obere Rand der Schornsteine
liegt etwa 33 m und die Mastspitzen 51 m über Wasser. Vergleichsweise
mag hier bemerkt werden, daß die freie Durchfahrtshöhe unter den
Brücken des Nord=Ostsee=Kanals 42 m, und die Höhe der Siegessäule
in Berlin 61,5 m beträgt.

Das Innere des Schiffskörpers ist in 15 durch 14 wasserdichte
Querschotte geschaffene Abteilungen eingeteilt. Fast über die ganze
Länge erstreckt sich in etwa 1,6 bis 2 m Höhe über dem eigentlichen
Schiffsboden der sogenannte Innenboden. Der dadurch entstandene
Raum wird durch den wasserdicht durchlaufenden Mittelkielträger
und durch wasserdichte Querwände in 32 Abteilungen eingeteilt, deren
Rauminhalt je nach der Lage im Schiff von 75 bis 200 cbm beträgt.
Ein Teil dieser Doppelbodenzellen dient zur Aufnahme von Süßwasser
für Trink=, Wasch= und Kesselspeisezwecke, der Rest zur Aufnahme von
Ballastwasser, um die Stabilität des Schiffes im leeren oder leicht
beladenen Zustande zu regeln, wenn der Brennstoff und sonstige

Vorräte verbraucht sind. Der Gesamtinhalt des Doppelbodens ist rund 5000 cbm. Da die Süßwasserzellen im Doppelboden nicht den ganzen Bedarf an Trink-, Wasch- und Badewasser von etwa 2200 t für eine Reise aufnehmen können, so sind oberhalb des Doppelbodens im Vor- und Hinterschiff noch weitere große Behälter dafür eingebaut. Die Räume seitlich, vor und hinter den Kesselräumen am Mittelschiff sind als Heizölbunker ausgebaut. Sie reichen bis zum vierten Deck hinauf, sind vollkommen öldicht und in 36 Abteilungen untergeteilt. Sie können etwa 6000 t Heizöl aufnehmen, eine Menge, die für die Hin- und Rückreise Bremerhaven—New York—Bremerhaven voll-kommen ausreicht.

Der mittlere Teil des Schiffes wird in seinen untersten Räumen auf rund 120 m Länge von der Kessel- und Maschinenanlage in An-spruch genommen. Zwölf Dampfkessel, jeder etwa 6 m lang und etwa 5 m im Durchmesser, mit zusammen 80 Feuerungen, sind auf vier wasserdicht voneinander getrennte Abteilungen verteilt. Über ihnen führen die Rauchfänge in zwei großen Schächten von etwa 6 m Breite und 13 m Länge zu den gewaltigen Schornsteinen, deren ovaler Quer-schnitt in der großen Achse 6 m, in der kleinen Achse 5 m mißt, ein Querschnitt, durch den bequem eine Lokomotive hindurchfahren kann.

Hinter den Kesselräumen liegt der Maschinenraum mit den beiden Hauptmaschinen von zusammen 30 000 Pferdestärken, gleichfalls von einem Maschinenschacht von 10 m Länge und 6 m Breite überbaut, der als Abzug der heißen Luft dient. Dieser Schacht hat mit 26 m etwa die Höhe eines fünfstödigen Wohnhauses.

An den Maschinenraum schließen sich nach hinten der Hilfs-maschinenraum mit den elektrischen Maschinen, Pumpen, Kühl-maschinen usw. sowie die beiden Wellentunnel an, in denen die etwa 650 mm dicken Wellenleitungen entlang geführt sind, die die Leistung der Maschinen auf die beiden dreiflügeligen Propeller übertragen.

Der Höhe nach wird das Schiff durch die Decks eingeteilt. Von diesen liegt das sogenannte vierte Deck oder G-Deck etwa in der Wasser-linie, darunter liegen noch das fünfte und das sechste Deck, die sich aber nur vor und hinter den Maschinen- und Kesselräumen erstrecken. Nach oben folgen das dritte oder F- und das zweite oder E-Deck, dann das Hauptdeck oder D-Deck, Unteres Promenadendeck oder C-Deck, Oberes Promenaden- oder B-Deck, Bootsdeck oder A-Deck und die Decks der oberen Aufbauten, auf die am vorderen Ende des Mittel-schiffs-Aufbaues noch ein Deckshaus mit Wohnräumen für den Kapitän, sowie dem Karten- und Steuerhaus und der Kommandobrücke auf-

gebaut ist. Im ganzen sind also über dem untersten Deck neun Stock=
werke vorhanden, deren Höhen etwa 2,7 bis 3 m betragen.

Für Ladung, Post und Passagiergepäck sind die unter dem vierten
Deck noch übrig bleibenden Räume im Vor= und Hinterschiff ein=
gerichtet. Diese Räume sind durch große Lukenschächte, je drei vorn
und drei hinten, zugänglich gemacht. Im Vorschiff befindet sich eine
besonders große Luke und ein eigens für diesen Zweck abgeteilter
Raum für den Transport von Privat=Automobilen der Fahrgäste
I. Klasse. Die Gepäckräume sind zum Teil durch besondere Gepäck=
aufzüge mit den oberen Decks in Verbindung gebracht, so daß es den
Fahrgästen möglich gemacht ist, ihr Gepäck während der Reise zu
benutzen.

Die Wohnräume für Fahrgäste und Besatzung mit den dazu=
gehörigen Bädern, Toiletten, Gesellschaftsräumen, Wirtschaftsräumen
usw. sind vom vierten Deck aufwärts auf die verschiedenen Decks
verteilt. Grundsätzlich ist nach alter Erfahrung darauf geachtet worden,
daß die einzelnen Klassen der Fahrgäste und die verschiedenen Kategorien
der Besatzung nach Möglichkeit voneinander getrennt wohnen und
nicht miteinander in Verbindung treten können.

Im ganzen sind Wohnräume für 419 Fahrgäste I. Klasse, 639
II. Klasse und 831 III. Klasse vorhanden. Außerdem können in der
II. Klasse noch 61 Kinder in Kinderbetten untergebracht werden.
Einschließlich der 817 Köpfe starken Besatzung beträgt die Belegungs=
fähigkeit des Dampfers „Columbus" 2706 Personen, die wie folgt
auf das Schiff verteilt sind:

Die Fahrgäste III. Klasse sind im Vorschiff auf dem dritten und
vierten Deck, die Fahrgäste II. Klasse im Hinterschiff auf dem Hauptdeck,
dem zweiten, dritten und vierten Deck, die Fahrgäste I. Klasse mittschiffs
auf dem Bootsdeck, oberen Promenadendeck, unteren Promenadendeck,
Hauptdeck, zweiten und dritten Deck untergebracht. Die Besatzung
ist über das ganze Schiff verteilt, so daß jeder Mann möglichst in der
Nähe seiner Arbeitsstelle wohnt.

Der Ausstattung der dem gemeinsamen Aufenthalt der Reisenden
dienenden Salons wie auch der Kabinen ist besondere Sorgfalt zu=
gewandt worden. Der Speisesaal I. Klasse (454 Sitzplätze), mittschiffs
zwischen den beiden Kesselschächten gelegen, nimmt auf dem Hauptdeck
einen Raum von nicht weniger als 655 qm in Anspruch. Er ist in der
Mitte von einer gewaltigen, durch die Decke bis zum oberen Prome=
nadendeck reichenden Kuppel überwölbt.

Im Mittschiffshause haben die durch das Bootsdeck hindurch=
gebauten Staats= und Gesellschaftsräume I. Klasse ihren Platz gefunden.
Zunächst der 5,5 m hohe Rauchsalon mit anschließender Bar und Laube,
dann die Bibliothek, durch große Verbindungsgänge seitlich des hinteren
Kesselschachtes mit der großen Halle verbunden. Diese reicht bis zum
großen Treppenhause und wird von einem gewaltigen Oberlicht über=
wölbt.

Für die Unterbringung der Proviantmengen, die für etwa 2700
an Bord befindliche Personen ausreichen müssen, sind im Vorschiff
und Hinterschiff auf dem fünften und vierten Deck große Proviant=
räume angeordnet, deren Inhalt ungefähr 1 cbm auf jeden Kopf
entspricht; davon sind etwa zwei Drittel mit künstlicher Kühlung
versehen.

Auf dem Hauptdeck sind nach vorn um den Maschinenschacht und
den hinteren Kesselschacht herum, von Bord zu Bord reichend, die
gewaltigen Küchen= und Wirtschaftsräume I. und II. Klasse mit einer
Gesamtfläche von rund 950 qm angeordnet. —

Ebenso verdient, als Deutschlands größtes und schnellstes Passagier=
Motorschiff die in Abb. 51 wiedergegebene „Monte Sarmiento"
der Hamburg=Südamerikanischen Dampfschiffahrts=Gesellschaft an
dieser Stelle eine besondere Erwähnung.

Die auf Fracht=Motorschiffen gesammelten Betriebserfahrungen
rechtfertigen die Wahl des Dieselmotors als Antriebsmaschine für
Passagierschiffe in zwingender Weise. Wie immer in vorderster Front
bei Neuerungen des Schiffbaues, entschloß sich die Hamburg=Süd=
amerikanische Dampfschiffahrts=Gesellschaft im Jahre 1922 zum Bau
zweier großer Passagier=Motorschiffe für die Südamerikafahrt. Es
gab damals keinerlei Erfahrung auf diesem Gebiet, und auch die
für ein Fahrgastschiff dieser Größe und Geschwindigkeit erforderliche
Antriebsleistung übertraf bei weitem die bis dahin auf Frachtschiffen
üblichen Motorstärken. Doch verfügte gerade die Bauwerft von Blohm
& Voß über die nötige Erfahrung und konnte auch eigene Neukon=
struktionen schiffs= und maschinentechnischer Art in die Wagschale
werfen.

Durch die Besetzung des Ruhrgebietes und die Drosselung der
Materialversorgung unserer Werften ist der Bau um mehr als ein
Jahr verzögert worden. Aber diese Zeit ist nicht nutzlos verstrichen.
Gerade die letzten Monate haben eine Fülle von Neuerungen auf
dem Gebiet der Schiffsbautechnik gebracht, die diesem Schiff ebenso
wie dem in Bau befindlichen Schwesterschiff „Monte Olivia" in

vollem Umfange zugute kommen, so daß das in Kürze in Betrieb zu nehmende Passagier=Motorschiff „Monte Sarmiento" mit Fug und Recht als eines der modernsten Passagierschiffe überhaupt ange= sprochen werden darf.

Das Schiff ist eingerichtet für etwa 2600 Fahrgäste der dritten Klasse, die großenteils in geschmackvoll und zweckmäßig eingerichteten Kammern, im übrigen in einem nach neuartigen Grundsätzen unter= teilten Wohndeck untergebracht, sich einer angenehmen, durch Musik, Geselligkeit, drahtlosen Empfang zahlreicher Rundspruchsender usw. verschönten Überfahrt erfreuen werden. Das Schiff hat zwei große Speisesäle von je 450 Sitzplätzen, einen Rauchsalon, eine Gesellschafts= halle, ein Schreib= und Lesezimmer und mittschiffs belegene geräumige Promenadendecks, ist 14 000 Bruttoregistertonnen groß, also von gleicher Größe wie die bekannten Dampfer der Hamburg=Süd „Cap Norte" und „Antonio Delfino". Dagegen ist die Antriebsleistung und damit auch die Geschwindigkeit gegenüber diesen Dampfern gesteigert worden. Die Motorleistung der „Monte Sarmiento" beträgt 7000 effektive Pferdestärken gegen etwa 6200 dort, und die Geschwindig= keit dürfte etwa 15 Seemeilen in der Stunde erreichen. Auch die Ausrüstung des Schiffes mit Hilfsmaschinen aller Art ist überaus großzügig erfolgt, und zwar werden alle Hilfsmaschinen einschließlich der Küchenherde und Backöfen elektrisch betrieben. Die elektrische Zentrale, die von dem Schiffsantrieb unabhängig ist, wird durch 5 Diesel=Dynamos von nicht weniger als 3500 effektiven Pferde= stärken mit Strom gespeist und übertrifft damit z. B. die elektrische Zentrale des „Imperator" und der „Deutschland".

Die Sicherheitseinrichtungen entsprechen allen Anforderungen der Neuzeit, so die Schotteneinteilung des Schiffskörpers, reichlicher Bootsraum für Passagiere und Mannschaften, drahtlose Telegraphie des bewährten Telefunkensystems; das Schiff ist ausgerüstet mit neuer Kreiselkompaßanlage von Anschütz mit Geradkurssteurer, der einen eingestellten Kurs genauer einzuhalten imstande ist als der beste Rudergänger und so Weg und Zeit spart. Die Einrichtung für Unterwasserschallsignale und für die Tiefenlotung sei ebenfalls er= wähnt. Ein Meisterstück deutscher Schiffsbaukunst, so wird dieses Schiff in wenigen Wochen seinen Weg zum Ozean nehmen und dem Ausland zeigen, was deutsche Schiffsreeder unter Wiederaufbau verstehen. Möge der „Monte Sarmiento" glückliche Fahrt beschieden sein.

———

III. Das Segelschiff mit Hilfsmaschine.

as Bedürfnis, dem Segelschiff Einrichtungen zu geben, die ihm auch bei völliger Windstille ein — wenn auch bescheidenes Maß von Fort= bewegungsmöglichkeit sicherten, hat eigentlich immer bestanden. Für ganz große Schiffe freilich war das Problem bis zur Erfindung der Dampfmaschine so gut wie unlösbar, und man war hier zufrieden, wenn es in besonderen Fällen gelang, das Fahrzeug aus einer besonders kritischen Lage dadurch zu befreien, daß sämtliche Boote bemannt und ausgesetzt wurden, um es zu schleppen. Eine Arbeit, die begreiflicherweise erhebliche Mengen des in den Kriegsflotten immer billigen „Knochenmehls" kostete und bei den rudernden Leuten sicher nicht gerade beliebt gewesen sein dürfte. Bei den kleineren Schiffen — bis herauf zu den Korvetten — hatte man aber sogar große, mit drei bis fünf Mann zu besetzende Riemen an Bord, die im Notfall vom Oberdeck aus betätigt werden konnten. Eine Einrichtung, die noch in der preußischen Marine auf der ver= schollenen Korvette „Amazone" im Gebrauch war.

Wirklich nennenswerte und der Fortbewegung unter Segel eben= bürtige Geschwindigkeitsleistungen waren auf diese Weise aber selbst= verständlich nicht zu erzielen. Möglichkeiten dieser Art gab erst die Einführung des Dampfes in die Schiffahrt, und auch hier erst die der Schraubenmaschine.

In den Kriegsflotten war man von Anfang an bereit, aus diesen Dingen Nutzen zu ziehen. Eine ganze Anzahl — besonders der großen Kreuzer jener Zeit, der Fregatten — so in der deutschen Flotte vor allem die „Elisabeth" — leisteten unter Dampf wie unter Segel annähernd gleich Gutes und stellten auf diese Weise für ihre Zeit das Ideal eines Schiffes dar.

In den Handelsflotten hat sich ein analoges Bedürfnis erst in den letzten Jahrzehnten ernsthaft geltend gemacht. Dann allerdings in ständig wachsendem Maße, ohne daß es gelungen wäre, gleich be= friedigende Lösungen, wie bei den Kreuzerfregatten, zu finden.

Um das zu verstehen, muß man sich klar machen, daß es zum mindesten ein wenig voreilig erscheint, wenn, besonders auch in der Presse des Binnenlandes, häufig davon die Rede ist, daß das Segelschiff seine Rolle in der modernen Schiffahrt ausgespielt habe, wie denn die des Dampfers, dank der Tatsache, daß dem großen Publikum naturgemäß nur die Leistungen der großen Liniendampfer bekannt werden, leicht überschätzt wird. — Gewiß sind wir heute in der Lage, wie hier schon früher gezeigt wurde, mit Hilfe in das Gigantische gesteigerter Dampfmaschinen nicht nur mit unseren großen Passagierschiffen Geschwindigkeiten von 20, 23 und 25 Meilen stündlich zu erreichen, sondern man hat bei Torpedobooten und ähnlichen Fahrzeugen, wie wir gesehen haben, bereits eine Schnelligkeit von 40 Meilen oder rund 75 Kilometern in der Stunde geschafft; aber diese Schnelligkeitsleistungen kosten nicht nur unmittelbar Geld (man hat berechnet, daß, um ein volkstümliches Beispiel anzuführen, dem ehemaligen Schnelldampfer „Deutschland" der Hamburg-Amerika-Linie, der als Erster seinesgleichen 23,5 Meilen erzielte, bei dieser Fahrt die letzte halbe Meile ebensoviel kostete, wie die ersten 15!) sondern sie werden auch dadurch teuer, daß die riesigen Maschinenanlagen mit den erforderlichen Kohlenmengen fast den ganzen Raum des Schiffes in Anspruch nehmen, der bei einem Handelsschiff naturgemäß gleichfalls Geld bedeutet.

Der einfache, normale Frachtdampfer arbeitet denn auch mit sehr erheblich bescheideneren Schnelligkeitsleistungen. Er wird nur selten, und nur auf bestimmten, rentablen Linien über 12 Meilen hinauskommen und sich meist sogar mit 9—11 Meilen stündlich begnügen. Trotzdem nimmt aber auch hier die Maschine mit ihren Kessel- und Kohlenräumen einen relativ sehr erheblichen Teil des kostbaren Laderaums in Anspruch, und — — — auch hier kostet jede Schraubenumdrehung Geld.

Demgegenüber kostet der Segelbetrieb zwar nicht gerade nichts, denn Segel und Takelage unterliegen natürlich der Abnutzung usw., aber er stellt sich denn doch ganz wesentlich billiger und kann demzufolge mit Frachten arbeiten, die das Segelschiff bei allen Gütern, bei denen es nicht auf unbedingt pünktliches Eintreffen am Bestimmungsort ankommt, immer in die Lage versetzen, mit dem Dampfer zu konkurrieren. Es ist dabei weiter ein Irrtum, wenn man annimmt, daß die Reisedauer eines modernen Segelschiffes der eines modernen Frachtdampfers so gewaltig nachhinkt. Man wird die vorhin genannte Leistung von 11 Seemeilen stündlich ruhig als Durchschnittsleistung

Abb. 62. Ewer im Hamburger Hafen.

für den Frachtdampfer überhaupt einsetzen dürfen, und es ist auch kaum möglich (eben mit Rücksicht auf die Kosten einer stärkeren Maschine), sie wesentlich zu steigern. Die Durchschnittsleistung eines modernen, gut geführten Segelschiffes aber ist, wenn man berücksichtigt, daß — wie wir gesehen haben — die Höchstleistung auf rund 17 Seemeilen steht, mit 6—7 Meilen stündlich kaum zu hoch angesetzt, so daß also der tatsächliche Unterschied in keinem Falle so hoch sein dürfte, daß er für weniger wertvolle Massengüter in Betracht kommt.

Das weitaus wesentlichste Moment der Hilfsmaschine für den Segler ist aber darin zu erblicken, daß sie dem Schiff die Möglichkeit gibt, vor dem Antritt der eigentlichen Reise eine größere Anzahl Ladehäfen anzulaufen, und es im übrigen in engen Gewässern (wozu auch der englische Kanal und bei den modernen Riesenseglern selbst die Nordsee zu rechnen sind) vom Schlepper unabhängig macht.

Tatsächlich laufen alle großen Dampfer der transatlantischen Fahrt vor Eintritt der eigentlichen langen Reise oft eine ganze Anzahl von Zwischenhäfen an, in denen sie Ladung abgeben und aufnehmen, so daß das Disponieren selbst sehr großer Schiffe — die an sich wirtschaftlich dem kleineren Fahrzeug ganz erheblich überlegen sind — sehr beträchtlich erleichtert wird. Es wird oft Schwierigkeiten haben, für ein so großes Schiff, das nach einem überseeischen Hafen bestimmt ist, schon im Heimatshafen volle Ladung zu finden, während in anderen Häfen vielleicht sogar dringender Bedarf an Schiffsraum vorhanden ist. Diese Chancen vermag der Motorsegler in ganz demselben Umfange auszunutzen wie der Dampfer, und wenn er nun auch noch wie jener in die Lage versetzt wird, gewissermaßen einen fahrplanmäßigen Verkehr durchzuführen, so ist damit ganz offenbar die Möglichkeit gegeben, die großen Frachtersparnismöglichkeiten des Segelschiffsbetriebes in weitestem Umfange auszunutzen.

Inwieweit dabei ein brauchbarer Hilfsmotor geeignet ist, die eigentlichen Reiseleistungen eines Seglers zu erhöhen, ist statistisch erstmalig durch Professor Laas-Berlin an Hand der Tagebücher von 59 Segelschiffsreisen nachgewiesen worden. Es wurde dabei folgendermaßen verfahren:

Es sind alle Wachen (Zeitabschnitte von je vier Stunden), in denen das betreffende Schiff weniger als 20 Seemeilen (also 5 Seemeilen in der Stunde) gelaufen hat, nach Weg und Zeit addiert, und von der Summe die Wege und Zeiten wieder abgezogen, in denen Windstärke über 4 oder besonders starker Seegang geherrscht hat, so daß anzunehmen war, eine doch notwendigerweise bescheidene

Hilfsmaschine hätte unter so ungünstigen Wetterverhältnissen dem Schiffe auch nicht mehr Fahrt geben können. Die Geschwindigkeit des Schiffes bei flauem Winde mit Maschinenhilfe und Segeln ist mit 7 Seemeilen für die Stunde angesetzt. Besonders ungünstig für den Motor und seine Leistung ist dabei noch die Tatsache, daß nur die Ozeanstrecken (also nicht die Fahrt durch Nordsee und Kanal und nicht die etwaigen Küstenstrecken von Hafen zu Hafen) gerechnet sind, denn gerade hier wird eine Hilfsmaschine naturgemäß in der Praxis von ganz besonderer Bedeutung sein können.

Obwohl nun aber sicherlich bei dieser Statistik nicht dem Motor zuliebe gearbeitet wurde, bewegt sich die mit einem Hilfsmotor zu erzielende Abkürzung der Reisedauer zwischen 10 und 40 Prozent und beträgt im Mittel 28,8 Prozent.

Was dies in wirtschaftlicher Hinsicht bedeutet, mag die Fest= stellung illustrieren, daß die durchschnittliche Dauer aller dieser Reisen ohne Motor 83,4 Tage beträgt und mit Motorenhilfe nach dieser vorsichtigen Rechnung mit 64,4 Tagen zu veranschlagen sein würde. Nicht zu berechnen ist dabei die erheblich größere Sicherheit des Motor= schiffes, die besonders in engen Gewässern zur Bedeutung kommt, wo so große Segler unter heutigen Verhältnissen in sehr unangenehme Lagen kommen können, ihre Unabhängigkeit von Schleppdampfern usw. usw.

Die rein technischen Aufgaben auf dem Gebiet des Hilfsmotors darf man unter den heutigen Verhältnissen wohl als gelöst ansehen. Der oder die Motoren (es gibt auch bereits Motorsegler mit Doppel= schrauben) stehen, wie schon gesagt, in der hinteren Piek, wo sie am wenigsten stören; dies ergibt gleichzeitig die technisch natürlich nur wünschenswerte Möglichkeit, mit einer sehr kurzen Wellenleitung auszukommen. Die Schraube ist in den meisten Fällen als sogenannte Segelschraube konstruiert, d. h. die Flügel sind auf der Nabe derart verschiebbar angeordnet, daß sie beim Segeln in eine Ebene mit dem Schiffskörper gebracht werden können und so keinen Wider= stand bei der Fortbewegung bieten. Für die ganz großen Segler dürfte es im allgemeinen sogar genügen, wenn die Schraube los= gekoppelt werden kann, da bei der großen lebendigen Kraft eines so gewaltigen Körpers, wenn das Schiff einmal in Fahrt ist, der Wider= stand der Schraube kaum eine große Rolle spielen dürfte.

Ein besonderer Vorzug des Motors gerade als Hilfsmaschine für Segler ist schließlich sein geringer Bedarf an Wartung und Bedienung. Es ist naturgemäß nicht eben wünschenswert, eine größere Anzahl von Leuten an Bord zu haben, die eigentlich nur zeitweilig wirklich beschäftigt werden können, und gerade in dieser Hinsicht ist der Motor so anspruchslos, wie kaum eine andere moderne Maschine. Selbst die großen, reinen Motorschiffe, deren Motoren also ständig ununterbrochen laufen sollen und laufen, haben einen ganz wesentlich geringeren Etat als Maschinenpersonal als gleich große Dampfer, und man kann dies für die Segelschiffs-Hilfsmaschine, die ja nur zeitweilig in Betrieb ist, um so eher noch erheblich einschränken, als die Bedienung des Motors so einfach ist, daß selbst Leute wenigstens mit herangezogen werden können, die nicht Maschinisten von Fach sind.

IV. Die Schiffsführung.

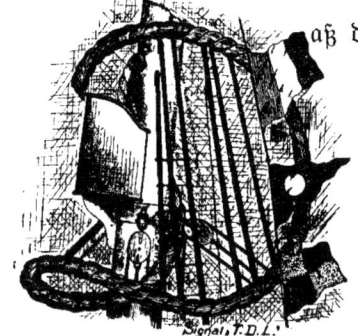

aß die Führung eines Schiffes über See ein gewisses Maß positiver Kenntnisse aus verschiedenen Gebieten erfordert, dürfte auch dem Laien ohne weiteres einleuchten. Es wird aber, darüber sollte sich der junge Seemann von vornherein klar sein, von dem Führer eines modernen Schiffes erheblich mehr verlangt als das Bestehen eines Examens, und wer vollends mehr als der gute Durchschnitt leisten will, der muß angeborenes Talent und — — eine tiefe Liebe zu seinem Beruf mitbringen, wenn er zum erstenmal an Bord geht! —

Wenn im folgenden über die Führung eines Schiffes in See einiges gesagt werden soll, so ist zunächst festzustellen, daß dies Gebiet in zwei Gruppen zu gliedern ist: in die gewissermaßen wissenschaftlichen Aufgaben der Navigation und in die rein praktische der Manöverkunde. Beides grundverschiedene Dinge, die, soweit dies im Rahmen des vorliegenden Werkes überhaupt möglich und wünschenswert erscheint, auch gesondert besprochen werden sollen, und zwar sei mit der einfachen Handhabung des Schiffes begonnen.

1. Die Handhabung des Schiffes.

Daß es nicht gut möglich ist, das zur Handhabung eines Schiffes Erforderliche einfach aus einem mehr oder minder dickleibigen Buche auswendig zu lernen, liegt wohl auch für den Laien auf der Hand. Was hier an positivem Wissen und Können und nächstdem an seemännischem Gefühl und Empfinden nötig ist, muß in der Praxis erworben werden. Trotzdem sei, schon der Vollständigkeit halber, einiges aus diesem Gebiet hier erwähnt.

Die größten Ansprüche in dieser Hinsicht stellt selbstverständlich das Segelschiff. Es ist zwar auch nicht ganz so einfach, wie es dem

Laien scheinen mag, mit „Voraus!" — „Rückwärts!" und anderen
Maschinenmanövern selbst nur einen mittleren Dampfer aus einer
engen Einfahrt heraus oder an eine Boje zu bringen, aber das Ange=
wiesensein auf die ungebändigte Naturkraft des Windes kompliziert
dies denn doch ganz erheblich. — Trotzdem gibt es selbst hier
schon eine ganze Menge Dinge, die gegen früher wesentlich ver=
einfacht worden sind. Nimmt doch selbst dem Segler — in Gestalt
des Schleppers — der Dampf vieles ab, was einst geradezu als Probe
auf die Meisterschaft galt.

Auch ohne überflüssig=sentimentales Gedenken an eine — in
Wirklichkeit bekanntlich etwas fragwürdige — „gute, alte Zeit" wird
man dies bedauern müssen. Es hing an den „alten Windklemmern"
jener Tage doch ein gutes Stück jener Seemannschaft, die auch der
moderne Dampfer nicht ganz entbehren kann. —

Das moderne Rezept für den „Sturm" ist sehr einfach geworden:
Ausnützen bis auf die letzte Meile! Auf ein paar Segel und
selbst eine Spiere kommt es dabei viel weniger an als auf etwa ver=
lorene Zeit, und so hält man denn Kurs, so lange es irgend möglich
ist. — Durchaus zur Befriedigung der Besatzung, denen das „Klar
bei Marsfallen!" die Befreiung von der täglichen Kramarbeit bringt.
Kommt eine Bö herauf, so wirft man an Segeln, was für den Augen=
blick zu viel erscheint (nötigenfalls braßt man die Raaen in den Wind)
und heißt die Geschichte wieder vor, sobald die Bö vorüber ist! —
Es muß auf einem modernen Schnellsegler schon hart kommen, bevor
man sich entschließt, bei einem oder gar mehreren Segeln dann auch
Geitaue und Gordings durchzuholen und die Leute zum Festmachen
der Segel auf die Raa zu schicken. —

Eine ziemlich schwierige und vor allen Dingen zeitraubende
Angelegenheit ist dagegen für den modernen Riesensegler das Kreuzen
gegen den Wind, wie der Landbewohner sagt: das „Lavieren",
und in der Tat kann es unter schwierigen Verhältnissen auch einem
erfahrenen Schiffsführer passieren, daß ihm ein Schiff, mit dessen
Eigenart er noch nicht vertraut ist, bei diesem Manöver den Gehorsam
versagt. Fast jedes Fahrzeug will gerade in diesem Punkt besonders
studiert und behandelt sein, und das Versagen einer Wendung ist
keinesfalls, wie der Laie wohl annehmen könnte, an sich schon ein
Beweis für die Unfähigkeit des betreffenden Führers, wenn ihm
das Schiff neu ist. In jedem Falle kostet dabei das Kreuzen in engem
Fahrwasser außerordentlich viel Arbeit und Zeit, und die großen
Segler der Neuzeit greifen daher schon in Nordsee und Kanal mit

Recht gern zur Schlepptrosse, was ein weiteres Moment zugunsten des hier schon besprochenen Seglers mit Hilfsmaschine darstellt.

Für die Kursänderungen beim Kreuzen stehen zwei Wege zur Verfügung: Das Drehen durch den Wind, kurzweg „Wenden" genannt, und das Herumgehen mit dem Wind, das Halsen.

Beide Manöver sind in Abb. 63 dargestellt, und es geht schon aus dieser Skizze hervor, daß das Halsen einen außerordentlichen Wegverlust für das Schiff bedeutet, worauf noch zurückzukommen sein wird. Im allgemeinen wird man unter normalen Verhältnissen stets die Wendung vorziehen, die wir denn auch zunächst betrachten wollen:

Soll das Schiff auf den anderen Bug gelegt werden, so werden auf das Kommando „Klar zum Wenden!" zunächst alle Vor= bereitungen für den schnellen und glatten Verlauf des Manövers getroffen, insbesondere sind Brassen und Schoten klar zum Laufen an Deck aufzuschießen, die zwischen den Masten fahrenden Stagsegel werden niedergeholt und vielfach auch das Großsegel, in jedem Fall aber das Begiensegel, aufgegeit.

Es folgt auf Handelsschiffen das der Dehnung nach mit mindestens vier e zu schreibende Kommando: „Ree!", das, wie in der Skizze angedeutet, eigentlich nichts anderes als eine lautliche Zusammen= ziehung des Kommandos „Ruder in Lee" (das übrigens als solches heut nicht mehr gebräuchlich ist) und „Los Vorschoten!" darstellt. Es werden hierauf die Schoten der vorderen Stagsegel, sowie die Fockschot losgeworfen, um den Winddruck herauszubringen und dem Schiff das Luven zu erleichtern. Gleichzeitig ist das Ruder langsam nach Lee gelegt und der Besansbaum mittschiffs, d. h. hart an den Wind geholt. Als richtiger Zeitpunkt für das Loswerfen der Schoten ist im allgemeinen derjenige anzusetzen, in dem das Vorbramsegel zu killen (flattern) beginnt. Das Ruderlegen hat schon früher auf Handwink hin begonnen.

Das Kommando: „Auf Halsen!", auf Handelsschiffen gleich= falls abgekürzt „Halsee!" fordert das Aufgeien der Fockschot und des Großsegels, wenn letzteres nicht vorher gegeit wurde. Die Halsen der Segel werden, soweit wie sie Lose haben, durchgeholt. Der Fock= hals bleibt vielfach stehen, da er rasch back kommt und dann helfend auf die weitere Drehung wirkt.

Steht der Luvteil des Großtopps gut back, so folgt das Kom= mando: „Rund achter!", auf das hin die Raaen von Groß= und Kreuztopp heruntergeholt werden, was sehr leicht geht, da sie, infolge des wachsenden Gegendrucks des Windes ganz von selbst kommen müssen. Der Besansbaum ist nach der neuen Leeseite hin abzufieren. Es folgen schließlich, wenn die Achterraaen am Wind liegen,

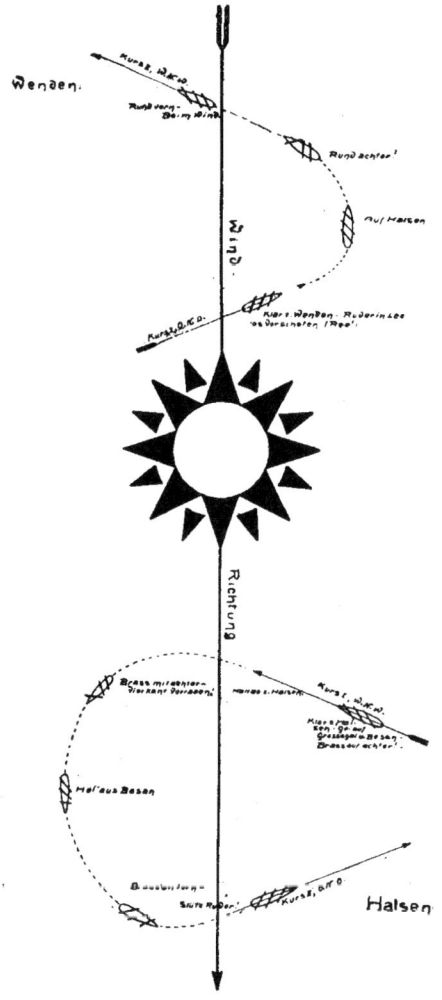

Abb. 63. Schematische Darstellung des
Wendens und Halsens.

die Kommandos: "Rund vorn" — "Beim Wind" — "Stagsegel bei" — "Großsegel!", auf die hin das Herumbrassen der Vorraaen, das Überholen der Vorschoten und das Wiederbeisetzen des Großsegels und der Mittelstagsegel erfolgt, womit das Manöver beendet ist. — Eine einfache Betrachtung wird dabei auch dem Nichtfachmann auf diesem Sondergebiet sagen, daß seine Ausführung unter ganz normalen Verhältnissen etwa 20 Minuten bis eine halbe Stunde in Anspruch nehmen muß! —

Wie schon gesagt, schreitet man infolge des damit verbundenen Wegverlustes zum Halsen nur, wenn die Notwendigkeit dazu vorliegt. Dies kann der Fall sein, wenn der Wind zu flau ist (vielleicht noch bei hoher Dünung), so daß das Schiff nicht genügend Fahrt läuft, oder aber, wenn man bei Sturm und schwerer See nicht die Möglichkeit riskieren will, daß das Schiff die Wendung versagt und vielleicht über Steuer zu treiben beginnt, was die Ursache für das Anbordkommen von gefährlichen Brechern bilden kann.

Der Weg, den das Schiff beim Halsen zurücklegen muß, ist ein sehr beträchtlicher. Es ist, nachdem das Ruder entsprechend gelegt worden ist, unter ständigem Aufbrassen zunächst vor den Wind und darauf, unter ebenso ständigem Anbrassen auf dem anderen Bug wieder an den Wind zu bringen, und es liegt wohl auf der Hand, daß dies ziemlich viel Zeit und Arbeit kostet, wenn man sich die vorangegangenen Ausführungen klar macht.

Der Gang des Manövers ist im unteren Teil der Skizze dargestellt.

Auf das Kommando: „Gei auf Großsegel und Besan, — Auf das Ruder!" (Halt ab zum Halsen) werden die betreffenden Segel fortgenommen, um das Abfallen zu erleichtern, und das Ruder langsam gelegt. Gleichzeitig werden die Achterraaen aufgebraßt, „Braß' auf achter!", um auch hiermit das Hinterschiff vom Winddruck zu entlasten. „Braß' mit achter — Vierkant vorn!"

Die Raaen kommen nach und nach sämtlich vierkant, d. h. sie stehen quer zum Schiff, das nun vor dem Wind laufend unter Ruderdruck wieder nach der Seite zu luven beginnt, was man, sobald das Heck durch den Wind ist, durch Wiederausholen des Besans unterstützt. Es folgt abschließend das langsame Wiederanbrassen aller Raaen und das neuerliche Setzen und Trimmen der etwa geborgenen Segel. — —

Das vielleicht wesentlichste Moment für den Schiffsführer ist bei alledem die Ausbildung einer Art von Instinkt. Es ist letzten Endes — so viel Erfahrung und Wissen auch dahinter steckt — Gefühlssache, wenn man sich heut damit begnügt, die Oberbramraaen dreimal werfen und wieder vorheißen zu lassen, und morgen, bei scheinbar nicht mehr Wind, an das Bergen der Unterbramsegel geht. Es ist nicht allein das nach einem alten Matrosenwitz „bis auf das Kielschwein gefallene" Barometer, was hier den Ausschlag gibt. — Freilich wird derartiges, außer dem Seemann nur noch ein guter Jäger verstehen.

2. Die Navigation.

Die Aufgaben der Navigation, also der wissenschaftlichen Schiffs=führung gipfeln im wesentlichen in den Forderungen:

1. in jedem Augenblick den gegenwärtigen Schiffsort bestimmen und festlegen zu können, und

2. den Weg von diesem zum Bestimmungsort zu finden.

Als technische Hilfsmittel (gewissermaßen das Handwerkszeug des Schiffsführers) stehen zur Lösung dieser Aufgaben zur Verfügung:

Kompaß,

Sextant,

Chronometer,

Logg,

Lot,

Seekarten und Segelanweisungen.

Die Notwendigkeit, vor allem bei der Lösung der zweiten Aufgabe, die Anforderungen an Schnelligkeit und Sicherheit zu erfüllen, die selbst=verständlich sind, erfordert nächstdem von dem Führer eines Schiffes u. a. sehr eingehende meteorologische Kenntnisse und Erfahrungen usw., und es verdient Erwähnung, daß sich um diese Seite der Navi=gation die deutschen Schiffsführer als eifrige und verständnisvolle Mitarbeiter der Seewarte besondere Verdienste erworben haben.

Es dürfte zweckmäßig sein, zunächst das Handwerkszeug des Na=vigateurs, soweit als hier erforderlich zu besprechen, und es steht hier an erster Stelle

Der Kompaß.

Hängt man eine Magnetnadel so auf, daß sie sich frei bewegen und drehen kann, so stellt sie sich sofort in eine bestimmte Richtung, die (mißweisende, d. h. mit dem geographischen Begriff nicht genau über=einstimmende) Nord=Südrichtung, und diese Eigenschaft bedingt den großen Wert des Kompasses, der bis in die neueste Zeit das einzige Hilfsmittel für die Richtungsbestimmung auf See war. Die erwähnte, wissenschaftlich als Mißweisung, oder Deklination bezeichnete Abweichung des Kompasses von der geographischen Nord=Südrichtung, die nächstdem noch, besonders auf eisernen Schiffen, durch die rein

Abb. 64. Moderner Fluid-Kompaß.

Abb. 64a. Peilvorrichtung.

örtliche Beeinflussung des Magneten von seiten der sie umgebenden
Eisenmassen kompliziert wird (Deviation oder Ablenkung), erfordert naturgemäß eine sorgfältige Korrektur, resp. entsprechende
Berücksichtigung bei der Orts= und Wegbestimmung, eine Arbeit, die
zum täglichen Brot des Seemanns gehört, unter normalen Verhält=
nissen aber keine erheblichen Schwierigkeiten bietet.

Immerhin ist die moderne Technik bestrebt gewesen, auch diese
Mängel zu beseitigen, und es ist ihr dies durch den modernen Kreisel=
Kompaß, den wir weiterhin noch kurz besprechen werden, auch voll=
kommen gelungen.

Der normale, magnetische Schiffskompaß besteht aus dem Kessel,
der Rose, der Pinne, auf der die Rose ruht, und ist in Ringe kardanisch
aufgehängt, wobei der aus Messing bestehende Kessel am Boden durch
Bleibeschwerung in ebener Lage gehalten wird. An seiner, mit weißer
Farbe gestrichenen Innenseite befinden sich, ihn genau halbierend,
also sich diametral gegenüberliegend, zwei senkrechte schwarze Linien,
die Steuerstriche. Ein genau passender Glasdeckel verschließt den
Kessel.

Die Rose ist eine kreisrunde, der Größe des Kessels angepaßte
Scheibe aus Papier oder Glimmer, die folgende Einteilung trägt:
Zwei aufeinander rechtwinklig stehende Durchmesser teilen die Scheibe
in 4 gleiche Teile und tragen an ihren Endpunkten die Bezeichnungen
Nord, Ost, Süd und West. Dies sind die 4 Hauptpunkte des Kom=
passes, welche auf dem Umfang der Scheibe je 90° voneinander ab=
liegen. Die zwischen diesen Punkten liegenden Viertel des Horizonts
werden in je 8 gleiche Teile, „Striche", geteilt, und diese zerfallen wieder
in Halbe= und Viertelstriche. Der ganze Kompaß enthält sonach
$4 \times 8 = 32$ ganze Striche. Nächstdem ist der Kompaß, wie jeder Kreis,
in 360 Grade eingeteilt, ein Strich ist also $\frac{360}{32} = 11\frac{1}{3}$, genau 11,3.

Wir geben nachfolgend die Benennung der Kompaßstriche bis auf
¼ Striche wieder. Ihre genaue Kenntnis ist gewissermaßen das
A=B=C des Seemannes.

In neuerer Zeit wendet man auch für den Kompaß die Grad=
einteilung an, wonach also der Umfang der Rose in 360° eingeteilt
wird.

Ein Strich ist also $\frac{360}{32} = 11\frac{1}{4}$ Grad.

Im allgemeinen wird auf Handelsschiffen nur der Peilkompaß
(s. weiter unten) mit Gradeinteilung versehen, doch ist eine Bewegung

im Gange, welche die vollständige Abschaffung der Strichteilung zu=
gunsten der in Grade erstrebt. Auch für eine Änderung der Gradteilung
sind wiederholt Stimmen laut geworden, und zwar wünscht man —
nicht ganz unlogisch — eine Kreiseinteilung in 400 Grad.

Abb. 64 b.   Kompaß=Rose mit Strichteilung.

An Stelle einer Magnetnadel verwendet man bei Schiffskom=
passen gewöhnlich 2 oder 4 Magnetstäbe, die an der Unterseite der Rose
einander parallel befestigt sind, und es dreht sich also die ganze Rose
innerhalb des Kessels, nicht wie bei den bekannten Taschen=
kompassen eine Nadel auf der Rose.

Der Mittelpunkt der Roje wird durch ein kleines, hohl geschliffenes, hartes Steinchen (Saphir oder Rubin), das Hütchen, eingenommen, das auf der Stahlspitze der zentrisch im Boden des Kompaßkessels stehenden Pinne ruht.

Der Kompaß dient in der Hauptsache dazu, die Richtung anzu= geben, nach welcher das Schiff zu steuern ist. Außerdem wird er auch zum Peilen benutzt. Unter Peilen versteht man die Bestimmung der Richtung, nach welcher hin irgendein Gegenstand (Leuchtfeuer, Land= marke usw.) vom Kompaß aus liegt. Um eine Peilung zu nehmen,

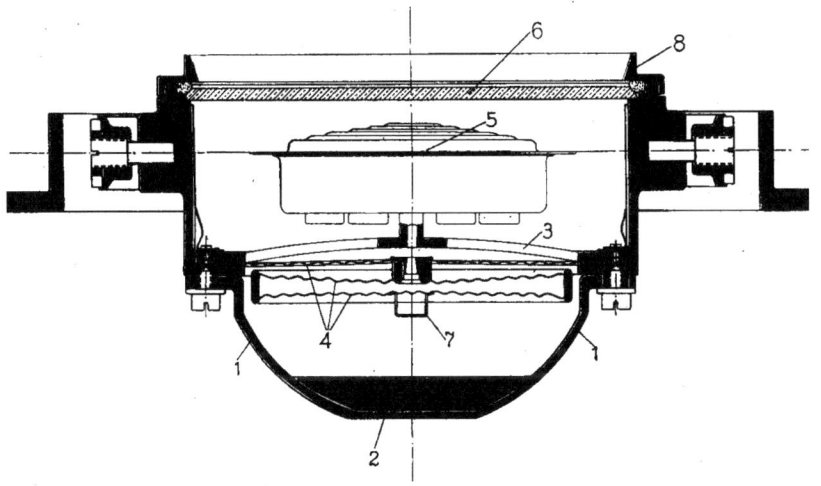

Abb. 65. Schnitt durch einen modernen Fluid=Kompaß.

stellt man sich mit dem Auge so, daß man, genau über die Mitte der Rose hinwegzielend, den Kompaßstrich abliest, in dessen Verlängerung der Gegenstand erscheint. Zur Bequemlichkeit und Erhöhung der Ge= nauigkeit versieht man einen, natürlich möglichst hoch und frei aufge= stellten besonderen Peilkompaß mit einer Visiervorrichtung (Abb. 64).

Im übrigen unterscheidet man Trocken= und sogenannte Fluid= kompasse. Bei letzteren ist der Kessel mit einer Flüssigkeit (in den meisten Fällen einer Mischung von destilliertem Wasser und Alkohol) gefüllt, wodurch die Bewegungen der Rose gedämpft und verlangsamt werden. Die Abbildung 65 zeigt den Querschnitt eines solchen Fluid= Kompasses, von dem Abb. 64 eine äußere Ansicht wiedergibt.

Der Kessel ist ein festes Rotgußgehäuse und wird oben durch den Deckelring (8) und Deckelglas (6), unten durch den Federboden (4) abgeſchloſſen. Unten am Federboden ſitzt ein kleiner Ring (7), mit deſſen Hilfe der Federboden beim Füllen des Keſſels geſpannt werden kann. Den unteren Teil bildet die Bodenkappe (1) mit dem Boden= gewicht (2). Über dem dreiteiligen Federboden ſitzt die feſte Brücke (3), in deren Mitte die Pinne eingeſchraubt iſt, und auf dieſer ruht der Schwimmer (5). Außen am Keſſel ſind die Lager für die Zapfen des Kardanringes erkennbar.

Die als Peil= oder Steuerkompaſſe zur Verwendung gelangenden Fluidkompaſſe werden mit Roſendurchmeſſern von 75—230 mm (ca. 3—9 Zoll engl.) hergeſtellt. Kleinere Inſtrumente an Bord ver= wenden zu wollen, würde keine erkennbaren Vorteile bieten, während der Anfertigung noch größerer Fluidkompaſſe als angegeben gewiſſe techniſche Schwierigkeiten entgegenſtehen.

Die Aufſtellung der Kompaſſe an Bord erfolgt in einfachen Holz= käſten, kleinen Meſſingkompaßhäuschen oder in beſonderen ſog. Nacht= häuſern, welche aus einem Unterbau aus Holz oder Metall und darauf geſetzter Haube beſtehen. — Wie ſchon kurz erwähnt, tritt nun in neueſter Zeit an die Stelle dieſes alten, magnetiſchen Kompaſſes der moderne Kreiſelkompaß, der den großen Vorzug beſitzt, ſtets und unter allen Verhältniſſen die wahre Nordſüdrichtung anzuzeigen und alle Berechnungen überflüſſig macht.

Allerdings iſt ſeine Verwendung an das Vorhandenſein einer ziemlich ſtarken maſchinellen Anlage gebunden und bleibt daher auf Kriegsſchiffe und große Dampfer beſchränkt.

Die Möglichkeit der Verwendung des Kreiſels als Richtungsweiſer wurde ſchon in der Mitte des vorigen Jahrhunderts von dem fran= zöſiſchen Philoſophen Foucault entdeckt. Dieſer Gelehrte iſt allgemein bekannt durch ſeinen Pendelverſuch zum augenſcheinlichen Nachweis der Erddrehung. Weniger bekannt, aber nicht weniger intereſſant und wichtig ſind ſeine erfolgreichen Verſuche, den Kreiſel zum gleichen Zweck zu verwenden. Aus den hierbei gemachten Beobachtungen ſchloß er, daß der Kreiſel auch als Kompaß Verwendung finden könne. An dieſe Entdeckung Foucaults haben verſchiedene Gelehrte und Erfinder angeknüpft und den Verſuch zur Ausführung gemacht, haben den Gedanken aber wegen der großen techniſchen Schwierigkeiten ſtets wieder fallen laſſen müſſen. Die Erfindung eines für den Schiffs= gebrauch verwendbaren Kreiſelkompaſſes iſt das Werk des Dr. Anſchütz= Kaempfe aus München, der nach faſt zehnjähriger, ununterbrochener Arbeit der deutſchen Marine den erſten, praktiſch verwendbaren Kreiſel= kompaß zur Verfügung ſtellen konnte. —

Wie schon früher erwähnt, benutzt man in neuester Zeit die große Richtkraft der mit 20 000 Umdrehungen in der Minute arbeitenden Kreiselkompasse dazu, eine selbsttätige Steuerung des Schiffes zu erzielen. Im Prinzip beruht diese Einrichtung darauf, daß der Steuerkompaß bei Abweichen des Schiffes von dem eingestellten Kurs durch Schließen eines elektrischen Kontaktes die Rudermaschine in Tätigkeit setzt und auf diese Weise die Tätigkeit des Steuernden entbehrlich macht.

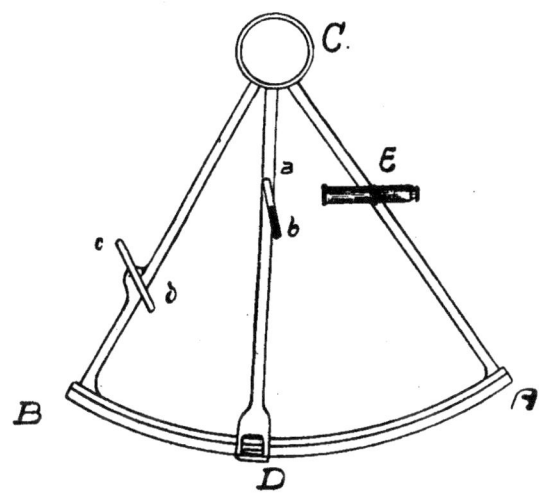

Abb. 66. Schema des Sextanten.

Der Sextant.

Der Sextant ist ein aus dem älteren und weniger genauen Oktanten verbessertes Instrument zur Messung der Winkel zwischen zwei vom Beobachter entfernt gelegenen Gegenständen, seien dies nun irdische, wie Landmarken, Leuchttürme usw., oder unirdische, Himmelskörper. Die Möglichkeit der Ausführung solcher Messungen durch dies Instrument basiert auf einigen Grundsätzen der Optik, speziell der Spiegellehre, auf die einzugehen hier zu weit führen würde.

Die Konstruktion des Sextanten ist folgende.

Die Radien (Halbmesser) A C und B C, die aus Metall gefertigt und durch ein System von hier nicht mitgezeichneten Streben verbunden sind, schließen den Teil A B eines Kreises ein, dessen Mittelpunkt in C liegt. Die Länge dieses Bogens beträgt 60 Grad ($^1/_6$ des ganzen Kreises, beim Oktanten 45 Grad, $^1/_8$ des Kreises) und derselbe trägt

eine genaue Einteilung in Grade, die auf einem Silberstreifen aus=
geführt ist, der den Namen Limbus führt.

C D ist eine um C drehbare Schiene, Alhidade genannt, die oben
einen Spiegel a b und bei D einen Nonius (ein kleiner Maßstab,
der auf einem größeren so hin und her bewegt werden kann, daß es
möglich ist, Bruchteile der kleinsten Maßeinheiten genau zu bestimmen)
trägt. Der Spiegel heißt der große Spiegel, im Gegensatze zu
einem zweiten Spiegel c d auf dem Radius B C, der Kimmspiegel
genannt wird, und der so befestigt ist, daß er parallel zum großen Spiegel
steht, wenn der Nullpunkt des Nonius der Alhidade (Index) genau
auf dem Nullpunkt des Gradbogens steht.

Abb. 67. Moderner Sextant.

Wie die Zeichnung ebenfalls angibt, ist dieser Spiegel jedoch in
seiner oberen Hälfte durchsichtig, so daß das Bild eines Gegen=
standes durch diesen Teil des Spiegels direkt in das bei E angebrachte
Fernrohr und damit in das Auge des Beobachters gelangen kann.
. Die Messung ist vollzogen und das Resultat von dem Limbus
abzulesen, sowie die beiden beobachteten Gegenstände sich im Auge des
Beobachters decken, wobei der eine nicht direkt, sondern durch den
Spiegel der Alhidade sichtbar wird, der sein Bild durch den Kimm=
spiegel dem Beobachter übermittelt. (S. a. Abb. 67.)

Das Chronometer.

Chronometer heißt auf deutsch Zeitmesser, und der Apparat, den man mit diesem Namen bezeichnet, ist denn auch nichts anderes als eine Uhr, die sich von ihresgleichen nur durch ihre mehr als gewöhnliche Genauigkeit unterscheidet.

Wir sehen weiter unten, wie das Chronometer dadurch, daß es stets genau die Zeit eines bestimmten Ortes angibt, dem Seemann nützlich wird. Ein Eingehen auf die Konstruktion des Werkes erübrigt sich wohl.

Das erste Chronometer, welches als brauchbar für den Seemann angesehen werden konnte, wurde von dem Engländer J. Harrison konstruiert, der im Jahre 1776 starb. Das Parlament erkannte ihm 10 000 Pfund, die Hälfte eines Preises zu, der für die Verfertigung einer solchen Uhr ausgesetzt worden war. Die Chronometer für See-gebrauch werden von der deutschen Seewarte in Hamburg geprüft und mit einem Attest versehen. Wir kommen auf die Tätigkeit dieses wich-tigen Instituts noch zurück.

Das Logg.

Das Logg ist ein Apparat, um die Fahrgeschwindigkeit des Schiffes zu messen und daher insofern von besonderer Wichtigkeit für die Navi-gation, als es die wenigstens annähernde Bestimmung des Schiffs-

Abb. 68. Handlogge.

ortes gestattet, wenn irgendwelche Umstände die Sonnenbeobachtung verhindern. Man ermittelt in diesem Falle den Schiffsort aus der Fahrgeschwindigkeit aus dem gesteuerten Kurse und nennt das Resultat, welches natürlich niemals genau sein kann, das gegißte Besteck.

Das alte, auf Segelschiffen noch heute faft ausschließlich gebrauchte Logg besteht (s. Abb. 68) aus einem dreieckigen, an seinem unteren Rande mit Blei beschwerten Holzbrett, welches, eben infolge der Beschwerung, aufrecht im Waffer steht. An diesem Brett ist die Logg= leine derart befestigt, daß sie bei starkem Zuge nur noch an der oberen Ecke hängen bleibt, für gewöhnlich aber das Brett in seiner senkrechten Stellung beläßt.

Diese Leine ist auf eine leicht drehende Rolle gewickelt und wird, nachdem das Brett über Bord geworfen ist, so lange auslaufen gelassen, als eine Sanduhr dies anzeigt.

Laufzeit dieser Sanduhr (Loggglas) und an der Leine angebrachte Marken (Knoten) stehen in einem solchen Verhältnis zueinander, daß die Anzahl der in dieser Zeit gelaufenen Knoten der Anzahl der Seemeilen in einer Stunde entspricht. Es ist also falsch, zu sagen: Ein Schiff läuft 10 Knoten per Stunde!

Die beigegebene Tabelle gibt die gebräuchlichsten Knotenlängen an.

Über die Art, wie das Loggen geschieht, wird noch in Kapitel VIII zu sprechen sein. In neuerer Zeit hat man mehrere Arten von Patentloggs konstruiert, die im wesentlichen darauf basieren, daß ein länglicher, mit einer beweglichen Schiffsschraube ausgerüsteter Körper dauernd von dem Schiffe geschleppt wird. Die Drehung der Schraube überträgt sich auf ein Uhrwerk, von dem die gelaufene Distanze ab= gelesen wird.

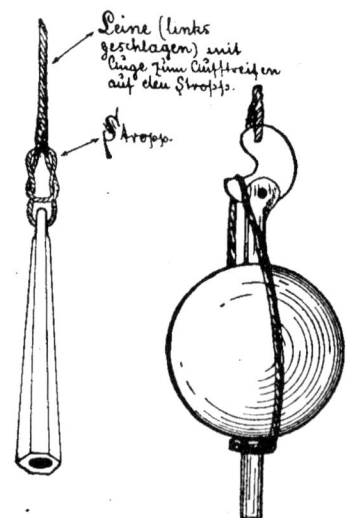

Leine (links geschlagen) mit Auge zum Ausstreichen auf den Stropp.

Stropp.

Abb. 69. Lot u. alt. Tieflot.

Das Lot.

Das Lot ist ein Apparat zum Messen der Wassertiefe.

Der praktische Seemann ist zwar nicht so neugierig, wie der Tiefsee= forscher, der mit den sinnreichst kon= struierten Apparaten Tiefen von Tau= senden von Metern zu Leibe geht, wohl aber interessiert ihn die Waffer= tiefe und die Bodenbeschaffenheit in den flacheren Küsten= und Binnen= meeren, die so genau vermessen und ausgelotet sind, daß dem mit seinem Meere vertrauten Küstenfahrer eine Lotung fast ebenso genau sagt, wo er sich befindet, wie die astronomische Besteckrechnung.

Das gewöhnliche Lot ist ein schlankes, konisches Bleigewicht, das am Grunde mit einer Höhlung versehen ist, die mit Talg ausgefüllt wird. Beim Aufstoßen auf den Grund pressen sich Teile des Grundes hier ein und werden so mitheraufgebracht.

Abb. 70. Moderne Lotmaschine für Handbetrieb.

Die Lotleine, deren Befestigung am Lot die Zeichnung zeigt, ist durch Leder= und Leinenlappen nach „Faden" gemarkt. Über die Länge dieses Maßes finden sich in den beigegebenen Tabellen Angaben.

Bei großen Tiefen versagt das gewöhnliche Lot, weil die Reibung

des Wassers an der Leine so groß wird, daß die endliche Grundberührung kaum oder gar nicht mehr festzustellen ist. Man hat daher, um Tiefen, wie die in den Tabellen angegebenen, zu messen, höchst
sinnreiche Maschinen und Apparate konstruiert, die die Grundberührung
selbständig registrieren, und verwendet statt der Leine polierten Metall-
draht. Das einfachste und älteste dieser Tiefseelote ist das in Abb. 69
dargestellte Brokesche Tieflot, das aus einer auf einen Stab gestreiften
Kugel besteht. Wenn der Stab den Boden berührt, sinkt die Kugel an
ihm weiter hinab und streift sich infolge der Aufhängung ganz ab, was
eine merkbare Erleichterung ergibt.

Ein näheres Eingehen auf die Lotapparate liegt außerhalb des
Rahmens dieses Buches.

Die Seekarten.

Die Seekarte soll dem Seemann in derselben Weise zur Orientierung dienen, wie dem Touristen oder Soldaten die Spezialkarte
eines Landesteiles.

Sie enthält daher im wesentlichen die genauen Konturen aller
Küsten und Inseln, welche der von ihr dargestellte Meeresteil be-
ziehungsweise umspült, sowie diejenigen Landmarken (Leuchttürme,
Gebäude usw.), die von See aus sichtbar sind, und sind ferner Feuer-
schiffe und sonstige Seezeichen eingezeichnet, sowie Wassertiefen und
Beschaffenheit des Meeresgrundes angegeben, soweit sie durch
Lotungen ermittelt sind.

Alle Seekarten sind in Merkatorscher Projektion gezeichnet,
das heißt also, alle größten Kreise erscheinen als gerade Linien.
In die Karten eingezeichnete Kompaßrosen dienen zur Kursbestimmung.

Sonstige Hilfsmittel.

Außer diesen unentbehrlichsten Hilfsmitteln der Navigation besitzt
der Seemann noch eine Reihe anderer, die zwar nicht unbedingt

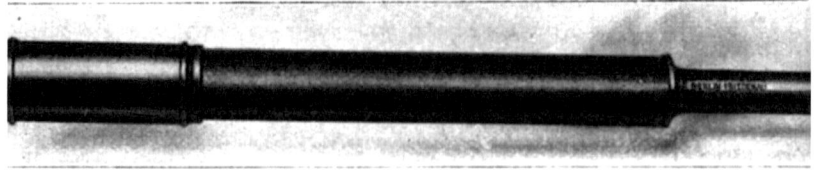

Abb. 71. Marinefernrohr.

erforderlich sind, aber doch seine Aufgabe wesentlich erleichtern und
die Sicherheit erhöhen.

Es gehören hierher das Fernrohr, Segelhandbücher, Wetterkarten usw. usw., Dinge, die teils jedem bekannt sind, teils aber so weit auf wissenschaftlichem Gebiete liegen, daß ihre eingehende Beschreibung und Gebrauchsanweisung in ein Lehrbuch der Navigation gehört. Es gibt deren übrigens eine ganze Anzahl, die sich recht wohl zum Selbstunterricht eignen, so daß man sich den Lehrgang auf der Navigationsschule durch private Vorstudien während der Fahrzeit als Matrose wesentlich erleichtern kann.

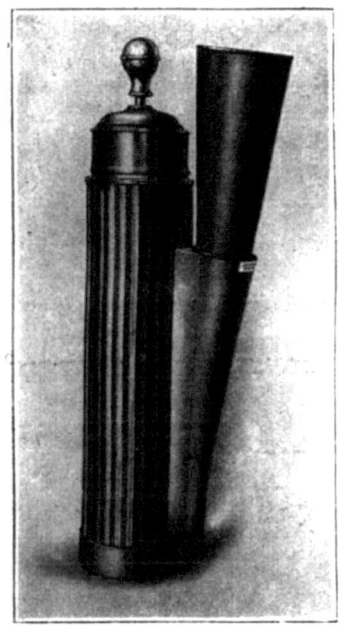
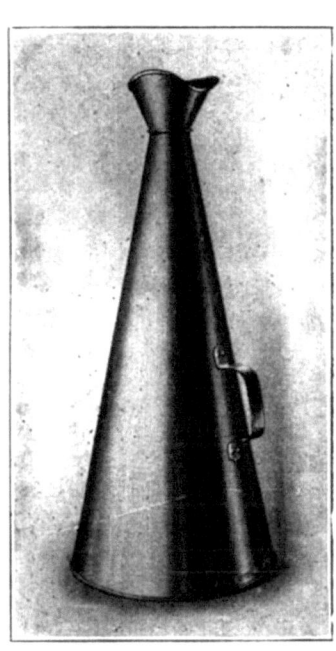

Abb. 72. Hand-Nebelhorn.   Abb. 73. Sprachrohr.

Es handelt sich also nun für den Navigateur darum, mit Hilfe der vorbeschriebenen Instrumente die eingangs festgestellten Aufgaben zu lösen.

Die zweite derselben, die Kursbestimmung von einem bestimmten Punkt als augenblicklichen Schiffsort zu einem beliebigen anderen, ist naturgemäß an der Hand der Seekarten sehr einfach zu lösen.

Es handelt sich bei dieser Feststellung des Reiseweges zunächst darum, das Ziel auf dem kürzesten und sichersten Wege zu erreichen. Dieser kürzeste Weg ist auf der Karte die gerade Linie. Geht diese nicht über Untiefen, Inseln oder Festland hinweg, so ist das Ziel durch einen geraden Kurs zu erreichen; ist dies aber nicht der Fall, so ist die gebrochene Linie so zu wählen, daß sie sich von der Geraden möglichst wenig entfernt.

An Stelle der geraden Linie tritt auf der Kugel bekanntlich der größte Kreis zwischen zwei Punkten, und daher nennt man diese — von Dampfern gewöhnlich angewendete — Methode das Segeln im größten Kreise! Segelschiffe werden nur selten dem größten Kreise folgen können, da sie auf Wetter= und Windverhältnisse Rück=

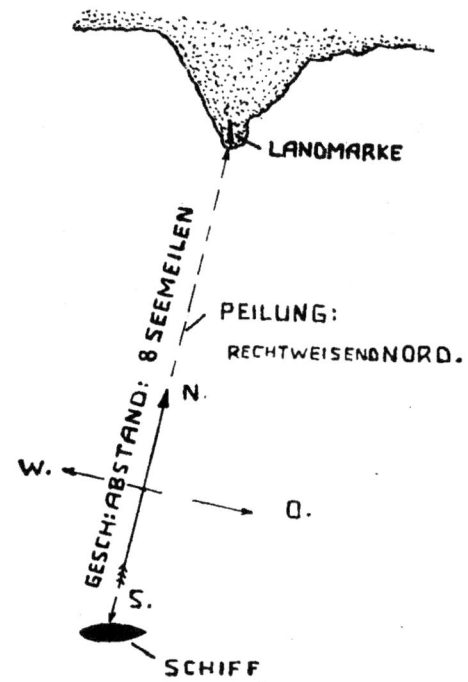

Abb. 74. Peilung und Schätzung des Abstandes.

sicht nehmen müssen und es für sie beispielsweise viel wichtiger ist, aus einem Passat direkt in den anderen zu gelangen, obwohl sie zu diesem Zwecke einen Umweg machen müssen, als auf dem kürzesten Wege einige Wochen zur Überwindung der Kalmen (Windstillen) ge= brauchen zu müssen.

Über die Wahl des Weges erteilen hier die von der Seewarte herausgegebenen Segelhandbücher Rat.

Wir gelangen nun zu der etwas schwierigeren Aufgabe, jederzeit den Standort des Schiffes bestimmen zu können.

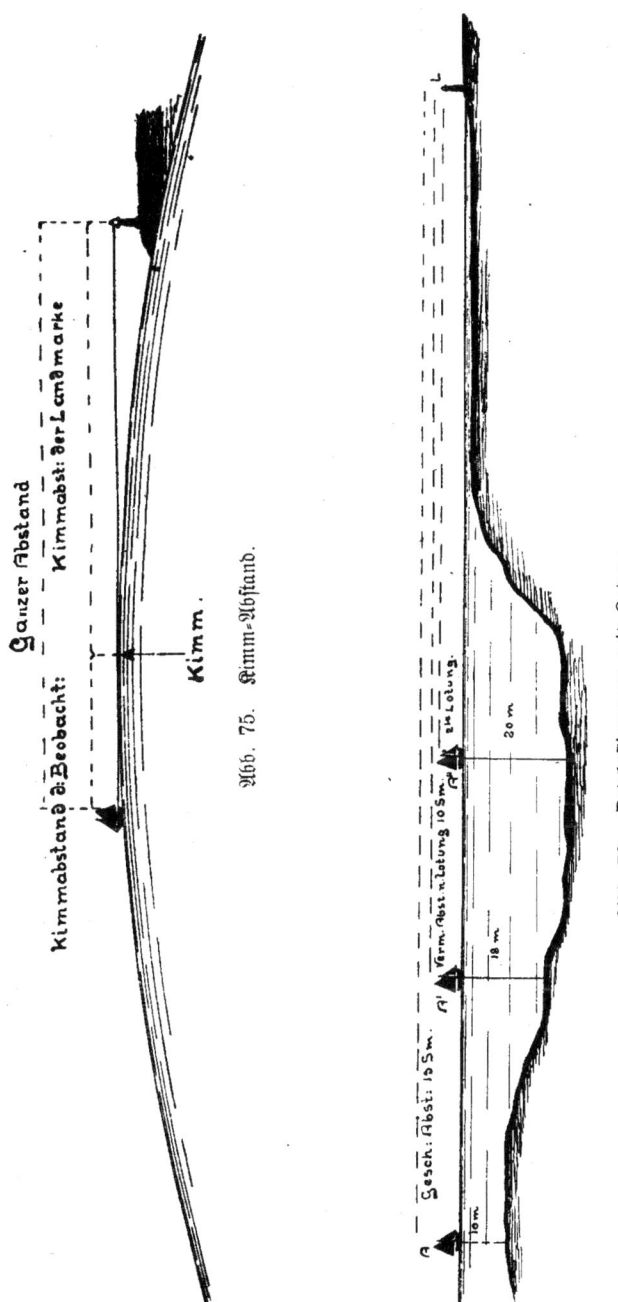

Abb. 75. Kimm-Abstand.

Abb. 76. Ortsbestimmung mit Lotung.

Eine Aufgabe, zu deren Lösung nach Ansicht vieler „Landratten", soweit sie nicht Astronomen oder Mathematiker sind, mindestens ein wenig „Schwarzkunst" gehört!

Unterscheiden kann man bei dieser Aufgabe:

1. Die Ortsbestimmung in Sicht von Land,
2. Die Ortsbestimmung in offener See.

Die Ortsbestimmung in Sicht einer Landmarke (Leuchtturm usw.), deren Lage auf der Karte bekannt ist, kann auf folgende Arten erfolgen.

1. Peilung (Ermittelung der Kompaßrichtung durch Visieren) des betreffenden Gegenstandes und Schätzung des Abstandes. Eine solche Schätzung ist immer sehr unzuverlässig, da die Beschaffenheit der Luft selbst den geübtesten Beobachter sehr leicht täuschen kann. Einen kleinen Anhalt für solche Schätzungen gibt die Abb. 75, sowie die unter den Tabellen aufgeführte Tafel „Entfernung der Kimm vom Schiffe", wozu zu bemerken ist, daß man unter der Bezeichnung Kimm die Horizontlinie zu verstehen hat. Eine gewisse Kontrolle dieser einfachsten Orts= bestimmung gewährt die Mitinanspruchnahme des Lotes (Abb. 76).

Das Fahrzeug A sichtet und peilt den Leuchtturm L in dem geschätzten Abstande von 13 Seemeilen, und der Führer wird finden, daß er sich nach der Karte in diesem Falle auf ziemlich flachem Wasser (10 m) befinden müßte. Eine Lotung ergibt dagegen 18 m, und ein weiteres Studium der Karte zeigt, daß sich hier nach der Küste zu eine Senkung befindet, die dann jäh und in weiter Entfernung von Land hoch ansteigt und ein Fahr= wasser schafft, das für ihn unbefahrbar ist. Nach den Tiefen= angaben der Karte müßte er sich, da er weiter seewärts (also vor der 10 m=Grenze) L kaum klar würde sichten können, bei einer Schätzung um 3 Seemeilen geirrt haben, und eine weitere Lotung, die noch steigende Tiefe ergibt, zeigt klar, daß dies tatsächlich der Fall gewesen sein müsse, und daß es Zeit sei, aus dieser Erkenntnis die erforderlichen praktischen Schlüsse zu ziehen.

2. Kreuz=Peilung (Abb. 77). Sind mehrere, räumlich von= einander genügend weit entfernte Landmarken in Sicht, so dürfte die sogenannte Kreuz=Peilung, die in der Abb. 77 dargestellt ist, die einfachste und leichteste Art der zuverlässigen Ortsbestimmung sein. Wie die Abbildung zeigt, werden die

beiden Objekte unmittelbar hintereinander gepeilt, und der Schiffsort ergibt sich sofort als Schnittpunkt beider Peilungen. Die Kreuzpeilung ist um so zuverlässiger, je mehr der Winkel der beiden Peilungen sich einem Rechten nähert.

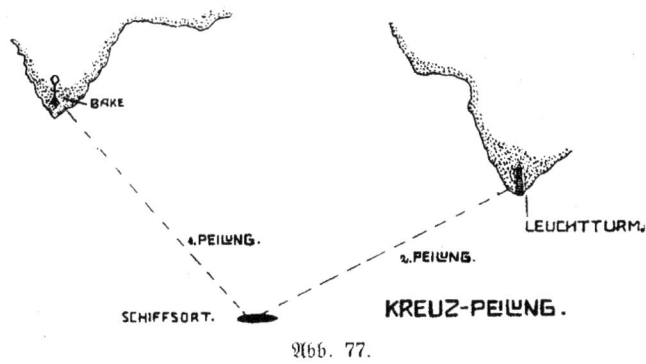

Abb. 77.

3. Doppel=Peilung (Abb. 78). Ist nur ein Peilungsobjekt vor= handen, so läßt sich auch mit diesem eine genaue Ortsbestimmung erlangen.

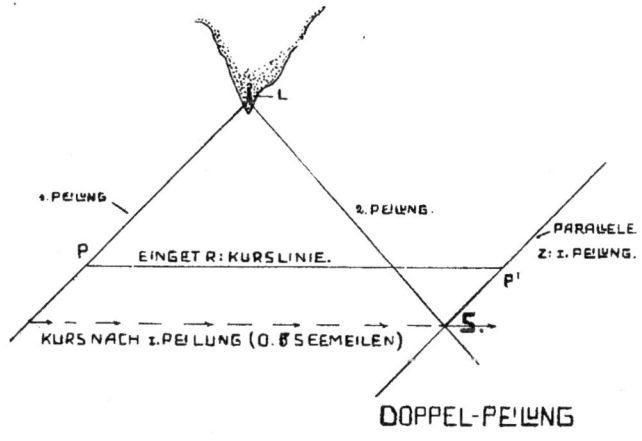

Abb. 78.

Wie in Abbildung 78 dargestellt, peilen wir die Land= marke L beim ersten Sichten. Wir laufen nun auf dem ge= gebenen Kurse unter möglichst genauer Einhaltung desselben eine Strecke von 5 Seemeilen ab, und peilen dann L von neuem. Beide Peilungslinien werden in die Karte eingetragen. Von irgendeinem Punkte (P) der erften Peilungslinie aus ziehen wir nun die Linie PP, deren Richtung und Länge dem ge= segelten Kurfe gleich ift (in unferem Beifpiel alfo 5 Seemeilen Oft) und ziehen dann durch P eine Parallele zu der erften Peilung. Wo diefe die zweite Peilungslinie fchneidet (S), ift der Schiffsort zur Zeit der zweiten Peilung.

Nach denfelben Grundfätzen läßt eine genaue Ortsbe= ftimmung fich ausführen, indem man zwei nebeneinander fichtbar werdende Landmarken in der Weife peilt, ufw., ufw.

Wir kommen nun zu der Aufgabe der Ortsbeftimmung auf hoher See.

Wie wir bereits gefehen haben und auch aus der Mathematik wiffen, ift jeder Punkt auf einer Fläche als Schnittpunkt zweier Linien zu beftimmen. In das Geographifche überfetzt, müffen wir alfo ermitteln, um wieviel Grad (bzw. Minuten und Sekunden) nördlich oder füdlich vom Äquator (Breite) und um wieviel Grad öftlich oder weftlich von unferm 0=Meridian fich unfer Schiff befindet.

Zur Löfung diefer Aufgaben dienen, wie fchon kurz erwähnt, das Chronometer und der Sextant. Doch gehört ein näheres Ein= gehen auf dies Thema kaum in den Rahmen des vorliegenden Buches. Zumal eine nur einigermaßen erfchöpfende Darftellung erheblichen Raum in Anfpruch nehmen würde. Wer fich hierüber näher infor= mieren will, findet eine Anzahl, z. T. fehr anfchaulich gefchriebener Spezialwerke, die befonders dem jungen Seemann nur empfohlen werden können.

V. Leuchtfeuer und Seezeichen.

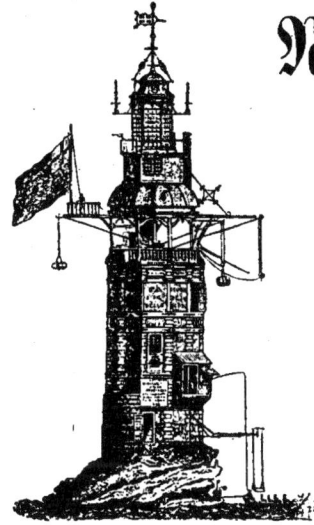

Nächst dem Anker ist wohl der Leucht= turm das beliebteste und verbreitetste Symbol der Schiffahrt, und in der Tat bildet das Leuchtturmwesen ein Hilfsmittel für die Schiffahrt, dessen Bedeutung schon im Altertum ge= würdigt worden ist. Der Pharus von Alexandrien gehörte zu den sieben Wunderwerken der alten Welt und ein zweites Bauwerk, welches unter dieselben gerechnet wurde, der Koloß von Rhodos war ebenfalls ein Wahr= zeichen für die Schiffahrt.

Auch die Römer legten dem Leucht= feuerwesen hohe Bedeutung bei und erbauten unter anderen auch an den gefährlichen Küsten Galliens und Germaniens eine Reihe von Leucht= türmen, denen an den deutschen Küsten dann später die Hansa noch mehrere hinzufügte.

Diese „Büsen", wie man sie nannte, waren in der Regel massive Steintürme, auf deren oberer Plattform ein offenes Feuer unterhalten wurde, eine Arbeit, die in Regen= und Hagelstürmen schwere An= strengungen erforderte. —

Unsere heutigen Leuchttürme sind nur teilweise noch aus Stein erbaut, bei vielen bedeutenden Türmen hat der Stein dem Eisen Platz machen müssen.

Ein hervorragendes Beispiel hierfür ist der Rotesand=Leuchtturm in der Weser, der, vollkommen aus Eisen konstruiert, frei aus einer unabsehbaren Wasserfläche emporragt, umbrandet von den stürmischen Wogen eines in der ganzen Welt als gefährlich bekannten Meeres.

Sein schwarz, weiß, rot, in den Farben des alten Reiches ge= strichener Eisenschaft, ruht auf einem gigantischen Caisson, einem

eisernen Kasten, der, mit Zement gefüllt, tief in den sandigen Grund
versenkt wurde und so gleichsam einen künstlichen Felsen darstellt.

Einen bekannten, man möchte sagen historischen Leuchtturm aus
Mauerwerk stellt ein anderes Bild dieses Abschnittes dar, den Leucht=
turm von Eddystone.

Der heutige Turm auf dieser gefährlichen Klippe, die manchem
Schiffe verderblich war, ist der vierte dieses Namens.

Der erste Turm wurde dort Ausgang des 17. Jahrhunderts von
dem Ingenieur Winstanley aus Holz erbaut, ging aber bereits im
Jahre 1703 bei einem schweren Sturm spurlos zugrunde, seinen
Erbauer und eine Anzahl anderer auf ihm weilender Personen mit
in die Tiefe reißend. Drei Jahre später wurde dort ein zweiter
Leuchtturm errichtet, der bereits teilweise aus Mauerwerk bestand
und 47 Jahre dem Anprall der Wogen widerstand, bis er im Jahre 1755
durch Feuer zerstört wurde.

Der dritte Turm, von Smeaton erbaut, dessen Zeichnung wir
hier wiedergeben, war ganz aus Stein konstruiert und ein Meisterstück
nach jeder Richtung hin, das wie für die Ewigkeit gegründet schien.
Aber man entdeckte im Jahre 1818 bereits, daß auch ihm eine Gefahr
drohe. Der Felsen selbst, auf dem er ruhte, war von den Wogen im
Laufe der Jahrhunderte erschüttert worden, und im Jahre 1878 sah
man sich genötigt, einen neuen vierten Turm, den heutigen, zu er=
richten, der, eine Strecke von dem alten entfernt, auf sorgfältig unter=
suchtem Grunde steht und sich 138 Fuß hoch in die Lüfte erhebt. —

Zur Erzeugung des Lichtes verwendet man teils Öllampen, teils
aber auch Gas oder elektrisches Licht, das aus gewaltigen Laternen
in die Nacht leuchtet, deren Scheiben so geschliffen sind, daß eine voll=
ständige Konzentration, der durch Spiegel nach außen geworfenen
Lichtstrahlen hervorgerufen wird, wodurch die natürliche Stärke der
Lichtquelle zu gewaltiger Höhe gesteigert wird.

Das Maß für die Stärke einer Lichtquelle ist bekanntlich die
Kerzenstärke und man erreicht bei modernen Türmen Stärken
von über 3 000 000 solcher Einheiten.

Um die einzelnen Leuchtfeuer zu kennzeichnen, hat man die ver=
schiedensten Arten eingeführt, und zwar:

1. Feste Feuer (abek.: f. F.). Ununterbrochen und von gleich=
   bleibender Lichtstärke.

2. Feste Feuer mit 1 oder mehreren Blinken.

3. Blinkfeuer. Das Feuer nimmt allmählich bis zur größten
   Lichtstärke zu und ebenso bis zur Verdunkelung wieder ab.

Abb. 79. Der dritte Eddystone-Leuchtturm,
erbaut von Smeaton 1756.

4. **Gruppen-Blinkfeuer.** Mehrere Blinkfeuer zu einer Gruppe
vereinigt.

5. **Blitzfeuer.** Zeigen starke Lichtblitze. Gewöhnlich mit festem
Feuer vereinigt.

6. **Gruppenblitz=Feuer.** Mehrere Blitzfeuer zu einem System vereinigt.

7. **Funkelfeuer.** Viele kurze Blitze.

8. **Ununterbrochene Feuer.** Feste Feuer, die plötzlich ver= schwinden und nach einer Pause ebenso plötzlich und in gleicher Stärke wieder erscheinen.

Hierzu tritt eine Verschiedenheit in der Farbe des Feuers, wo= durch eine große Anzahl von Kombinationen möglich wird, und

9. **das Wechselfeuer,** abwechselnd in verschiedenen Farben erscheinend.

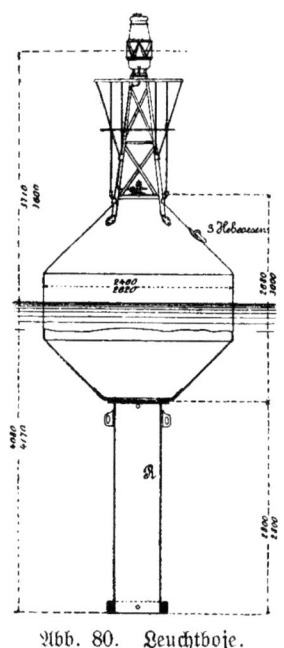

Abb. 80. Leuchtboje.

Gewissermaßen als schwimmende Leuchttürme sind **Feuerschiffe** und **Leuchtbojen** anzusehen.

Die **Feuerschiffe** sind feste, sehr stark konstruierte Fahrzeuge mit einem bis drei Masten (teilweise auch mit einer Maschine aus= gerüstet), die auf ihrer Station verankert sind und an den Masten bei Tage große, schwarze Bälle aus Korbgeflecht, bei Nacht weiße oder far= bige Laternen tragen. Auffällig (sehr häufig rot) gestrichen, tragen sie an den Seiten in großen Buchstaben den Namen ihrer Station, sowie eventuell noch eine Nummer. Eine Leuchtboje zeigt die beigegebene Zeichnung. Der hohle Blechkörper ist mit Gas gefüllt, welches, unter Druck aufgespeichert, ausreicht, die oben angebrachte Laterne für mehrere Monate zu speisen. Sie brennen ununterbrochen.

Alle Feuerzeichen haben den Nachteil, bei Nebel zu versagen, und Leuchttürme wie Feuerschiffe sind daher mit akustischen Signal= vorrichtungen ausgestattet, zu denen **Nebelhörner** (mit Dampf= und Handbetrieb) und **Glocke** gehören. Auch hat man Heul= und

Glockenbojen, die durch die Bewegung im Wasser in Tätigkeit gesetzt werden.

Selbstverständlich können auch die besseren akustischen Signale die Feuer nicht ersetzen, da es ungemein schwer ist, die Richtung eines Tones genau zu bestimmen. Sie dienen aber immerhin als Warnungssignale.

Wir kommen nun zu den kleineren Seezeichen, die in Gestalt von Baken, Tonnen, Pricken usw. gewissermaßen eine Ergänzung der Leuchttürme und Feuerschiffe darstellen. Während die ersteren, deren Form und Art aus der Zeichnung ersichtlich ist, als Richtungsmarken dienen, bezeichnen die Tonnen sowohl das Fahrwasser, wie — je nach Form und Farbe — einzelne gefährliche Stellen in demselben, kurz, sie geben für das ein= oder auslaufende Schiff den Wegweiser von, bzw. nach See zu ab.

Die Systeme, nach welchen diese Bezeichnung des Fahrwassers ausgeführt wird, sind — leider — in den verschiedenen Ländern verschieden. Für Deutschland (s. Tafel) gilt folgendes:

Das von See her kommende Schiff findet:

An Steuerbord (rechts) rote Spierentonnen (nur ausnahmsweise stumpfe Tonnen), oder rote Baken mit Spiere, oder Stangen= seezeichen.

An Backbord (links) schwarze Spitzentonnen, oder schwarze Baken ohne Spieren, oder Pricken.

Die Mitte des Fahrwassers bezeichnen rot und schwarz ge= streifte Kugeltonnen.

Eine Untiefe in der Mitte des Fahrwassers zeigt an jedem Ende eine rot und schwarzgestreifte Bake oder Tonne.

Kennzeichnung
der außerhalb des Fahrwassers belegenen Untiefen:

1. Die außerhalb des Fahrwassers belegenen Untiefen sind durch Spieren= oder Bakentonnen zu bezeichnen, welche auf der Untiefe selbst oder an den Rändern derselben ausgelegt worden sind.

2. Befinden sich Seezeichen an den Rändern, so sind dieselben mit Toppzeichen von der Form zweier senkrecht übereinander stehender Dreiecke zu versehen.

3. Die auf der Untiefe selbst ausgelegten Seezeichen erhalten als Toppzeichen eine Trommel.

4. Die zur Bezeichnung der Untiefen außerhalb des Fahrwassers ausgelegten Seezeichen sind im allgemeinen weiß gehalten.

Kennzeichnung

besonderer Stellen in- und außerhalb des Fahrwassers.

Zur Bezeichnung gesunkener, vom Wasser bedeckter Schiffe werden grün gestrichene Tonnen mit der Aufschrift „Wrack" verwendet. Wracktonnen erhalten als Toppzeichen dieselben, wie sie in der Bestimmung 2 und 3 für die Kennzeichnung von Untiefen vorgeschrieben sind.

Werden Tonnen ausgelegt zur Bezeichnung der Lage unterseeischer Telegraphenkabel, so verwendet man grün gestrichene Tonnen mit der Aufschrift „Telegraph" oder auch nur „T".

Zur Bezeichnung der Grenzen der Quarantänestation finden Tonnen mit gelbem Anstrich Verwendung.

Hapag-Dampfer in einem oftafiatifchen Hafen.

VI. Das See=Straßenrecht.

uf Segelschiffen in langer Fahrt kann es wohl auch heut noch vorkommen, daß man tage= und wochenlang kein fremdes Schiff zu sehen bekommt, aber schon auf den großen, ständigen Dampfer=Verkehrsstraßen lernt man schnell genug, wie wichtig auch für die angeblich „pfadlose Wüste des Ozeans" eine strenge, internationale Verkehrsordnung ist, und in der Nähe großer Häfen besonders erscheint dem, der die Verantwortung für ein großes Schiff auf den Schultern fühlt, diese „pfadlose Wüste" gelegentlich bedenklich eng und klein. —

Wir geben im Folgenden die wichtigsten Vorschriften des inter=nationalen Seestraßenrechts im Wortlaut wieder:

1. Ein Dampfer (Motorschiff) geht jedem Segelschiff aus dem Wege.

2. Das überholende Schiff geht dem überholten aus dem Wege.

3. Kommen zwei Dampfer auf gerade entgegengesetzten Kursen einander nahe, so daß dadurch Gefahr des Zusammenstoßes entsteht, so weichen beide nach ihrer Steuerbordseite aus.

4. Kreuzen sich die Kurse zweier Dampfer, so daß dadurch Gefahr des Zusammenstoßes entsteht, so hat derjenige aus dem Wege zu gehen, der den anderen an seiner Steuerbordseite hat.

5. Das mit raumem Wind segelnde Schiff geht dem am Wind segelnden aus dem Wege.

6. Begegnen sich zwei am Wind segelnde Schiffe, so behält das=jenige, welches den Wind von Steuerbord erhält, seinen Kurs bei, während das andere nach Steuerbord abfällt.

7. Haben zwei Schiffe raumen Wind von verschiedenen Seiten, so geht das Schiff aus dem Wege, welches den Wind von Backbord ein hat.

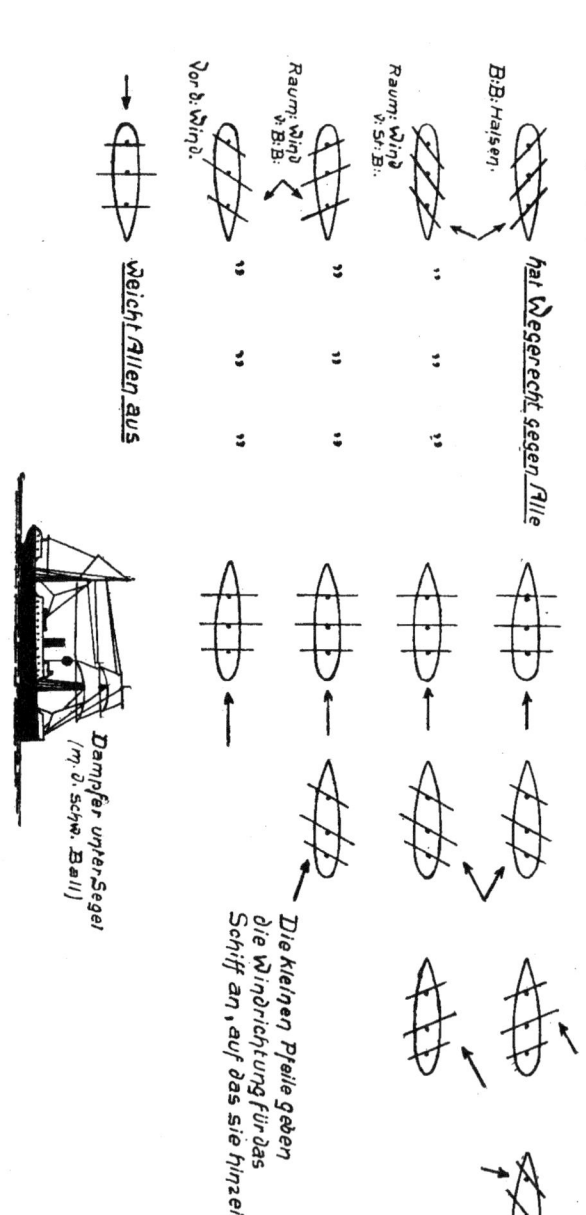

St:B: Halsen am Wind.

B:B: Halsen.

Raum: Wind v: St: B:.

Raum: Wind v: St: B:.

Raum: Wind v: B:B:

Vor d: Wind.

hat Wegerecht gegen Alle

Weicht Allen aus

Abb. 81.

Dampfer unter Segel
(m. d. schw. Ball)

Die kleinen Pfeile geben
die Windrichtung für das
Schiff an, auf das sie hinzeigen.

8. Haben zwei Schiffe raumen Wind von derselben Seite, so muß das luvwärts befindliche Schiff aus dem Wege gehen.

9. Das vor dem Winde segelnde Schiff geht jedem anderen Segelschiff aus dem Wege.

10. Segelschiffe in Fahrt müssen fischenden Segelfahrzeugen aus dem Wege gehen.

Das Straßenrecht regelt ferner auch die Führung von Laternen bzw. Signalkörpern, aus deren Stellung, Form und Farbe die Fahrt= richtung bzw. auch die Manövrierungsfähigkeit eines Fahrzeuges einem begegnenden Schiffe erkennbar wird, und bestimmt, wie in bezug auf das Ausweichen in jedem einzelnen Falle zu verfahren ist, sowie welche Signale bei unsichtigem Wetter (Nebel) an die Stelle der Laternen zu treten haben.

Für die Lichterführung der Seeschiffe bestehen folgende Vor= schriften:

Es führen:

1. Segelschiffe in Fahrt:
   1 grünes Licht an Steuerbord (rechts),
   1 rotes Licht an Backbord (links),
   1 weißes Licht am Heck (hinten).

Die Seitenlichter sollen von der Richtung geradeaus nach vorn bis zu 2 Striche hinter die Querrichtung auf zwei See= meilen Entfernung sichtbar sein. Das Hecklicht soll eine See= meile sichtbar, in gleicher Höhe wie die Seitenlichter angebracht sein und darf nicht von vorn gesehen werden können. Dampfer, welche ohne die Maschine zu benutzen, aber mit auf= gerichtetem Schornstein fahren, zeigen bei Tage vorn einen schwarzen Ball, nach allen Seiten gut sichtbar.

2. Dampfer in Fahrt:
   Seitenlaternen wie Segelschiffe,
   Hecklaterne wie Segelschiffe,
   1 festes weißes Licht (Topplicht) am vorderen Mast.

Das Topplicht zeigt ein ununterbrochenes Licht von zwei Strich hinter der Querrichtung einer Seite bis ebensoweit auf der anderen Seite. Vorgeschriebene Sichtweite fünf Seemeilen.

Es darf noch ein zweites Topplicht (Richtlicht) in der Kiellinie hinter dem ersten geführt werden, und zwar muß es mindestens 4 m über dem vorderen und soweit hinter ihm angebracht sein, daß die horizontale Entfernung größer als die vertikale ist.

3. Dampfer schleppend:

Wie unter 2, unter der Topplaterne jedoch eine zweite von denselben Eigenschaften, wenn der Schleppzug unter 180 m lang ist. Wird diese Länge überschritten, oder zugleich mehr als ein Schiff geschleppt, zwei Topplaternen unter der ersten.

Gestattet ist noch eine kleine Steuerlaterne hinter dem Schornstein, die aber nur nach hinten sichtbar sein darf.

4. Manövrierunfähiges Fahrzeug:

Seitenlaternen wenn das Schiff Fahrt hat, sonst nur zwei rote, über den ganzen Horizont sichtbare Kugellaternen übereinander. Bei Tage zwei schwarze Bälle.

5. Kabelleger in Tätigkeit:

Seitenlaternen wie bei 4, sonst drei Lichter wie unter 4 untereinander in den Farben rot—weiß—rot. Bei Tage: Roter Ball — weißer, rautenförmiger Körper — roter Ball.

6. Lotsenfahrzeuge im Dienst:

a) Dampfer: Seitenlaternen, wenn in Fahrt ein weißes und 2½ m darunter ein rotes Licht (ringsum sichtbar).

b) Segler: Weißes Licht (ringsum sichtbar) am Mast. Seitenlaternen werden bei Annäherung an ein Schiff vorüber= gehend gezeigt.

Dampfer wie Segler geben außerdem alle 15 Minuten ein Flackerfeuer ab.

7. Fischdampfer:

Eine dreiteilige vorn weiße, nach Backbord rote, nach Steuerbord grüne Laterne vorn am Mast. Darunter weißes Licht, ringsum sichtbar.

Ist das Netz nicht ausgebracht, gilt der Fischdampfer einfach als Dampfer.

8. Segel=Fischerfahrzeug:

Weißes Licht, ringsum sichtbar. Bei Annäherung von Fahrzeugen wird auf Steuerbordhalsen fischend ein grünes, auf Backbordhalsen fischend ein rotes Kunstfeuer gezeigt.

9. Geschleppte Fahrzeuge:

Seitenlaternen und Hecklicht.

10. Schiffe vor Anker:

Eine weiße, ringsum sichtbare Laterne, vorn etwa 6 m über dem Rumpf. Ist das Schiff länger als 45 m, sind zwei solche Lichter zu führen, das eine vorn in einer Höhe zwischen 6 und 12 m über dem Rumpf, das andere am Heck 4½ m niedriger als das andere Licht.

11. Schiffe auf Grund:
Ankerlaterne wie 10 und zwei rote Lichter wie 4.

Bei unsichtigem Wetter, Nebel usw. treten folgende Schallsignale in Kraft.

Für vorstehende Nr.:

1. Wind von Steuerbord ein, mindestens jede Minute 1 Ton mit Nebelhorn.
Wind von Backbord ein, mindestens jede Minute 2 Töne mit Nebelhorn.
Wind achterlicher als Dwars, 3 Töne mit dem Nebelhorn.

2. Mindestens alle zwei Minuten:
Maschine voraus gehend, 1 langer Ton mit Dampfpfeife.
Maschine gestoppt und keine Fahrt durch das Wasser 2 lange Töne mit Dampfpfeife.

3.
4. } Mindestens alle zwei Minuten Tongruppe: lang, kurz,
5.   kurz.

6. Je nach Art wie andere Dampfer oder Segler.

7. Mindestens jede Minute ein langer Ton mit Dampfpfeife, darauf Läuten der Glocke.

8. Wie 7, mit Nebelhorn, statt der Pfeife.

9. Mindestens alle zwei Minuten Tongruppe: lang, kurz, kurz

10. } Mindestens jede Minute 5 Sekunden lang rasches Läuten
11.   mit der Glocke.

Lange Töne sind solche von 4 bis 6 Sekunden Dauer, kurze von 1 Sekunde Dauer.

Die Schallsignale werden gegeben:
von Schiffen unter Dampf fahrend (auch durch andere maschinelle Kraft fortbewegten) mit der Dampfpfeife oder Sirene;
von Schiffen unter Segel und geschleppten Fahrzeugen mit dem Nebelhorn.

Ankersignal: ist 5 Sekunden lang rasches Läuten der Glocke

Schallsignale für Fahrzeuge, welche einander ansichtig sind (dürfen im Nebel nicht eher gegeben werden, als bis die Fahrzeuge sich sichten):

1 kurzer Ton: „Ich richte meinen Kurs nach Steuerbord!"
2 kurze Töne: „Ich richte meinen Kurs nach Backbord!"
3 kurze Töne: „Meine Maschine geht volle Kraft zurück!"

Als **Notsignale** dienen:

1. Kanonenschüsse in Zwischenräumen von ungefähr einer Minute abgefeuert.
2. Beständiges Tönen irgendeines Nebelsignalapparates.
3. Das Signal N. C. des internationalen Signalbuches.*)
4. Fernsignal: Ball oder etwas, was einem Ball ähnlich sieht, über oder unter viereckiger Flagge, oder, statt der Flagge Kegel mit der Spitze nach oben.
5. Brennende Teertonnen bzw. ähnliche Leuchtkörper.
6. Raketen und Leuchtbomben, in der Luft mit lautem Knall platzend, und Leuchtkugeln von beliebiger Art und Farbe werfend. Einzeln, in kurzen Zwischenräumen abzufeuern.

Ein nicht mehr offizielles, gleichwohl aber jedem Seemann verständliches Notsignal ist ferner die „Flagge in Schau" (verkehrt, oder mit einem Knoten darin geheißt).

---

*) Siehe die Schlußvignette auf Seite 160.

VII. Das Signalwesen.

in Bedürfnis, sich von Schiff zu Schiff in weitergehendem Umfange, als dies durch einfachen Zuruf möglich ist, zu verständigen, hat sich zunächst natur= gemäß in den Kriegsflotten geltend gemacht. Einzelne, teils ein für allemal feststehende, teils von Fall zu Fall bestimmte Signalzeichen waren hier in der Tat schon im Altertum bekannt und sind in der Folge langsam bis zu recht komplizierten Systemen ausgebaut worden. Selbst= verständlich hatte man das größte Interesse daran, daß diese Signale nicht auch vom Gegner verstanden werden konnten, und für das be= sondere Signalsystem, das heute jede Kriegsflotte besitzt, gilt dies auch nach wie vor. Daneben aber hat sich mit dem zunehmenden Verkehr in immer stärkerem Maße das Bedürfnis herausgestellt, für die Handels= schiffahrt ein Signalsystem zu schaffen, das vor allen Dingen inter= national, d. h. also für jedes Schiff verständlich ist, ohne Kenntnis der Landessprache des Signalgebers.

Dies Bedürfnis wird durch das herrschende

Flaggen=Signalsystem

in jeder Hinsicht befriedigt, das schon aus diesem Grunde, eben seiner Internationalität halber, unersetzlich ist und neben den weiterhin zu besprechenden modernen Einrichtungen dieser Art stets seinen Platz behaupten wird.

Das erste internationale Signalbuch wurde von der englischen Admiralität im Jahre 1857 herausgegeben und schnell von allen seefahrenden Nationen adoptiert. Es bestand aus 21, nach den Konso= nanten des Alphabets benannten Flaggen, die einzeln bzw. in Gruppen

*Internationales
Dreiflaggensignal
„U. S. A.":
„Melden Sie mich
telegraphisch
bei . . . ."*

von 2—4 Flaggen geheißt, die Übermittlung einer großen Anzahl von Sätzen und Mitteilungen ermög= lichten, und erwies sich als so brauchbar, daß seine Grundlagen auch beibehal= ten wurden, als man zu Ende des Jahrhunderts daran ging, eine Ergänzung und Erweiterung vorzu= nehmen.

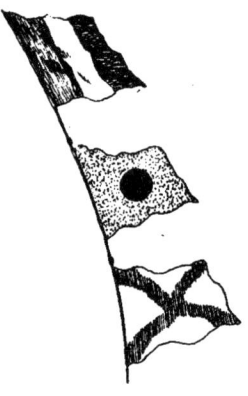

Abb. 83.
Dreiflaggen=Signal.

*Zweiflaggensignal
„N. C.":
„In Not, =sofortige
Hilfe nötig"! =*

Was das neue, end= gültig 1902 zur allgemei= nen Einführung gelangte Signalbuch von seinem Vor= gänger unterscheidet, ist im wesentlichen die Möglich= keit, auch alphabetische Signale machen zu kön= nen. Sind zwei Schiffe im= stande, sich sprachlich zu ver= ständigen, so können sie mithin jedes beliebige Ge= spräch führen. Ein Beispiel

Abb. 82.   Zwei= und Dreiflaggen=Signale.

hierfür gibt die Vignettenleiste zu Kapitel I, in der das alte „navigare necesse est" in Flaggen des Signalbuches wiedergegeben ist.

International sind mit dem neuen Signalbuch, das nach Hinzu= fügen der Flaggen A, E, J, O, U über 26 Flaggen verfügt, möglich:

$$
\begin{array}{rcl}
26 & \text{Signale mit} & 1 \text{ Flagge} \\
650 & „ \quad „ & 2 \text{ Flaggen} \\
15\,000 & „ \quad „ & 3 \quad „ \\
358\,800 & „ \quad „ & 4 \quad „
\end{array}
$$

Das Signalisieren selbst geschieht nun in folgender Weise: Will ein Schiff „A" einem anderen „B" ein Signal geben, so heißt es seine Nationalflagge und unter derselben den Signalbuchwimpel ·(siehe Anfang=Vignette), worauf „B" den Signalbuchwimpel, jedoch nicht bis an den Flaggenknopf, sondern etwa auf $^2/_3$ Höhe (in Dipp) heißt, was bedeutet, daß er die Absicht von „A" verstanden hat und dessen Signale erwartet. „A" signalisiert nun nach dem Signalbuch weiter, das heißt, er zeigt „B" Gruppen von Flaggen, deren Be= deutung dieser in seinem Signalbuch angegeben findet.

Ist das Signal abgelesen, so heißt „B" den Signalbuchwimpel dicht vor und gibt damit zu verstehen, daß er das Signal verstanden hat; kann er es nicht entziffern, so läßt er den Wimpel in der Dipp wehen.

Enthält das Signal eine Frage, so heißt „B" entweder die ant= wortenden Flaggengruppen oder, wenn nur die Antwort „Ja" not= wendig ist, die Einzelflagge „C", wenn die Antwort „Nein" lautet, die Flagge „D".

Selbstverständlich hat man die wichtigsten Signale mit möglichst wenigen Flaggen auszudrücken gesucht, und die Gruppe der Zwei= flaggensignale enthält daher im wesentlichen Not= und Warnungssignale, sowie sonstige sehr wichtige Mitteilungen und Fragen.

Z. B. bedeutet das jedem Seemann geläufige Signal „N. C." „Ich bitte um sofortige Hilfe!"

Will, um bei obigem Beispiel zu bleiben, „A" nun seinem Gegen= über Zahlen mitteilen, so heißt er den Signalbuchwimpel mit der Flagge „M" darunter, was besagt, daß jede nachkommende Flagge Zahlenbedeutung besitzt.

Die Zahlenbedeutung der einzelnen Flaggen ist in der Tafel angegeben.

Der Signalbuchwimpel über „N" stellt das Dezimalzeichen dar; will also „A" signalisieren: 13,25, so heißt er nacheinander

I. Gruppe*) Signalbuchwimpel über „M" = Das folgende Signal ist als Zahl zu lesen.

II.   „   A. C. = 13.

III.   „   Signalbuchwimpel über „N" = Dezimalzeichen (Komma).

IV.   „   B. E. = 25.

V.   „   Signalbuchwimpel über „O" = Das Zahlensignal ist zu Ende.

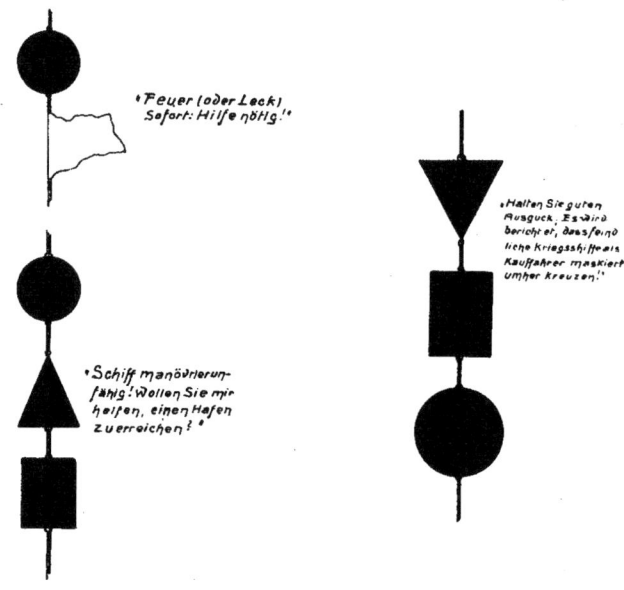

Abb. 84. Fernsignale.

Heißt das signalisierende Schiff nach dem Anruf oder auch während des Signalisierens das Signal: Signalbuchwimpel über „E", so bedeutet dies, daß jede folgende Flagge ihre alphabetische Bedeutung hat. —

Allgemein sind beim Signalisieren folgende Regeln zu beachten:

1. Ein Heiß soll nie mehr als 4 Flaggen haben, Worte von mehr als 4 Buchstaben sind also durch mindestens zwei Heiße aus=zudrücken.

2. Kommt beim alphabetischen Signalisieren in einem Worte ein Buchstabe mehrfach vor, so ist dasselbe ebenfalls in mehrere Gruppen zu zerlegen, in deren jeder er nur einmal vorkommt.

---

*) seemännisch sagt man „ein Heiß".

Das Ende eines Wortes zeigt man durch den Signalbuchwimpel über „F“ an, das Ende des ganzen alphabetischen Signals durch den Signalbuchwimpel über Flagge „G“.

Ist oder wird die Entfernung zwischen den signalisierenden Schiffen so groß, daß die Farben der Flaggen nicht mehr erkennbar sind, so muß man sich auf die sogenannten Fernsignale beschränken. Sie werden mit Hilfe von drei schwarzen Körpern (Ball, gesehen als schwarze Scheibe, — Kegel, gesehen als Dreieck, — und Zylinder, gesehen als Rechteck,) gemacht und sind eigentlich nur für den Notfall bestimmt, da sie in bezug auf die Zahl der möglichen Mitteilungen natürlich stark beschränkt sind. Einige wichtige Fernsignale sind in der Abb. 84 wiedergegeben.

Licht= und Semaphor=Signale

sind im allgemeinen nur in der Kriegsflotte üblich. Die ersten beruhen auf dem bekannten Morse=System der Telegraphie, wobei an Stelle der Striche lange, an Stelle der Punkte kurze Lichtblitze treten. Semaphor= (und auch die von Hand zu machenden Winkflaggen=) Signale geben die Buchstaben durch die verschiedenen Stellungen der Arme des Semaphors (oder des Signalmannes) wieder. Beide setzen natürlich Kenntnis der gegenseitigen Sprache voraus.

In jüngster Zeit ist nun zu diesen Verständigungssystemen die drahtlose Telegraphie oder, besser gesagt,

der Funkspruch

getreten, der eine Verständigung (allerdings auch nur in einer den Beteiligten verständlichen Sprache) auf weiteste Entfernung gestattet. Es ist bekannt, daß unsere großen Amerikadampfer während der ganzen Reise mit dem Lande in telegraphischer Verbindung stehen, und daß es für Groß=Stationen an Land überhaupt kaum noch praktische Grenzen in dieser Hinsicht gibt. Von welcher Bedeutung für die Rettung von Menschenleben dabei das berühmte drahtlose Signal „S. O. S.“ (nach dem Englischen „save our souls“ — rettet unsere Seelen) werden kann, haben eine Reihe von Schiffsunfällen der letzten Zeit gleichfalls dargetan.

Ein Eingehen auf das Wesen der Funkentelegraphie dürfte sich, von anderem abgesehen, im Zeitalter der allgemeinen Radio=Manie erübrigen.

VIII. Der Dienst an Bord.

1. Kadett und Schiffsjunge.

twa bis zu Ende des vorigen Jahrhunderts gab es in Deutschland nur einen Weg auch auf das Halbdeck eines Schiffes: den Eintritt als Schiffsjunge, und viele sind ihn mit all seinen Dornen gegangen, die nachmals zu unseren Besten zählten.

Damals war in Wirklichkeit „die christliche Seefahrt ein rauhes Handwerk", und nicht nur das, sondern (was dem Binnenländer kaum glaublich erscheinen mag) auch ein recht ungesunder Beruf, der bis weit in das 18. Jahrhundert hinein sich durch ganz außerordentlich hohe Sterblichkeitsziffern — an Krankheit! — auszeichnete.

Selbst noch die Väter der heut zur See fahrenden, jungen Generation lebten unter gesundheitlich weit schlechteren Bedingungen. Die Herren, die heut gern klagen, wissen wohl kaum, daß damals kein Kapitän — und damals war er wirklich noch König auf seinem Schiff — so gut an Bord lebte und wohnte wie heut der Matrose. Nur noch eine Generation weiter zurück aber war es ganz selbstverständlich, daß auf den meisten langen Reisen soundso viele Leute der Besatzung an Skorbut oder ähnlichen Krankheiten zugrunde gingen. — Tatsächlich haben wohl diese Krankheiten damals unter den Seeleuten ganz wesentlich mehr Opfer gefordert als die See selbst. Trotzdem natürlich auch die Sicherheit und Widerstandsfähigkeit der Schiffe selbst beträchtlich geringer war als die unserer modernen Fahrzeuge.

Diese schlechten gesundheitlichen Verhältnisse an Bord der alten Holzschiffe waren durch verschiedene Umstände bedingt.

Zunächst waren die Schiffe nicht nur an sich ganz erheblich kleiner als heut, sondern sie besaßen auch verhältnismäßig einen nicht unbeträchtlich kleineren Innenraum. Der größeren erforderlichen Materialstärken halber. Sie besaßen aber trotzdem, auch absolut

gerechnet, eine ganz wesentlich stärkere Besatzung, die demzufolge
in sehr engen und kleinen, meist so gut wie völlig lichtlosen und nur
unvollkommen zu lüftenden Räumen zusammengepfercht werden
mußte, was, im Verein mit der gebotenen Sparsamkeit im Wasser=
verbrauch, schon an sich recht ungünstige gesundheitliche Bedingungen
ergab. Dazu kam das unvermeidliche Lecken des hölzernen Schiffs=
körpers. In der Bilge blieb unter allen Umständen ein ziemlich

Abb. 85. Dampfer „Baden" der Hamburg=Amerika=
Linie im Dock.

beträchtlicher Wasserrückstand, der im Laufe der Zeit brackig und
faulig wurde und die Luft im Innern noch mehr verschlechterte. —
Übrigens war man, von den nach modernen Begriffen natürlich recht
unzureichenden Möglichkeiten für eine gründliche Lüftung ganz
abgesehen, in dieser Hinsicht auch nicht sonderlich empfindlich.
„Warmer Mief ist besser als kalter Ozon", sagt der Seemann bekannt=
lich gern auch noch in unsern Tagen, und er hat damit ja auch keines=
wegs so vollständig unrecht. Immerhin aber ist eine gründliche Er=
neuerung verbrauchter Luft von Zeit zu Zeit doch nötig, und auch
der „warme Mief" kann übertrieben werden.

Sehr wesentlich trugen weiter zur Verschlechterung des Gesund=
heitszustandes an Bord die Trinkwasserverhältnisse bei. Es gab bis
in die Neuzeit hinein für das Segelschiff nur die Möglichkeit, das
Wasser in hölzernen Fässern mitzunehmen, und wer dies, etwa auf
den alten, ehrwürdigen Kästen, die hier und da noch in der auslän=
dischen Küstenfahrt tätig sind, am eigenen Leibe kennengelernt hat,
weiß am besten, was allein auf diesem Gebiet der Neuzeit zu danken ist.

Abb. 86. Moderner Schwimmkran neben
einem Kriegsschiff.

Aber auch das Essen war
gegen heut ganz beträchtlich
schechter. Das Schimpfen Jan
Maats gerade über dies Kapitel
seines Lebens ist ja wohl zwar
zweifellos dasselbe geblieben
wie in der Blütezeit des Holz=
Segelschiffes, und es ist nicht
zu leugnen, daß mangelnde
Fürsorge (gelegentlich auch un=
angebrachte und ungerecht=
fertigte Sucht, zu sparen) ge=
rade auf Handelsschiffen oft
genug Grund zu berechtigter
Klage geben. Im ganzen aber
hält selbstverständlich auch in
dieser Hinsicht das Damals auch
nicht entfernt einen Vergleich
mit den heutigen Verhältnissen
aus. Daß der Skorbut, diese
schrecklichste Geißel der alten
Seefahrer, heut so gut wie
unbekannt ist, dürfte bekannt
sein. Konserven=, Frischfleisch,
Konservengemüse, sowie der reichlich mitgeführte Zitronensaft haben
bewirkt, daß der moderne Seemann kaum dies Wort selbst noch
kennt. Der Wasserverbrauch ist auch für die Mannschaft auf
Dampfern so gut wie völlig unbeschränkt, und selbst das Segelschiff
führt genügende Vorräte mit sich, die in den eisernen Tanks zudem
weder faulig werden können, noch etwa der Beimischung von Salz=
wasser ausgesetzt sind.

Mit vielleicht am schlechtesten aber waren damals die gesundheit=
lichen Verhältnisse auf den mit Menschen geradezu vollgepfropften

Kriegsschiffen. — Das obere Batteriedeck war lange Zeit, weil nur teilweise gedeckt, unbewohnbar, und die auf den großen Dreideckern bis über 1200 Mann starke Besatzung muß unter diesen Umständen unter Bedingungen gelebt haben, die denen in einer Heringstonne nicht allzuviel nachgeben. Es ist also kaum verwunderlich, wenn französische und spanische Expeditionsflotten nach zeitgenössischen Berichten in den Tropen oft genug nicht den zehnten, sondern buchstäblich den vierten Mann durch Krankheit (Skorbut, Cholera und den gefürchteten „gelben Jack", das Tropenfieber,) einbüßten, so daß ganze Geschwader wert- und wehrlos wurden, ohne überhaupt vor die Geschütze eines Gegners gekommen zu sein.

Die mangelhaften Kenntnisse der sogenannten Schiffsärzte der damaligen Zeit taten dabei dann das übrige.

Der große Reorganisator der englischen Flotte — im Grunde wahrscheinlich mehr als Nelson der eigentliche Sieger von Trafalgar —, der Admiral Lord Jervis, war wohl der erste Flottenführer, der diesen Dingen Beachtung schenkte und an ihrer Besserung arbeitete. Auf seinen Befehl wurde zum ersten Male auf jedem Linienschiff der Flotte im vorderen Teil der obersten Batterie ein besonderes Hospital eingerichtet, das von der übrigen Batterie durch bewegliche, fortnehmbare Wände getrennt war und durch zwei Stückpforten jederseits in ausreichendem Maße beleuchtet und gelüftet werden konnte. Außerdem aber verdankte die englische Flotte ihm den damals unerhörten Befehl, daß Decken und Hängematten der Besatzung mindestens einmal in jeder Woche zu lüften und auszuklopfen seien, wie er schließlich auch zuerst ein regelmäßiges, sorgfältiges Auswaschen der unteren Batterien und des Zwischendecks anordnete.

Nach dem bekannten, sehr gewissenhaften Geschichtschreiber jener Tage, dem Admiral Jurien de la Gravière, hatte die englische Flotte in den vier Jahren von 1779—1782 im Durchschnitt unter je 100 Mann auf See 30 Kranke, während diese Zahl sich dank der Jervis'schen Maßnahmen in 1793—1796 auf 24, 1797—1800 auf 14 und 1801—1806 auf 8 Mann verringerte. Trotz dieser zweifellosen Erfolge aber dauerte es noch geraume Zeit, bis man sich auch allgemein zur Erkenntnis der Wichtigkeit gesundheitlich einwandfreier Verhältnisse an Bord durchzuringen imstande war, und auf den Handelsschiffen vollends dachte man an derartige Dinge noch kaum in der Mitte des vorigen Jahrhunderts.

Es ist dabei schließlich nicht uninteressant, daß an dem Mangel solcher Vorsorge tatsächlich keineswegs (wie in Romanen und Erzäh-

lungen gern behauptet wird) die heut ja besonders aktuelle „Profit=
sucht" der Reeder die eigentliche Schuld trug. Wie der Arbeiter an
Land in der überwiegenden Mehrheit alle soziale Gesetzgebung besten=
falls recht gleichgültig aufnimmt, so hat auch Jan Maat in dieser
Hinsicht sich zu keiner Zeit Sorgen gemacht, und es hat manches im
Gegenteil gegen sehr hartnäckigen Widerstand derer eingeführt werden
müssen, zu deren Bestem es tatsächlich dient. —

Was im besonderen die „Jungen" anging, so spielte das berühmte
Tauende wirklich eine recht erhebliche Rolle in ihren ersten See=
Lebensjahren. — Es gab eben damals noch keinen „Seemanns"=
Verband, in dem die Kohlentrimmer die erste Geige hätten spielen
können, es gab noch keine Sowjetjünglinge mit langen Locken und
noch nicht einmal November=Matrosen. — Es gab dafür eben andere
Dinge, und es läßt sich nicht leugnen, daß zu denen auch ein gelegent=
licher Jagdhieb mit einem handlichen Ende gehörte. —

Das ist heut wesentlich anders geworden. Die modernen Herren
Pädagogen können unbesorgt sein, es ist auch auf See die „körperliche
Züchtigung" selbst für die Jungen abgeschafft, und ihrer Entwickelung
zu vollkommenen Edelmenschen, die uns Älteren leider verschlossen
war, steht nichts mehr im Wege. Ob allerdings diese modernen Er=
ziehungsgrundsätze auch bis in das Logis vorgedrungen sind, erscheint
mindestens zweifelhaft.

Darüber hinaus hat man, was in England übrigens seit jeher
bestanden hat, auch bei uns einen neuen Weg für den Offiziers=Ersatz
geschaffen: den des Kadetten, und bildet nächstdem auch den
Mannschaftsersatz zu großem Teil auf besonderen Schulschiffen aus.

In erster Linie ist hier

der Deutsche Schulschiff=Verein

zu erwähnen, dessen Einrichtungen in jeder Hinsicht vorbildlich genannt
werden dürfen und der hier bei uns bahnbrechend gewirkt hat.

Infolge der stetigen Abnahme der Segelschiffe entstand die
Gefahr, daß dieselben nicht mehr ausreichten, um einen genügenden
Nachwuchs an tüchtig ausgebildetem seemännischem Personal zu
gewährleisten. Auf dem Boden dieser Erwägungen entwickelte sich
die Idee, auf einem besonderen Schulschiff jährlich eine größere
Anzahl von Schiffsjungen einzustellen und dieselben in einer etwa
einjährigen Dienstzeit zu Leichtmatrosen auszubilden, die dann auf
die Segelschiffe der Kauffahrteiflotte übertreten.

Das Verdienst, die Initiative zur Verwirklichung dieser Idee
ergriffen zu haben, gebührt dem Großherzog von Oldenburg, der

Internationales Signalbuch.
Signalflaggen

A 1	H 8	O 55	V 00
B 2 Pulverflagge.	I 9	P 66 Blauer Peter.	W 000
C 3 Ja!	J 10	Q 77	X 0000
D 4 Nein!	K 11	R 88	Y 00000
E 5	L 22	S 99 Wünsche Lootsen	Z 000000
F 6	M 33	T 100	Signalbuch und Antwortwimpel Unter Nationalflagge — Signalbuchwimpel Als Antwortwimpel allein geheisst. Vorgeheisst — Verstanden! Halbgeheisst — Gesehen!
G 7	N 44	U 0	

auch den Vorsitz des durch ihn gegründeten Deutschen Schulschiff-Vereins führt. Im Jahre 1901 wurde das erste Schulschiff des Vereins, die „Großherzogin Elisabeth", in Betrieb genommen, und seit dieser Zeit werden alljährlich 120 bis 150 wohl vorgebildete junge Seeleute auf diese Weise der Handelsflotte zugeführt.

Die Verwendung der Schulschiffe, die auf die Mitnahme von Ladung verzichten, und ausschließlich der Ausbildung der jungen Seeleute dienen, ist so eingerichtet, daß sie während der Sommermonate verschiedene Plätze der Nord= und Ostsee anlaufen, um dann im Herbst eine Reise nach Westindien und Brasilien anzutreten.*)

Dieselben Erwägungen, die zur Gründung des Deutschen Schulschiff-Vereins führten, haben weiterhin verschiedenen Reedereien Veranlassung geboten, auch ihrerseits derartige Einrichtungen zu schaffen. Ungefähr gleichzeitig mit der Gründung des Schulschiff-Vereins beschloß

der Norddeutsche Lloyd

in Bremen, zwecks Ausbildung junger Seeleute für die höhere seemännische Laufbahn, und zwar in erster Linie zur Ergänzung des Offizierpersonals seiner Dampfer, sowie anderer Bremer Dampferreedereien, ein besonderes, zur Aufnahme von Kadetten bestimmtes Segelschiff, die „Herzogin Sophie Charlotte", in Fahrt zu stellen, dem dann bald als zweites die „Herzogin Cäcilie" folgte.

Beide Schiffe finden als Handelsfahrzeuge für die Beförderung von Frachtgütern in großer Fahrt Verwendung; sie treten alljährlich im Frühjahr, soweit dies mit den aus geschäftlichen Interessen zu treffenden Dispositionen vereinbar ist, ihre Reisen an, welche in der Regel nach Australien, Ostindien oder nach einem Hafen des Stillen Ozeans gehen.

Für die volle Ausbildung der Kadetten an Bord des Segelschiffes ist eine dreijährige Dienstzeit vorgesehen. Die jungen Kadetten treten als Schiffsjungen in den Dienst ein und haben sich zunächst für die Dauer eines Jahres zu verpflichten. Nach Ablauf des ersten Jahres rücken die Kadetten zum Leichtmatrosen und nach einem weiteren Jahre zum Vollmatrosen auf, hierbei verpflichten sie sich immer von neuem auf die Dauer eines Jahres. In jedem Jahre werden etwa 40 Kadetten eingestellt, so daß die Zahl der Kadetten bei vollem Betriebe auf beiden Schiffen zusammen etwa 120 Mann

---

*) Eintrittsbedingungen des Schulschiff=Vereins und der gleichgerichteten Einrichtungen s. Anhang.

betragen wird. Die Besatzung der Schiffe besteht je aus einem Kapitän, vier Offizieren, einem oder zwei Lehrern und dem Arzt, sowie der weiterhin erforderlichen Mannschaft. Die Kadetten wohnen in besonderen Abteilungen der Schiffe unter Aufsicht der Offiziere und der Lehrer. Neben der praktisch seemännischen Ausbildung, die nach Seemannsgebrauch in regelmäßigen Wachen unter Leitung der Offiziere erlangt werden soll, wird täglich etwa drei Stunden in allen seemännischen Gebieten, in der englischen Sprache, in Mathematik und Steuermannskunst theoretischer Unterricht erteilt, über den der Seefahrtschule in Bremen Plan und Kontrolle übertragen worden ist.

Abb. 87. Rauchsalon auf einem modernen Passagierdampfer.

Nach Beendigung der dreijährigen Ausbildung an Bord der Schulschiffe werden die Kadetten auf ein weiteres Jahr an Bord der Dampfer des Norddeutschen Lloyd verteilt, wo sie als Obermatrosen Dienst zu übernehmen haben. Mit diesem vierten Jahre ist die gesetzliche Vorschrift für die Zulassung zur Prüfung zum Seesteuermann erfüllt, so daß sich hieran unmittelbar der Besuch der Seefahrtschule anschließen kann, der jedoch infolge der an Bord erworbenen Vorbildung statt wie sonst acht Monate nur etwa drei bis vier Monate beanspruchen wird. Nach erlangtem Befähigungszeugnis zum Seesteuermann werden die Zöglinge, soweit möglich, Anstellung als vierte Offiziere an Bord der Dampfer des Norddeutschen Lloyd finden, ohne daß sie jedoch ihrerseits zum Eintritt beim Lloyd verpflichtet sind. Mit dem Norddeutschen Lloyd haben sich die größeren Dampfer-Reedereien Bremens darüber geeinigt, daß auch sie die Kadetten der Schulschiffe bei der Anstellung an Bord ihrer Schiffe berücksichtigen werden.

Den gleichen Bestrebungen dienen ferner der im Jahre 1903 gegründete

Hamburgische Verein „Seefahrt",

sowie die

Schiffsjungenstelle des Vereins der Reeder des Unter=
weser=Gebietes

und schließlich noch eine Reihe von besonders für diesen Zweck mit eingerichteter Schiffe einzelner Reedereien. Es sind also wohl alle Besorgnisse binnenländischer Eltern heut so gut wie ausgeschaltet. — Abgesehen von den natürlichen Gefahren des Berufes, — aber diese kann selbst der Seemannsverband nicht aus der Welt schaffen.

2. Der Matrose.

Im Gegensatz merkwürdigerweise zu jedem Handwerk an Land kennt der sonst sicher reichlich „zünftige" und über viele althergebrachte Sitten und Gebräuche verfügende Seemannsberuf nirgends das „Gesellen=Stück". Unzweifelhaft entspricht der Matrose dem Gesellen im Handwerk, ja, er ist eigentlich mehr als dieser, denn in bezug auf das rein Technische seines Berufes soll er Meister sein, der, will er weiter, lediglich theoretisches Wissen hinzu erwerben muß. Trotzdem hat man meines Wissens nie ein Probestück von ihm verlangt.

Der Schiffsjunge geht nach einer oder zwei Reisen als Leicht=matrose an Bord und sucht sich nach längstens zwei weiteren Reisen selbst eine Stellung als Matrose, wobei es selten, auch wenn die Praxis noch gelegentlich Lücken aufdeckt, zu irgendwelchen Konflikten kommt, solange die letzteren nicht allzu auffällig in die Erscheinung treten.

Für die Erlangung des Steuermanns=Patentes schreibt dabei das Gesetz den Nachweis einer Mindestfahrzeit vor, die nur sehr knapp begrenzt erscheint, und zwar wird verlangt die Zurücklegung einer auf den Ablauf des vollendeten fünfzehnten Lebensjahres folgenden mindestens fünfundvierzigmonatlichen Fahrzeit, von der wieder mindestens vierundzwanzig Monate als Voll=matrose (davon 12 auf Segelschiffen!) absolviert sein müssen. Dem Wortlaut dieses Gesetzes nach, muß also der fünfzehnjährige Schiffsjunge sich schon nach einer Fahrzeit von 21 Monaten als Voll=

matroſe anmuſtern laſſen, wenn er ſo früh, als es zuläſſig iſt, das Patent
erwerben will.

Das wird in der Praxis, beſonders für einen Fünfzehnjährigen,
kaum je möglich ſein, denn wer auf einem Segelſchiff als Matroſe
ſeinen Mann ſtellen will — und das verlangen, im großen und ganzen
wenigſtens, bei der knappen Händezahl an Bord ſchon die Kameraden —
der muß nicht nur ein Mann ſein, ſondern auch eine ganze Menge
können.

Die Obliegenheiten des Matroſen an Bord zerfallen in zwei
Gruppen: Den Schiffsdienſt und die Arbeiten an Bord, die hier
in ihren wichtigſten Punkten kurz beſprochen werden ſollen. Aus
Gruppe I kommen in erſter Linie in Betracht:

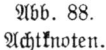

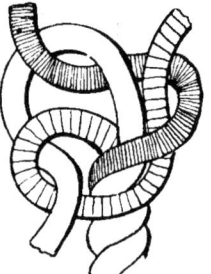

Abb. 88.   Abb. 89. Kreuzknoten.   Abb. 90.
Achtknoten.   (Rechter Knoten.)   Taljereepsknoten (dreiſchäftig).

Der Dienſt am Ruder und auf Ausguck,
die Bedienung der Segel und
der Bootsdienſt.

Was das Steuern des Schiffes angeht, ſo unterſcheidet man auf
Segelſchiffen das Kurs=Steuern (nach dem Kompaß) und das Steuern
nach dem Winde (bei Wind=Steuern); auf Dampfern wird nur nach
dem Kompaß geſteuert, doch iſt hier evtl. die Handhabung eines
maſchinell bewegten Ruders zu erlernen, auf beiden Schiffsarten iſt
außerdem natürlich die Kenntnis der Ruderkommandos erforderlich.

Die Wirkung des Ruders auf ein Schiff haben wir bereits früher
kennen gelernt und dabei geſehen, daß die Steuereigenſchaften eines
Schiffes von einer Anzahl ſehr verſchiedener und veränderlicher Dinge
abhängen. In erſter Linie iſt die Größe des Ruderblattes maßgebend,
was für den praktiſchen Seemann z. B. bei in Ballaſt fahrenden

Schiffen in Frage kommt. Da diese nicht so tief im Wasser liegen wie mit Ladung, so ist auch die Ruderfläche eine kleinere. Zweitens richten sich, wie wir gesehen haben, die Steuereigenschaften eines Schiffes nach der Form des hinteren Unterwasserteiles, die je nach ihrer Schärfe den Zufluß des Wassers zum Ruder erleichtern oder erschweren, und drittens endlich spielt die Fahrgeschwindigkeit eine bedeutende Rolle, denn je größer diese ist, desto stärker ist auch der Wasserdruck auf das Ruderblatt.

Wie sich aus dem Gesagten ergibt, beruht wirklich gutes Steuern also keineswegs nur auf einer mechanischen Kenntnis der Handhabung des Ruderrades, sondern bedingt vielmehr ein sehr feines Gefühl für den Lauf des Schiffes, ein Gefühl, das nur durch die Praxis zu erwerben ist. Theoretisch läßt sich höchstens feststellen, daß das Ruder stets so wenig wie möglich aus der Mittschiffslage zu bringen ist, da starke Aus=

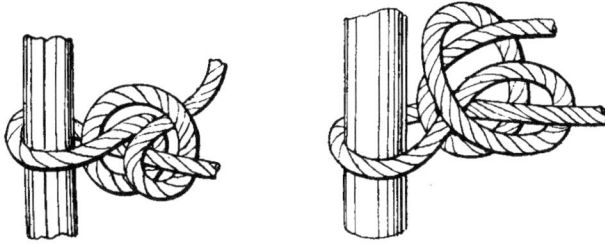

Abb. 91. Zwei halbe und zwei verkehrte halbe Steeke (Stiche).

schläge das Schiff unruhig machen. Das Steuern wird notwendig, weil Wind, See und ungleichmäßige Fortbewegungen den geraden Lauf stören, und es gilt dabei, diese Störungen gewissermaßen im voraus zu fühlen und sie durch leichte Ruderbewegungen zu parallelisieren. Ob man gut steuert oder nicht, sagt ein Blick auf das Kielwasser, das im letzteren Falle immer mehr zur Zickzacklinie wird.

Beim Kurssteuern ist der als Kurs befohlene Strich der Kompaß= rose mit dem schwarzen Steuerstrich des Gehäuses in Einklang zu bringen und das Schiff in dieser Lage zu halten. Mehr als höchstens ¼ Strich rechts oder links darf das Schiff nie vom Kurs abweichen! Wird beim Winde gesteuert, so ist darauf zu achten, daß das Schiff so dicht am Winde wie möglich liegt, aber noch vollstehende Segel hat. Im allgemeinen wird das Schiff noch gerade gut liegen, wenn die Luvseite des Großbramsegels leise killt (flattert). Dabei ist aber zu be= achten, daß es kaum zwei Schiffe mit gleichen Eigenschaften gibt und eine Norm sich daher nicht aufstellen läßt. Es sei übrigens erwähnt, daß der praktische Wert des Segelns so dicht am Winde auf einem Raaschiff nur sehr problematisch ist, da die Fahrt immer nur sehr gering sein kann. — Ein kleiner Umweg aber gut volle Segel wird meist richtiger sein! — Das Steuern beim Winde erfordert dabei besonderes Aufpassen, denn das Schiff bekommt, einmal unruhig geworden, nur allzuleicht die Neigung, soweit nach der Luvseite zu gehen, daß der Wind die Segel von vorn faßt, und dies „Durchdrehen" ist um so gefähr= licher, je stärker der Wind ist. Bei starkem Winde unter reichlichen Segeln kann sehr gut eine Stenge dabei über Bord gehen. Es ist also auch ständig auf den Wind zu achten, denn nicht nur das Schiff, sondern auch der Wind ist launenhaft und ändert zuweilen seine Richtung.

Abb. 92. Schotensteek und Pfahlsteek.

Im besonderen beim Aufkommen eines plötzlichen, stärkeren Wind= stoßes, einer Bö, wird daher ein vorsichtiger Rudersmann immer gut volle Segel halten. Für das Steuern mit Dampf= oder sonstigen maschinellen Rudereinrichtungen lassen sich besondere Regeln theoretisch nicht aufstellen; hier heißt es Praktiker sein, und nur soviel sei gesagt, je früher man das Steuern erlernt, desto besser ist es, spätestens, sobald auf langen Reisen der Kanal passiert ist, erbitte der Junge die Erlaubnis, zunächst mit einem Matrosen zusammen an das Ruder gehen zu dürfen, denn — es muß dies nur immer aufs neue betont werden — besonders auf großen Schiffen lernt man als Schiffsjunge nur das, was man lernen will!

Zum Schluß haben wir nun noch die Ruderkommandos zu betrachten. Für Segelschiffe in eigener Fahrt (also nicht hinter einem Schlepper) ist der Wind so wichtig, daß auch die Kommandos für das Steuern ihn berücksichtigen.

Man sagt also „Luv!"*) oder (das Gegenteil)
„Halt' ab!"

Nach der Bewegung des Rades bei der Ausführung dieser Befehle
sagt man auch:

„Nieder das Ruder!" (für „Luv"),
„Auf das Ruder!" (für „Halt' ab"),
„Ruder in Lee" ist ein Kriegsschiffskommando.

Bei Segelschiffen im Tau eines Schleppers und bei Dampfern
kommandiert man die Seiten und es gibt — leider — drei verschiedene Arten für diese Kommandos.

Das älteste und wohl noch immer am häufigsten gebrauchte
Kommando lautete: „Steuerbord!" („Steuerbord das Ruder!"
[engl. „Starboard!"]) und „Backbord!" („Backb. d. R.!"[engl. „Port!"])
in dem Sinne, daß die nach vorn zeigende Pinne nach der befohlenen

Abb. 93.   Nackenschlag und Zimmersteek.

Seite zu legen, das Rad also auf das Kommando „Steuerbord!"
nach Backbord zu drehen sei, nach welcher Seite dann auch das Schiff
drehen muß! — Dies alte Kommando wurde von der Kriegsmarine
dahin abgeändert, daß dieselben Worte beibehalten, aber auf die
Drehung des Rades angewendet wurden, und einige große Reedereien
(Lloyd und Hamburg-Amerika-Linie) akzeptierten diese Neuerung,
setzten aber an Stelle der Worte „Steuerbord!" und „Backbord!" die
sinnentsprechenden: „Rechts!" und „Links!"

So gab es in der Handelsflotte zwei Ruderkommandos, bis
vor kurzem nach endlosen vergeblichen Einigungsverhandlungen ein
Teil der deutschen Reeder das Marinekommando als drittes
einzuführen beschloß! —

Soll die Drehung rasch erfolgen, so setzt man dem Befehl das
Wort „hart" hinzu; also: „Hart Steuerbord!" („Hart rechts!") oder
„Luv, — hart an den Wind!" usw.

---

*) Luv, im Gegensatze zu Lee, die Seite, von der der Wind kommt!

Bemerkt sei noch, daß der Dienst am Ruder als eine Art Ehren=
posten gelten soll, den zu verlassen (etwa im Falle einer Gefahr) sich
jeder brave Matrose schämen würde!

Ein ebenso wichtiger Dienst ist der Ausguck, und ein Seemann,
der es ernst nimmt mit den Pflichten seines Berufes, sollte sich gerade
hier stets vor Augen halten, daß das Leben Hunderter von Menschen
und Millionen an Wert mit auch seiner Pflichttreue und Aufmerk=
samkeit anvertraut ist. Es gehört zu den
schönsten Seiten des seemännischen Berufes,
daß er auch den einfachen Matrosen nicht
zur Maschine 'herabdrückt, sondern im
Gegenteil von jedem eine hohe Selb=

Abb. 94. Trompete.   Abb. 95 'Augspleiß.   Abb. 96. Langspleiß

ständigkeit und die Fähigkeit, selbst Entschlüsse zu fassen und die Ver=
antwortung für sie zu übernehmen, erfordert. Würde aber bringt
Bürde, und ein Teil dieser Bürde ist es, wenn ein ungeschriebenes
Gesetz dem steuernden Matrosen gebietet, sich über das herumschlagende
Rad hinweg schleudern zu lassen, anstatt es loszulassen, und ein Teil
derselben auch, wenn der übermüdete, vielleicht durch tagelange
schwere Arbeit erschöpfte Mann, die von Regen und Hagel schmerzenden
Augen immer wieder gewaltsam in die Dunkelheit bohrt, die das Schiff
umgibt, um etwaige Gegensegler rechtzeitig zu erspähen!

Dieser seemännische Ehrgeiz in Verbindung mit hochentwickeltem
Pflichtgefühl muß auch bei der Bedienung der Segel zur Geltung

kommen, und es ist eine traurige Mannschaft, unter der beim Mars=
segelreefen das Kommando „Go herup un' reef dat Sail!" nicht einen
Wettlauf um den gefährlichen Posten draußen auf der Nock der Raa
hervorruft, wo das Einscheren des Stechbolzens keine Hand für die
eigene Person übrig läßt.

Theoretische Anweisungen für diesen Dienst lassen sich nicht geben,
die Taktik für den oft so heißen Kampf mit dem Sturm, der hier auf
den dünnen, schwankenden Peerden in Schnee und Hagelböen aus=
gefochten wird, muß praktisch erlernt werden, und was nötig ist,
um sie zu erlernen, Mut und Besonnenheit, muß der junge Mann
mitbringen, wenn er zur ersten Reise an Bord geht! —

Wir kommen nun zu den täglichen Arbeiten an Bord,
wovon natürlich nur diejenigen hier in Frage kommen, die rein see=
männischer Natur sind; Deckwaschen und Metallputzen sind zwar sehr
wichtige Dinge, bedürfen aber kaum einer besonderen Besprechung.

Aber auch die rein seemännischen Arbeiten können unmöglich im
einzelnen besprochen werden.

Die genaue Kenntnis all der Details der Takelage, als da sind:
Katt=, Klump=, Violin=, Steert= und andere Blöcke, das Ge=
heimnis der Anfertigung von Matten, französischem und anderem
Platting, Taljereeps=, Rosen=, Diamant= und Szepter=
knoten usw. ist nur durch die Praxis zu erwerben. Die beigegebenen
Skizzen zeigen Beispiele häufig zur Anwendung kommender
Knoten, die Trompete, die gebraucht wird, wenn sich in einem Tau
eine schadhafte Stelle findet, die nicht sofort ausgebessert werden kann,
der Webeleinenstek (Stich), der beim Ausweben der Wanten zu
Strickleitern zur Anwendung kommt, und endlich der „Pählstek"
(Pfahlstich), der eine Schlinge, die sich nicht zusammenzieht, ergibt;
aber es dürfte doch langes Probieren erfordern, ehe man nach diesen
Zeichnungen die betreffenden Kunstwerke zustande bringt.

Noch schwerer, wenn nicht unmöglich aber dürfte es sein, je=
mandem rein theoretisch die Geheimnisse der Tauverbindungen zu
entschleiern, die als Kurz=, Lang= und andere Spleiße einen wesent=
lichen Teil seemännischer Wissenschaft ausmachen.

Dem angehenden jungen Seemann aber sei der gute Rat gegeben,
sich, sobald er an Bord heimisch geworden, mit einem Tauende zu
einem der älteren Matrosen zu verfügen, der meist — es ist dies ein
Vorzug der Seeleute — gern bereit sein wird, ihn zu belehren, wenn
er nur die Lust zu lernen sieht. — Übrigens legt man auf die Kenntnis
all der zahllosen Zierknoten heute nicht mehr den Wert wie früher,

und es wird manchen Matrosen geben, der keinen Stern- oder Diamantknoten, ja nicht einmal einen vierschäftigen „türkischen Bund" (der dreischäftige ist wohl noch obligatorisch) machen kann.

Hier aber wollen wir uns darauf beschränken, eine wichtige Arbeit kurz zu besprechen, die gewöhnlich auf jeder Reise einmal vorgenommen werden muß. Es ist dies das Setzen (wieder straff spannen) der Wanten und Pardunen.

Die starken, mit dünner Hanfschnur umwickelten (gekleideten) Drahttaue des stehenden Gutes, die wir ja bereits kennen, laufen an ihrem unteren Ende in eine Schlinge, ein sogenanntes „Auge" aus, in das ein starker, hölzerner Pflock, der drei im Dreieck liegende Löcher (Gaten) aufweist, eingespannt ist. Ein zweiter, ebensolcher Pflock,

Abb. 97. Kuhwärder-Hafen der H.-A.-L. in Hamburg.

man nennt dieselben Jungfern, ist auf der Nagelbank oder außenbords mit Hilfe eines eisernen Ringes befestigt.

Ein starkes, vorher abgepaßtes, vierschäftiges Tau, das Taljereep, wird nun an einem Ende mit einem Knoten (Taljereepsknoten) versehen, der Reihe nach durch die Gaten der Jungfern hindurch geschoren und, nachdem das betreffende Tau (die einzelnen Taue der Wanten nennt man Hooftaue) mit Taljen steif geholt ist, befestigt.

Jungfern aus Eisen sind verhältnismäßig selten im Gebrauch, dagegen setzt man, wie bereits erwähnt, in neuerer Zeit das stehende Gut vielfach auf Schrauben, die im Bedarfsfalle einfach angezogen werden.

Wie wir in dem vorstehenden gezeigt haben, kann nur unablässige praktische Arbeit den Schiffsjungen zu einem guten Matrosen machen, für diesen aber gilt dasselbe, wenn er ein brauchbarer Steuer= mann und ein tüchtiger, allen Anforderungen gewachsener Kapitän werden will.

Den Weg zu diesem Ziele zeigen die folgenden Abschnitte. Hier aber sei noch einmal dem jungen Manne vor Augen gehalten, daß im Seemannsberufe nur persönliche Erfahrung den tüchtigen Mann macht, daß hier Theorie nichts, Praxis aber alles ist!

„Mens sana in corpore sano", ein gesunder Geist in gesundem Körper ist das Haupterfordernis für den Seemann, der in seinem Berufe etwas leisten will, und auch aus diesem Grunde ist es, wie wir schon einmal feststellten, ein schwerer Fehler, zu glauben, wer an Land nichts taugt, sei für die See noch gerade gut genug.

3. Unteroffiziere und Handwerker.

Den Begriff „Unteroffizier" kennt die Handelsschiffahrt offiziell nicht. Immerhin wird man hierhin die besonders ausgebildeten Rudergänger der großen Dampfer — die Quartermeister —, den Bootsmann und, besonders, wo kein solcher gefahren wird, Zim= mermann und Segelmacher rechnen müssen. Sie alle sind dabei offiziell vom seemännischen Standpunkt aus in erster Linie besonders erfahrene und tüchtige Matrosen.

Was den Bedarf an eigentlichen Handwerkern angeht, so ist man in dieser Hinsicht auf Segelschiffen recht bescheiden.

Das mag für den Laien zunächst erstaunlich sein. Dauernd im Gebrauch und nur allzuoft bis an die äußerste Grenze ihrer Leistungs= fähigkeit angestrengt, unterliegen die einzelnen Teile eines Schiffes naturgemäß einer oft recht beträchtlichen Abnutzung, und es muß die Möglichkeit gegeben sein, etwa entstandene Schäden mindestens soweit wieder auszubessern, daß das Schiff einen Hafen erreichen kann. Dem steht aber entgegen, daß auf eisernen Segelschiffen Beschädigungen am Schiffskörper selbst entweder nicht vorkommen oder aber so schwer sein werden, daß an eine Reparatur mit Bordmitteln nicht zu denken ist. Soweit letzteres aber wirklich der Fall ist, wird ein guter Seemann das auch können.

Bei einer Kollision zum Beispiel wird man eben immer darauf angewiesen sein, das Leck zunächst von außen, durch Überziehen eines Segels zu dichten, um dann event. dem eindringenden Wasser innerhalb des Schiffes ·eine Grenze, durch ein Holzschott oder dergleichen, zu ziehen, oder — man wird eben auf eine Reparatur verzichten müssen. Ebensowenig lassen sich eiserne Masten ausbessern, wenn sie brechen, und der Handwerkerbedarf für diese Schiffe beschränkt sich daher auf einen Zimmermann und einen Segelmacher. Ein Schmied ist selten und jedenfalls nur an Bord, wenn eine Dampfmaschine für den Betrieb der Ladewinden eingebaut ist.

Der Zimmermann findet auch auf Eisenschiffen durch Repa=raturen an Deck, springende und morsch werdende Takelageteile, die zu erneuern oder zu reparieren sind, reichlich zu tun.

Leichtere Schmiedearbeiten übernimmt er ebenfalls und gewinnt mit dem, jedem Seemann eigenen Geschick bald die nötige Praxis auf diesem Gebiete.

Schwerere und umfangreichere Schmiedearbeiten kommen auf Dampfern in der Maschine vor, aber diese haben besondere Hand=werker dennoch nicht nötig, da ja das ganze Bedienungspersonal nach dieser Richtung hin ausgebildet ist.

Der Unfall der „Bulgaria" der Hamburg=Amerika=Linie und viele andere Ereignisse dieser Art haben gezeigt, wie schwierige Repa=raturen auf solche Weise mit Bordmitteln bewältigt werden können. Ja, man hat sogar schon das Kunststück fertig gebracht, eine gebrochene Schraubenwelle zu ersetzen.

Selbstverständlich war es hierbei vor allem notwendig, das Schiff hinten so weit aus dem Wasser zu bringen, daß die Welle frei lag, was durch Umstauen der Ladung erzielt wurde.

Die Tätigkeit des Segelmachers bedarf wohl keiner besonderen Besprechung.

Einen sehr erheblichen Stamm nichtseemännischen Personals ge=brauchen dagegen die Passagierdampfer und in erster Linie natürlich die Schnelldampfer.

Der Koch, der auf Frachtschiffen und besonders auf Seglern meist ein so fixer Seemann ist, wie nur irgendein Matrose, und auf kleinen Segelfahrzeugen auch sehr stark zum seemännischen Personal zählt, tritt auf diesen Ozeanriesen in einer ganzen Anzahl von Exem=plaren in die Erscheinung und ist kein Seemann, sondern ein Künstler in seinem Fach, denn die Tafel der ersten Kajüte stellt hohe Anforde=rungen an sein Können.

Ein Heer von Stewards unter der Leitung eines oder mehrerer Oberstewards ist für die Bedienung der Passagiere vorhanden, Bäcker, Konditoren, Schlächter, selbst Friseure finden auf diesen schwimmenden Hotelpalästen reichliche Beschäftigung, und auf den größten unter ihnen findet sich sogar eine eigene Druckerei, die ein geschultes Personal erfordert.

4. Der Steuermann.

Wie bereits erwähnt, macht der Staat die Erteilung des Steuer=
mannspatentes lediglich von dem Nachweis einer bestimmten Fahr=
zeit und dem des Bestehens einer Prüfung (nicht von dem Besuch)
einer Schule) abhängig. Das Maß der in der Prüfung zum See=
steuermann gestellten Anforderungen ist in der „Bekanntmachung,
betreffend den Befähigungsnachweis und die Prüfung der See=
schiffer und Seesteuerleute auf deutschen Kauffahrteischiffen, vom
16. Januar 1904" enthalten und aus der folgenden Zusammen=
stellung ersichtlich, in welcher die in der Prüfung schriftlich zu behan=
delnden Gegenstände durch einen Stern gekennzeichnet sind.

A. Sprachen.

*1. Deutsche Sprache bis zur Fähigkeit, gegebene Fragen aus dem
   Gebiete der Berufstätigkeit dem Inhalt und Ausdrucke nach
   schriftlich und mündlich genügend zu beantworten.

   Die Landesregierungen können in einzelnen Fällen aus
   besonderen Gründen die gleiche Kenntnis einer anderen Sprache
   für genügend erklären.

2. Englische Sprache, soweit sie zum Verständnisse der Seekarten,
   des Nautical Almanac und einfacher Segelanweisungen not=
   wendig ist.

B. Mathematik.

*1. Arithmetik.

a) Grundrechnungsarten mit gewöhnlichen Brüchen, Dezimal=
   brüchen und Buchstaben.

b) Lehre der Potenzen, Wurzeln und Logarithmen.

c) Lösung von einfachen Gleichungen ersten Grades und Ver=
   hältnisgleichungen.

*2. Planimetrie.

a) Einfachere Sätze über Winkel sowie über Kongruenz, Ähnlichkeit
   und Gleichheit geradliniger Figuren.

b) Einfachere Sätze vom Kreise.

c) Einfachere Konstruktions= und Rechnungsaufgaben vermittels
   der Lehrsätze.

d) Berechnung des Inhalts von geradlinigen Figuren und von
   Kreisen sowie von Schiffsquerschnitten nach der Simpsonschen
   Regel.

3. Stereometrie.

a) Einfachere Sätze über die Lage von Linien und Ebenen im Raume, über Kugeln und Kugelschnitte sowie über sphärische Winkel und Dreiecke.

b) Berechnung des Inhalts von Prismen, Zylindern und Fässern, sowie von Schiffsräumen nach der Simpsonschen Regel.

*4. Ebene Trigonometrie.

a) Trigonometrische Funktionen und deren einfachste Beziehungen zueinander.

b) Berechnung der Seiten und Winkel von Dreiecken.

5. Sphärische Trigonometrie.

Die Sinusregel und die Grundgleichung.

6. Physik.

Allgemeine Eigenschaften der Naturkörper, einfachere Sätze aus der Mechanik, sowie aus der Lehre des Schalles, des Lichtes, der Wärme, der Elektrizität und des Magnetismus.

C. Nautik.

*1. Mathematische Geographie.

2. Prüfung, Aufstellung und Gebrauch der Steuer= und Peil= kompasse.

Einfachere Methoden zur Bestimmung der Ablenkung der Kompasse an Bord.

*3. Einrichtung und Benutzung der gebräuchlichen Loggs.

*4. Besteckrechnung nach Kurs und Distanz sowie nach Koppelkurs; Berichtigung der Kurse für Abtrift des Schiffes, sowie für Ab= lenkung und Mißweisung des Kompasses.

5. Ortsbestimmung durch Peilung und Höhenwinkelmessung von Gegenständen, sowie Winkelmessung zwischen denselben, wenn ihre Lage oder Höhe bekannt ist.

6. Ermittelung der Richtung und Geschwindigkeit von Strömungen; Bestimmung von Kurs und Fahrt des Schiffes in Strömungen; Berichtigung des Bestecks bei Strömungen.

*7. Zeichnen und Gebrauch der Seekarten; Gebrauch der Steuer= tafel.

9. Gebrauch und Berichtigung der Spiegelinstrumente.

10. Gebrauch des künstlichen Horizonts.

11. Gebrauch und Behandlung der Schiffschronometer.

12. Kenntnis der wichtigsten Sternbilder und Gestirne.

*13. Berechnung von Gestirnshöhen; Berichtigung beobachteter Höhen durch Kimmtiefe, Strahlenbrechung, Parallaxe und Halbmesser.

14. Bestimmung der Breite
  *a) aus Meridianhöhen der Sonne und Fixsterne,
  *b) aus Nebenmeridianhöhen der Gestirne nach Chronometer und Länge.

*16. Bestimmung der Länge aus Chronometer und Gestirnshöhen.

*17. Bestimmung des Chronometerstandes gegen Greenwicher Zeit aus Monddistanzen und Berechnung der Länge bei gegebener Ortszeit.

*18. Bestimmung der Breite und Länge aus Chronometer und zwei Gestirnshöhen.

*19. Bestimmung der Mißweisung und Kompaßablenkung aus Amplituden und Azimuten der Sonne.

*20. Berechnung der Hoch= und Niedrigwasserzeit; Beschickung der Lotungen auf Niedrigwasser.

*23. Führung des Schiffstagebuchs.

D. Seemannschaft.

1. Kenntnis der baulichen Einrichtungen und Ausrüstung der Seeschiffe.

4. Auf= und Abtakelung der Seeschiffe. .

6. Stauung der Ladung; Kenntnis der Schiffs= und Ladepapiere.

7. Kenntnis der Unfallverhütungsvorschriften der Seeberufs= genossenschaft.

8. Schiffsmanöver bei jedem Wetter.

*9. Kenntnis der Vorschriften zur Verhütung des Zusammen= stoßens der Schiffe auf See, über das Verhalten nach einem Zusammenstoße, sowie über Not= und Lotsensignale.

10. Gebrauch des Internationalen Signalbuchs.

11. Kenntnis der Rettungsmaßregeln bei Strandungen und anderen Seeunfällen.

Den Steuerleuten, oder, wie sie besonders auf den Dampfern auch genannt werden, den Offizieren liegt die Leitung des ganzen Schiffsdienstes nach den Anordnungen des Kapitäns ob.

Sie gehen in See selbständig Wache und sind für die Navigierung während dieses Dienstes verantwortlich. In der Praxis verfährt man meist so, daß auf Schiffen, die mehrere Steuerleute fahren, der erste (Obersteuermann) neben dem Kapitän selbständig Wache geht, während der zweite Steuermann zur Unterstützung des Kapitäns da ist und diesem den Wachtdienst abnimmt, wenn keine Gefahr zu befürchten ist.

Mehr als zwei Steuerleute fahren nur Dampfer (auf großen Schnelldampfern bis zu sechs) und ganz große Segelschiffe, auf denen es unter Umständen dem Wachthabenden nicht mehr möglich sein würde, eine Arbeit an irgendeiner Stelle des Schiffs zu leiten und gleichzeitig das ganze Schiff unter Aufsicht zu behalten. Dem zweiten Steuermann liegt überlieferungsgemäß auf Segelschiffen noch be= sonders die Verwaltung des Proviants ob, woher der schöne Titel „Speckschneider" stammt, mit dem ihn der Matrosenwitz belegt. —

Bemerkt sei noch, daß das Steuermannspatent zur Fahrt als Kapitän auf kleiner Fahrt berechtigt. Die sonstigen Bestim= mungen über diese und die Küstenfahrt dürfen wir hier wohl ruhig fortlassen, da sie nur einen unnötigen Ballast darstellen würden. —

Nach einer mindestens vierundzwanzigmonatlichen Fahr= zeit als Steuermann kann die Anmeldung zur Kapitänsprüfung erfolgen, der also ebenfalls der Besuch einer Schule nicht vorher= zugehen braucht. Während der Fahrzeit als Steuermann sind nautische Beobachtungen und Berechnungen auszuführen und die Aufzeichnungen über dieselben vorzulegen. Weiteres hierüber siehe im folgenden Abschnitt.

Abb. 98. Schnelldampfer „Cap Polonio" der Hamburg-Südamerikanischen Dampfschiffahrts-Gesellschaft im Südatlantik.

IX. Die Ziele des Berufes.

Das vornehmste, oder doch das, dem zur See strebenden Jüng=
ling in erster Linie vorschwebende Ziel des seemännischen Berufes
ist selbstverständlich die Stellung des Schiffsführers, — oder, wie
heut auch offiziell sein Titel ist: des Kapitäns! — Dem Binnen=
länder im besonderen schwebt dabei oft bei dem Gedanken an diesen
Titel ein Mann vor, der das Schiff, das er führt, auch sein eigen
nennt. Es war dies in der Tat sehr häufig der Fall, bevor die
Dampfer in die Schiffahrt eintraten. Es wurde gut verdient, und
ein tüchtiger Seemann fand immer Leute, die ihr Geld gern in An=
teilen an einem guten Seeschiff anlegten, so daß ein gar nicht un=
beträchtlicher Teil der alten Segelschiffe entweder den Kapitänen
selbst oder doch so kleinen Reedern gehörte, daß dieselben gern einen
Kapitän nahmen, der sich vielleicht mit Kapital an einem Neubau
beteiligte. Alles dies aber gehört der Vergangenheit an!
Die Konkurrenz der Dampfer und manches andere hat erstens die
Frachtsätze stark gedrückt, zweitens aber ein gewaltiges Anwachsen der
Größe der Schiffe zur Folge gehabt, so daß ein kleiner Kapitalist bei dem
geringeren Verdienst einfach nicht imstande sein würde, etwa den Verlust
einer Ballastreise oder eines plötzlichen Frachtsturzes zutragen. — Dinge,
die nur eine große Firma aushalten kann, die den Verlust eines Schiffes
durch die Gewinne soundsoviel anderer wieder ausgleichen kann. Hierzu
kommt, daß ein modernes großes Schiff — und nur sehr große Schiffe
sind überhaupt noch nutzbringend — ein ganz gewaltiges Kapital reprä=
sentiert, dessen Versicherung allein einen bedeutenden Teil des
Nutzens verschlingt, wohingegen der Großreeder in Selbstversicherung
fährt. Allerdings gibt es auch heut noch kleinere Reederfirmen, bei
denen ein Kapitän mit verfügbarem Kapital sich durch Erwerben eines
oder mehrerer Anteile an seinem Schiff sich beteiligen kann, und die
dann auch nur Herren nehmen, die hierzu in der Lage sind. All=
gemein gesehen haben sich aber die Verhältnisse auch auf diesem Gebiet
erheblich geändert, und auch mit dem Kapitänspatent in der Tasche
ist zunächst der Seemann gezwungen, sich von Reise zu Reise eine
Stellung zu suchen, bis er endlich ein Schiff anvertraut erhält. — —

Es gibt nun nur ein Patent für große Fahrt, das heißt, der Staat verlangt von dem Führer der größten Schnelldampfer nicht mehr, als von dem eines kleinen, alten Schoners, den vielleicht die eilende Zeit vergessen hat, und der nun irgendwo im Auslande als Küstenfahrer sein Dasein fristet und von Hafen zu Hafen kriecht.

Das Gesetz stellt beide gleich, einen Unterschied aber gibt es doch zwischen ihnen, und das ist das Einkommen.

Die Laufbahn der Glücklichen, die auf einem Schulschiff des Lloyd Aufnahme gefunden, ist ja mit dem Eintritt geregelt, wenn sie ihre Schuldigkeit tun; für die große Mehrzahl der andern aber heißt es: alle Chancen wahrnehmen, wenn sie eine Stellung erringen wollen, die einigermaßen den Anstrengungen und Entbehrungen des Berufes entspricht. Da sind dann natürlich vor allem die Stellen bei den großen Dampfergesellschaften begehrte Früchte; bieten sie doch neben guter Bezahlung ein sehr viel behaglicheres Leben, die Reisen sind kürzer und schließlich — was für einen Mann aus besserer Familie sehr erheblich in das Gewicht fällt — die Stellung ist auch gesellschaftlich eine bessere und angenehmere.

Selbstverständlich gibt es noch mancherlei Stellungen, die außerhalb der Regel stehen, so sind z. B. die Führer von Fischdampfern meist vollständig auf Gewinnanteil angewiesen, wobei sie dennoch recht gut verdienen; jüngere, alleinstehende Kapitäne finden oft in der ausländischen Küstenfahrt guten Verdienst usw. usw.

Früher, in der sogenannten „guten, alten Zeit“, pflegte sich der alte Kapitän dann gewöhnlich auf ein kleines Besitztum, möglichst an der Küste oder am Hafen gelegen, zurückzuziehen, und hier seine alten Tage bei einem oder richtiger mehreren Gläsern Grog — nicht zu stark .. (von Wasser) — und mit kräftigem Schimpfen über die Dampfer und die immer mehr vor die Hunde gehenden, immer liederlicher werdenden Matrosen zu verbringen. —

Auch hierin ist heute eine Änderung eingetreten, und der Kapitän ist zwar noch der Kulminations- aber nicht immer der Endpunkt der Seemannslaufbahn.

Wenn er nicht von Haus aus Vermögen besitzt, wird der Kapitän während seiner Fahrzeit sehr häufig nicht so viel erwerben können, wie zu einem solchen Buen retiro immerhin gehört, aber die Fortschritte der Zeit haben, wie wohl überall, nicht nur das Alte verdrängt, sie haben auch Neues an dessen Stelle gesetzt.

Die großen Reedereien haben Kassen für Invaliden-, Witwen- und Waisenpension, und ihre Kapitäne verbringen den Lebensabend

ohne Sorgen und Entbehrung und sehen ihre und ihrer Angehörigen
Zukunft gesichert.

Wenn ein Seeschiff von der Reise kommt, so ist es hier und dort
reparaturbedürftig, Proviant, Ausrüstung, Inventar ist zu prüfen,
zu besichtigen und eventuell zu ergänzen. Eine Stenge oder Raa
hat zwar die letzte Reise noch ausgehalten, eine weitere würde ihr

Abb. 99. Passagier- und Frachtdampfer „Cap Norte“
der Hamburg-Südamerikanischen Dampfschiffahrts-Gesellschaft.

aber zu viel werden, ein Dampfer bedarf neuer Kessel, kurz, es gibt
tausenderlei Dinge, die rasche Erledigung heischen, die aber dem
Kapitän billigerweise nicht aufgebürdet werden können, da dieser nach
oft monatelanger Abwesenheit die wenigen Wochen, die das Schiff
im Hafen bleibt, wohl seiner Familie widmen muß.

Früher, wo es sich für eine Reederei um zwei, drei, auch schließlich fünf und sechs Schiffe handelte, übernahm gewöhnlich ein älterer,
mit dem Seewesen etwas vertrauter Kontorbeamter diesen Posten
nebenbei und konnte es auch, heute aber hat man längst eigene
„Inspektoren“ für diesen Zweck anstellen müssen, und bei ganz großen

Gesellschaften, deren Schiffszahl, wie bei den großen Linienreedereien sich im zweiten Hundert bewegt, hat man diese Inspektoren sogar gruppenweise Oberinspektoren unterstellen müssen.

Man unterscheidet Schiffs=, Maschinen=, Ausrüstungs=, Ladungs= usw. Inspektoren, hat besondere Sicherheits= und Navigations=Inspektoren, und außer im Heimathafen auch jenseits der Meere in den Haupthäfen Inspektoren (z. B. für große deutsche Reedereien in New York, St. Thomas, Brasilien, Argentinien, Hongkong, Shanghai usw.).

Es ist wohl selbstverständlich, daß ein erfahrener Kapitän oder Dampferingenieur die gegebene Persönlichkeit für einen solchen Posten ist, und in der Tat finden wir für eine ganze Reihe solcher in dieser Stellung den günstigen Endpunkt einer Laufbahn,*) die zwar mühe= voll und reich an Entbehrungen ist, die, das verhehle sich niemand, vollste, uneingeschränkteste Hingabe verlangt und an Geist und Körper immense Anforderungen stellt, an der aber doch wohl jeder, der sie, ganz oder teilweise zurückgelegt hat, Zeit seines Lebens mit einem Stückchen Herz hängt.

Man mag noch so lange wieder an Land gewesen und scheinbar längst dem einstigen Berufe entfremdet sein, — ein wenig Seeluft, ja das Bild eines Schiffes läßt die Landratte wieder zum Seemann werden. Mag ein solches Bild von einem Heroen der Kunst stammen, der ehemalige Seemann·wird ein fehlendes oder unrichtig angebrachtes Tau früher bemerken, als allen Reiz der Farbe. —

Ganz läßt die See keinen wieder los, den sie gehalten hat in ihren starken Armen! — —

Gewissermaßen Seitenzweige der seemännischen Laufbahn bilden — abgesehen von Stellungen bei Behörden (Seemannsämtern, Musterungsbehörden usw.), die hier nicht besonders besprochen zu werden brauchen, — die Berufe des Lotsen und des Navigations= lehrers.

Was ein Lotse ist, und wie sein Beruf sich abspielt, werden wir noch im nächsten Kapitel erfahren; die Stellung als Navigations= lehrer aber ist ein Posten, der sich im allgemeinen keiner allzu großen Beliebtheit unter den Seeleuten erfreut.

---

*) Den Tüchtigsten dieser Inspektoren stehen auch schließlich die Direktorenstellen der größten Reedereien offen, wie sich schon mehrfach gezeigt hat.

Die Zeiten, in denen der biedere Schiffer einer braven, schwer=
fälligen Brigg auf die Frage nach dem augenblicklichen Schiffsort,
seelenruhig seinen, beängstigende Dimensionen aufweisenden Teer=
finger auf die Karte legte, einen kleinen Kreis von beiläufig 100 See=
meilen Durchmesser damit beschrieb und trocken meinte: „Hier!“,
sind ja freilich längst vorüber. Die Theorie und der „Schreibkram“
haben sich bedenklich an Bord eingenistet, und wir finden auf solchen
kleinen Fahrzeugen oft Navigateure par excellence, — aber nur
Schreibkram, nur die trockene, staubige Schulstubenluft, das ist denn
doch nichts für den ehemaligen Jan Maat, und so verlockend ist das
Gehalt eines Navigationslehrers wohl auch noch nicht, daß man darüber
alles andere vergessen könnte. —

Schließlich sind alle diese Fragen für uns hier nicht sehr aktuell.
Wenn der junge Seemann so weit in seinem Berufe gekommen
ist, daß er die Frage Kapitänsstellung, Lotse oder Navigationslehrer?
erwägen kann, wobei recht häufig auch Dinge mitspielen, die kein
Hand= und Lehrbuch berücksichtigen kann, — ein Paar schöner Augen
haben hier schon oft den Kurs stärker beeinflußt als alles andere —,
dann weiß er auch wohl selbst, was er da oder dort zu erwarten hat.

Eins aber mag dieser Ratgeber dem angehenden Seemann
noch sagen: „Werde wirklich ein Seemann, das heißt, ein solcher,
der in seinem Berufe etwas leistet, dann wirst du immer deinen
Lebensunterhalt finden, wo es auch sei, und die rauhe Erziehung
der ersten Jahre wird dich auch magere Zeiten leicht überwinden
lassen.“ —

Die Anforderungen der Schifferprüfung umfassen folgende
Gegenstände:

A. Sprachen.

*1. Deutsche Sprache bis zur Fähigkeit, gegebene Fragen aus dem
Gebiete der Berufstätigkeit dem Inhalt und Ausdrucke nach
schriftlich und mündlich genügend zu beantworten.

Die Landesregierungen können in einzelnen Fällen aus
besonderen Gründen die gleiche Kenntnis einer anderen Sprache
für genügend erklären.

2. Englische Sprache, soweit sie zum Verständnisse der Seekarten,
des Nautical Almanac, der Lotsenkommandos und Segelan=
weisungen notwendig ist.

B. Mathematik.

*1. Arithmetik.

a) Grundrechnungsarten mit gewöhnlichen Brüchen, Dezimal=
brüchen und Buchstaben.

b) Lehre der Potenzen, Wurzeln und Logarithmen.

c) Lösung von einfachen Gleichungen ersten Grades und Verhältnis=
gleichungen.

*2. Planimetrie.

a) Einfachere Sätze über Winkel sowie über Kongruenz, Ähn=
lichkeit und Gleichheit geradliniger Figuren.

b) Einfachere Sätze vom Kreise.

c) Einfachere Konstruktions= und Rechnungsaufgaben vermittels
der Lehrsätze.

d) Berechnung des Inhalts von geradlinigen Figuren und von
Kreisen sowie von Schiffsquerschnitten nach der Simpsonschen
Regel.

*3. Stereometrie.

a) Einfachere Sätze über die Lage von Linien und Ebenen im
Raume, über Kugeln und Kugelschnitte sowie über sphärische
Winkel und Dreiecke.

b) Berechnung des Inhalts von Prismen, Zylindern und Fässern
sowie von Schiffsräumen nach der Simpsonschen Regel.

*4. Ebene Trigonometrie.

a) Trigonometrische Funktionen und deren einfachste Beziehungen
zueinander.

b) Berechnung der Seiten und Winkel von Dreiecken.

*5. Sphärische Trigonometrie.

a) Die Sinusregel und die Grundgleichung.

b) Berechnung der Seiten und Winkel von Dreiecken.

*6. Physik.

Allgemeine Eigenschaften der Naturkörper, einfachere Sätze
aus der Mechanik sowie aus der Lehre des Schalles, des Lichtes, der
Wärme, der Elektrizität und des Magnetismus.

C. Nautik.

*2. Prüfung, Aufstellung und Gebrauch der Steuer= und Peil=
kompasse.

Einfachere Methoden zur Bestimmung der Ablenkung
und zur Kompensation der Kompasse an Bord. Gebrauch
der Steuernetze (Diagramme); Berechnung der Koeffizienten
aus den Ablenkungen der acht Hauptstriche, Berechnung einer
Steuertafel aus neu bestimmten Koeffizienten B und C.

* 4. Bestreckrechnung nach Kurs und Distanz sowie nach Koppel=
kurs; Berichtigung der Kurse für Abtrift des Schiffes sowie für
Ablenkung und Mißweisung des Kompasses.

 5. Ortsbestimmung durch Peilung und Höhenwinkelmessung von
Gegenständen sowie Winkelmessung zwischen denselben, wenn
ihre Lage oder Höhe bekannt ist.

 6. Ermittelung der Richtung und Geschwindigkeit von Strömungen;
Bestimmung von Kurs und Fahrt des Schiffes in Strömungen;
Berichtigung des Bestecks bei Strömungen.

*7. Zeichnen und Gebrauch der Seekarten. Gebrauch der Steuer=
tafel.

 8. Segeln im größten Kreise und Gebrauch der gnomonischen
Karten, soweit sie zum Eintragen des größten Kreises in die
Seekarte dienen.

 9. Gebrauch und Berichtigung der Spiegelinstrumente.

10. Gebrauch des künstlichen Horizonts.

11. Gebrauch und Behandlung der Schiffschronometer.

12. Kenntnis der wichtigsten Sternbilder und Gestirne.

*13. Berechnung von Gestirnshöhen.

14. Bestimmung der Breite
   *a) aus Meridianhöhen der Gestirne,
   *b) aus Nebenmeridianhöhen der Gestirne nach Chronometer
      und Länge.

*15. Bestimmung der Ortszeit und des Chronometerstandes aus
Gestirnshöhen bei gegebener Länge und Berechnung des täg=
lichen Ganges.

*16. Bestimmung der Länge aus Chronometer und Gestirnshöhen.

*17. Bestimmung des Chronometerstandes gegen Greenwicher Zeit
aus Monddistanzen und Berechnung der Länge bei gegebener
Ortszeit.

*18. Bestimmung der Breite und Länge aus Chronometer und zwei
Gestirnshöhen.

*19. Bestimmung der Mißweisung und Kompaßablenkung aus Amplituden und Azimuten der Gestirne.

21. Einrichtung und Gebrauch der Barometer und Thermometer.

*22. Kenntnis der Luft- und Meeresströmungen.

*23. Führung des Schiffstagebuchs.

D. Seemannschaft.

1. Kenntnis der baulichen Einrichtungen und Ausrüstung der Seeschiffe. Regeln für das Reinigen der Schiffe innen und außen, für den Anstrich ebendaselbst und besonders innerhalb der Doppelböden und Wassertanks.

2. Verständnis der Vorschriften der hauptsächlichsten Institute für Klassifikation der Schiffe, soweit das zur allgemeinen Beurteilung der Materialstärken nötig ist.

3. Grundlagen der Schiffsvermessung sowie begrifflicher Unterschied zwischen der Tragfähigkeit und dem Raumgehalt eines Schiffes.

4. Auf- und Abtakelung der Seeschiffe.

5. Allgemeine Kenntnis der Stabilität und ihres Einflusses auf die Bewegung und Sicherheit des Schiffes.

6. Stauung der Ladung; Kenntnis der Schiffs- und Ladepapiere.

7. Kenntnis der Unfallverhütungsvorschriften der ·Seeberufsgenossenschaft.

8. Schiffsmanöver bei jedem Wetter.

*9. Kenntnis der Vorschriften zur Verhütung des Zusammenstoßens der Schiffe auf See, über das Verhalten nach einem Zusammenstoße sowie über Not- und Lotsensignale.

10. Gebrauch des Internationalen Signalbuchs.

11. Kenntnis der Rettungsmaßregeln bei Strandungen und anderen Seeunfällen.

Das Stimmgewicht der vorgenannten Fächer für den Ausfall der Prüfung ist nicht bei allen Aufgaben dasselbe. Eine Reihe von Aufgaben sind sogenannte Bedingungsaufgaben, d. h. solche Aufgaben, welche ohne Ausnahme alle mit der Zensur „genügend" gelöst sein müssen, bei welchen also ein einziges „nicht genügend" das Nichtbestehen der ganzen Prüfung zur Folge hat. Solche Bedingungsaufgaben sind die in der obigen Zusammenstellung mit C_7, C_{13}, C_{16}, C_{17}, C_{18}, C_{19} und D_9 bezeichneten Fächer.

Abb. 101. Viermaftbark „Magdalene Vinnen" 5416 t Tragfähigkeit mit Vierzylinder-Viertakt-Krupp-Schiffsdieselmotor und Wendeschrauben-Anlage, Bauart Krupp. Erbaut von der Germania-Werft, Kiel-Gaarden.

Von den übrigen sieben unter C genannten nautischen Fächern der schriftlichen Prüfung müssen mindestens vier, und von den unter A und B genannten sieben Aufgaben ebenfalls mindestens vier mit „genügend" bearbeitet sein.

Die im vorstehenden aufgezählten Gegenstände bilden den Unterrichtsstoff für die der Vorbereitung auf die Prüfung zum See=schiffer dienenden Schifferklassen der Navigationsschulen. Die Dauer dieser Kurse beträgt in der Regel einschließlich der etwa achttägigen Prüfung durchschnittlich vier Monate.

Außer den in der Hauptprüfung geforderten Fächern bietet sich den Schülern der Schifferklassen während ihres Kursus Gelegenheit, sich auf bestimmten Sondergebieten Kenntnisse anzueignen und die=selben in besonderen Prüfungen nachzuweisen.

In erster Linie sind hier die an allen Navigationsschulen mit Schifferklassen bestehenden Unterrichtskurse für Maschinenkunde zu nennen. Dieselben erstrecken sich auf folgende Gegenstände:

1. Praktisches Verständnis des Wesens und der Wirkung der Dampf=maschinen im allgemeinen und der Schiffstreibapparate.
2. Allgemeine Kenntnis der Benennung, des Zwecks, der Ein=richtung und Wirkung der wichtigsten Maschinenteile.
3. Allgemeine Kenntnis der gebräuchlichsten Schiffsdampfkessel, deren Einrichtung und Garnitur, unter besonderer Berücksich=tigung der zur Sicherheit des Betriebes der Dampfkessel gesetzlich erforderlichen Vorrichtungen.
4. Allgemeine Kenntnis der gebräuchlichsten Pumpensysteme und der wichtigeren Hilfsmaschinen.

Denjenigen, welche die Prüfung bestehen, wird ein besonderes Prüfungszeugnis ausgestellt.

Das zweite, jedoch zurzeit noch nicht an allen Navigationsschulen vorhandene Sonderfach umfaßt die Gebiete der Stabilität der Schiffe und der Schiffbautechnik. Zwar gehört die Kenntnis der Grundbegriffe zu den Prüfungsgegenständen der Hauptprüfung; aber der Wunsch unserer Reedereien nach Vertiefung der Kenntnisse ihrer Schiffsführer und Schiffsoffiziere nach dieser Richtung hin hat eine Reihe von Navigationsschulen veranlaßt, den Unterricht in diesen Fächern weiter auszudehnen und den Nachweis dieser erweiterten Kenntnisse zum Gegenstand einer zweiten Sonderprüfung zu machen. Obgleich das Maß der Anforderungen in dieser Prüfung der Bestimmung durch die in Betracht kommenden einzelnen Bundesstaaten unterliegt und somit der einheitlichen Festsetzung entbehrt, kann man sich doch aus der folgenden, für Hamburg gültigen Zusammenstellung eine Orientierung über die im großen und ganzen auch an anderen Navigationsschulen geltenden Anforderungen verschaffen:

1. Kenntnis der Grundlagen der Schiffsberechnung.
2. Praktisches Verständnis der Stabilität.
3. Allgemeine Kenntnis des im Schiffbau zur Verwendung kommenden Materials und seiner Haupteigenschaften.
4. Kenntnis der Grundlagen der Festigkeit in bezug auf die verschiedenen Beanspruchungen.
5. Allgemeine Kenntnis der Klassifikation und Bauvorschriften.
6. Allgemeine Kenntnis der Ausrüstung und Unfallverhütungsvorschriften.
7. Praktisches Verständnis für die hauptsächlichsten der an Bord vorkommenden Reparaturen in Havariefällen.

Auch hier wird über das Bestehen der Prüfung ein besonderes Zeugnis ausgestellt.

Endlich müssen hier noch die auf Wunsch der Hamburg-Amerika-Linie an einigen Navigationsschulen eingeführten Unterrichtskurse über Verhütung und Bekämpfung von Schiffsbränden Erwähnung finden, welche folgende Punkte zum Gegenstand haben:

1. Selbstentzündungen.
2. Feuergefährliche Güter.
3. Explosionsgefahren.
4. Rauchschutzapparate.
5. Feuerlöschgeräte.
6. Allgemeine Regeln zur Verhütung und Bekämpfung von Schiffsbränden.

Eine Sonderprüfung in diesem Fache findet zurzeit noch nicht statt.

Erwähnt seien schließlich noch die in den letzten Jahren aufgetauchten Bestrebungen nach einer Änderung dieser Bestimmungen. Einerseits in Richtung der Schaffung eines besonderen Dampfer-Patents, andererseits in der der Einrichtung sogenannter Seefahrt-Hochschulen. Es kann nicht unsere Aufgabe sein, hierzu Stellung zu nehmen, die ganze Bewegung ist aber jedenfalls ein Beweis dafür, wie hoch die Mehrzahl der deutschen Schiffsoffiziere ihren Beruf stellt.

X. Maschinisten, Schiffsärzte.

Unter den rein technischen Laufbahnen in der Handelsmarine steht die des Maschinisten, bzw. Ingenieurs naturgemäß an erster Stelle. Sie kann als Heizer oder auch als Maschinisten-Assistent begonnen werden. Gute Aussichten eröffnen sich jungen Leuten im Alter von 20 bis 22 Jahren mit guter Schulbildung (Obersekundareife zwar nicht erforderlich, aber erwünscht) und gediegener technischer Vorbildung beim Eintritt als Ingenieur-Aspirant oder Maschinisten-Assistent bei einer der großen Reedereien (Hamburg-Amerika-Linie, Norddeutscher Lloyd, Hamburg-Südamerikanische Dampfschiffahrts-Gesellschaft usw.). Kräftiger Körperbau, vollständige Gesundheit, normale Sehkraft (keine Augengläser!) sind Vorbedingung. Im übrigen sind die An= forderungen bei allen Reedereien nahezu die gleichen. Nachweis folgender Ausbildung wird verlangt:

Bildungsgang I. Eine nach Ablauf des 15. Lebensjahres zurückgelegte dreijährige Lehrzeit in den Maschinenwerkstätten einer größeren Bauanstalt für Schiffsdampfmaschinen, davon je 6 Monate in der Schmiede und Kesselschmiede.

Diese Ausbildung berechtigt, nach einer 30monatigen Dienstzeit als Assistent im Maschinenpersonal in Fahrt befindlicher Seedampf= schiffe, zur Vorprüfung zum Schiffsingenieur zugelassen zu werden.

Bildungsgang II. Eine nach Ablauf des 15. Lebensjahres zurückgelegte Lehr= oder Arbeitszeit in Dampfmaschinenbauwerkstätten von mindestens 3 Jahren.

Diese Ausbildung gibt nach 36 monatiger Fahrzeit als Assistent im Maschinenpersonal in Fahrt befindlicher Seedampfschiffe die Berechtigung, zur Maschinistenprüfung II. Klasse zugelassen zu werden.

Nähere Auskunft über die einzureichenden Papiere (Lebenslauf, Zeugnisse usw.) erteilen auf Anfrage die technischen Abteilungen der betreffenden Reedereien (Hamburg-Amerika = Linie, Büro für In= genieur=Personal, Hamburg-Kuhwärder; Hamburg-Südamerikanische Dampfschiffahrtsgesellschaft, Maschinen-Inspektion, Hamburg, Holz= brücke 8; Norddeutscher Lloyd, Technischer Betrieb, Bremerhaven). Rückporto bei allen Anfragen beifügen!

Die weitere Ausbildung zum leitenden Maschinisten und Schiffs=
ingenieur ergibt sich aus den reichsgesetzlichen Bestimmungen über
den Befähigungsnachweis und die Prüfungen auf Seedampfschiffen
der deutschen Handelsflotte. — —

Als technische Spezialisten sind hier vielleicht die Junker kurz
zu erwähnen, die allerdings nur für die großen Passagierschiffe in
Frage kommen.

* * *

Schiffsärzte.

Wir geben nachstehend die Anstellungsbedingungen für
Schiffsärzte des Norddeutschen Lloyd wieder, aus denen alles, in
dieser Hinsicht Wissenswerte ersichtlich sein dürfte.

Der Norddeutsche Lloyd stellt nur körperlich gesunde, unbescholtene
und in Deutschland approbierte Ärzte an. Bei Bewerbung sind die
folgenden Papiere einzureichen: Beglaubigte Abschrift des
Approbationsscheins, Lebenslauf und ferner die Zeugnisse
aus der letzten Zeit der Tätigkeit, behördliches Führungs=
attest, Photographie sowie etwaige Empfehlungen. Außerdem
ist der angefügte Fragebogen ausgefüllt zurückzusenden. Die über=
mittelten Papiere werden nach Einsichtnahme zurückgereicht. Bei
erfolgter Anstellung sind mitzubringen: Geburtsschein oder deutscher
Reisepaß für das Ausland, Original=Approbationsschein, ferner
Umschlag des Steuerbuches, aus dem der Familienstand
ersichtlich ist und außerdem hervorgeht, daß steuerseitige Einwen=
dungen gegen die Reise nicht zu erheben sind. Mitzubringen sind
ferner zwei Paßphotographien. Ohne diese Papiere kann
die Anmusterung nicht erfolgen.

Die Schiffsärzte der Dampfer der transatlantischen Fahrt be=
ziehen vom Tage der Anmusterung ab ein Gehalt von z. Zt. ℳ 150.—
pro Monat. Die Ärzte erhalten freie Station. Außerdem stehen ihnen
die gleichen Getränkekompetenzen wie dem ersten Schiffsoffizier zu.

Die ärztliche Behandlung der Passagiere und Mannschaften ist
frei, die Ärzte sind jedoch berechtigt, krank an Bord kommenden
1. Kajütspassagieren für ärztlichen Beistand eine Honorarrechnung
zu erteilen. Kajütspassagiere auf Dampfern mit nur einer Kajüte
sind nicht im Sinne dieser Bedingungen als 1. Kajütspassagiere an=
zusehen.

Die Aufhebung des Vertragsverhältnisses kann nach Rückkehr
von der Reise mit mindestens 14 tägiger Kündigung erfolgen.

Die Ärzte, die 1. Offizierrang einnehmen, haben den Anordnungen des Kapitäns bzw. deffen Stellvertreters Folge zu leisten, ebenso den Bestimmungen der Schiffsordnung. Die deutsche Seemannsordnung findet auch auf die Ärzte Anwendung, jedoch mit dem Vorbehalt, daß der Vorstand des Norddeutschen Lloyd, evtl. durch seine Agenturen, jederzeit Versetzungen der Ärzte, gleichviel für welche Dampfer und Linien, für eine ganze oder Teilreise, in deutschen oder auswärtigen Häfen, eintreten lassen kann. Die Ärzte sind verpflichtet, etwaige Inspektionen der Passagiere in Bremen oder Bremerhaven, sowie die bei der Anmusterung stattfindenden Untersuchungen der Mannschaften des Norddeutschen Lloyd, sowohl ihres eigenen als auch erforderlichen Falles der übrigen Schiffe, vorzunehmen und ferner in besonderen Fällen, sowie bei Unfällen an Bord, auch Personen anderer Schiffe unserer Flotte Beistand zu leisten.

Den ersten Ärzten wird ein dem 1. Offizierszimmer gleichwertiges Zimmer angewiesen, während den zweiten Schiffsärzten, sofern kein festes Zimmer vorhanden, ein angemessenes Passagierzimmer über=laffen wird.

Die Schiffsärzte sind nicht verpflichtet, Uniform zu halten, sondern können in angemessener Zivilkleidung zum Dienst erscheinen, müssen jedoch die vorgeschriebene Dienstmütze tragen.

An Bord eines jeden Dampfers der Hauptlinien befindet sich eine mit Instrumenten ausgerüstete vollständige Apotheke, welche den Ärzten beim Dienstantritt übergeben wird. Die Verwaltung der Apotheke liegt den Ärzten ob und bleiben diese für die ordnungsmäßige Instandsetzung und Ablieferung derselben verpflichtet.

Die Verwendung der Schiffsärzte ist von der Gestaltung des Fahrplans abhängig, doch wird etwaigen Wünschen in dieser Be=ziehung soweit als möglich Rechnung getragen.

XI. Gagen und Heuern.

1. Anstellungsbedingungen

für die Kapitäne der deutschen Seeschiffe über 100 Br.=R.=T.
(mit Ausnahme von Fischerei= und Bergungsfahrzeugen, Schleppern
und Leichtern).

Zwischen dem Zentralverein Deutscher Rheder e. V. in Hamburg
einerseits,

dem Verband Deutscher Seeschiffer=Vereine, Sitz Hamburg, und

dem Verein Deutscher Kapitäne und Offiziere der Handelsmarine in
Hamburg

andererseits, ist heute die nachstehende Vereinbarung über die An=
stellungsbedingungen für die Führer der deutschen Seeschiffe über
100 Br.=R.=T. mit Ausnahme der Hochseefischerei= und Bergungs=
fahrzeuge, Seeschlepper und Seeleichter getroffen worden:

1. Die Anstellungsbedingungen sind zwischen der Reederei und
   dem Kapitän in jedem Falle durch schriftlichen Anstellungs=
   vertrag festzusetzen.

2. Die Kapitäne sind gegen Totalverlust der Effekten durch Kriegs=
   und Minengefahr, sowie Seegefahr zum jeweiligen Vollwert
   bis zur Höhe von ℳ 1500.— zu versichern.

3. Die Feststellung des dem Kapitän für seine Dienste zu zahlenden
   Entgelts bleibt der Vereinbarung zwischen der Reederei und
   dem Kapitän überlassen. Jedoch müssen dem Kapitän in jedem
   Fall, sei es nun, daß ihm ausschließlich festes Gehalt, oder neben
   diesem Kaplaken oder sonstige Beteiligungen am Umsatz oder
   Gewinn des Reedereibetriebes zugesichert sind, mindestens
   folgende Beträge — auf den Monat zu 30 Tagen berechnet —
   zugestanden und monatlich ausgezahlt werden:

   a) auf Dampfschiffen und Schiffen mit Haupt=
   motoren:

   1. in der großen und mittleren Fahrt .... ℳ 450.—
   2. in der Nord= und Ostseefahrt .... „ 400.—

3. auf Fahrzeugen von 100 bis 400 Br.-R.-T. in
allen Fahrten .... ℳ 340.—

    b) auf Segelschiffen:

1. über 1000 Br.-R.-T. .... „ 450.—
2. von 501 bis 1000 Br.-R.-T. .... „ 400.—
3. von 100 bis 500 Br.-R.-T. .... „ 340.—

    Die Gewährung von Dienstalterszulagen bleibt der be-
sonderen Vereinbarung zwischen Reedern und Kapitänen vorbehalten.

    Vorstehende Bestimmungen sollen nicht den Anlaß zur Ab-
änderung oder Aufhebung bestehender Verträge, die den Kapitän
günstiger stellen, bieten.

4. Dem Kapitän, der mindestens 1 Jahr als solcher bei derselben
Reederei im Dienst steht, sind jährlich mindestens 14 vollständig
dienstfreie Werktage von 24 Stunden zu gewähren. Übersteigt
die Dienstzeit 10 Jahre, so erhöht sich die Zahl der dienstfreien
Tage auf 21 im Jahre. Die dienstfreien Tage sind, soweit der
Schiffsbetrieb nach dem Ermessen der Reederei es gestattet,
tunlichst zusammenzulegen. Der Termin für den Urlaubsbeginn
ist in jedem Fall mit der Reederei vorher zu vereinbaren. Für die
dienstfreien Tage ist das tarifliche Verpflegungsgeld zu bezahlen.
Der Anspruch auf Urlaub erlischt nicht, wenn dieser in einem
Jahr nicht gewährt werden kann und der Antrag auf Nach-
gewährung des Urlaubs im darauffolgenden Jahr gestellt wird.

5. Ist ein Kapitän auf unbestimmte Zeit angestellt, so kann das
Rechtsverhältnis zwischen ihm und der Reederei von beiden
Teilen unter Einhaltung einer Kündigungsfrist aufgehoben
werden, welche beträgt:
im ersten Jahr .... 1 Monat
im zweiten Jahr .... 2 Monate
vom Beginn des dritten Jahres an .... 3 Monate.

    Kündigt die Reederei einem Kapitän, der bei dem Ausspruch
der Kündigung mindestens ein Jahr sich als solcher in ihrem
Dienst befunden hat, so hat sie ihm eine Umschaufrist von sechs
Wochen dergestalt zu gewähren, daß der Kapitän seit Empfang
der Kündigung mindestens sechs Wochen lang die Möglichkeit
gehabt haben muß, in einem deutschen Hafen sich nach einer
neuen Stellung umzusehen.

Für die Zeit, die dem Kapitän bei Ablauf der Kündigungs=
frist in dieser sechswöchigen Umschaufrist fehlt, gebührt ihm das
mit ihm vereinbarte Entgelt ohne Kost= und Unterkunftsgeld.
Wenn die Entlassung vom Reeder ausgesprochen wird,
weil das Schiff, das der Kapitän führt, für länger als zwei
Wochen aufgelegt werden soll oder verloren gegangen ist, so
ermäßigt sich in der Nord= und Ostseefahrt die Kündigungs=
und Umschaufrist auf die Hälfte.

Vorstehende Bestimmungen gelten nicht für den Fall, daß
die sofortige Entlassung des Kapitäns auf Grund § 546 des
Handelsgesetzbuches erfolgt.

6. Die Lösung des Dienstverhältnisses seitens der Reederei muß,
um rechtsgültig zu sein, vom Inhaber oder Vorstand der Reederei
dem Kapitän schriftlich erklärt werden.

7. Im übrigen sind die Bedingungen des Handelsgesetzbuches für
das Rechtsverhältnis zwischen Reederei und Kapitän maßgebend.

8. Meinungsverschiedenheiten, die über die Auslegung der vor=
stehenden Bestimmungen zwischen dem Zentralverein Deutscher
Rheder, dem Verband Deutscher Seeschiffer=Vereine und dem
Verein Deutscher Kapitäne und Offiziere der Handelsmarine
oder aus einem auf Grund dieses Abkommens abgeschlossenen
Anstellungsvertrage zwischen Reeder und Kapitän entstehen,
sind ausschließlich durch das durch Vereinbarung der Parteien
vom 12. April 1919 eingesetzte Tarif=Schiedsgericht zu ent=
scheiden. Der Vorsitzende des Tarif=Schiedsgerichts soll ersucht
werden, die Beisitzer für die Entscheidung der hier einschlägigen
Streitfälle ausschließlich aus den von den hier vertragschließen=
den Verbänden eingereichten Listen auszuwählen.

9. Dieses Abkommen hat Gültigkeit vom 1. April 1924. Es kann
von jedem der beteiligten Verbände unter Einhaltung einer
Frist von drei Monaten, frühestens auf den 31. März 1925,
aufgekündigt werden; von dann an jeweils auf den 30. Sep=
tember oder 31. März j. Js. ebenfalls unter Einhaltung einer
Kündigungsfrist von drei Monaten.

Die Sätze des Gehaltstarifs haben ebenfalls Gültigkeit vom
1. April 1924 ab. Der Gehaltstarif kann von jedem der beteiligten
Verbände unter Einhaltung einer Frist von einem Monat, frühestens
auf den 30. Juni, aufgekündigt werden.

*　　*　　*

2. Heuersätze

für deutsche Seeschiffe über 100 Br.-R.-T. mit Ausnahme von Fischerei- und Bergungsfahrzeugen, Schleppern und Leichtern.

Gültig ab 1. Juli 1924.

I. Schiffsoffiziere.

	Große Fahrt	Nord- u. Ostseefahrt	Seeschiffe 101-400 B.-R.-T. alle Fahrten
I. Offizier (Deck)	ℳ 240.—	190.—	155.—
II. „ „	„ 190.—	135.—	120.—
III. „ „	„ 140.—	110.—	
IV. „ „	„ 110.—		
I. Offizier (Maschine)	„ 350.—	250.—	200.—
II. „ „	„ 240.—	190.—	145.—
III. „ „	„ 190.—	135.—	
IV. „ „	„ 140.—		

Alleinoffiziere.

Alleinoffizier (Deck) .... ℳ 180.—

Alleinoffizier (Maschine) .... ℳ 200.—

II. Deckspersonal.

1. Bootsmann, 1. Zimmermann .... ℳ 95.—

2. Bootsmann, 2. Zimmermann .... „ 85.—

Allein-Bootsleute und Allein-Zimmerleute .... „ 95.—

Vergütung für Zimmerleute mit eig. Geschirr .... „ 5.—

Segelmacher .... „ 85.—

Steurer (Quartermeister) .... „ 85.—

Vollmatrosen .... „ 78.—

Leichtmatrosen .... „ 42.—

Jungmänner .... „ 29.—

Jungen .... „ 22.—

III. Maschinenpersonal.

Maschinen- und Elektrikerassistenten mit mindestens einem
    Jahr Fahrzeit als Assistent .... ℳ 90.—

Assistenten mit weniger als einem Jahr Fahrzeit als solcher „ 70.—

Maschinenunteroffiziere, Lagerhalter, Oberheizer, Schmierer
    und Hilfskesselwärter .... „ 90,—

Heizer in der Nord- und Ostseefahrt .... „ 88.—

Heizer in der transatlantischen Fahrt .... „ 88.—

Trimmer .... „ 75.—

IV. Köche und Stewards.

Köche	ℳ	100.—
I. Stewards 1.—4. Jahr	„	75.—
5.—8. Jahr ·........................	„	82.—
9. und weiter	„	97.—
Stewards auf Passagierdampfern in der Nord- und Ostseefahrt	„ •	75.—
Kajütsstewards auf Frachtdampfern	„	70.—
Alleinsteward	„	70.—
Gelernte Schlachter oder Bäcker, die als solche oder als Kochsmaaten fahren	„	72.—
Kochsmaaten, befahren	„	57.—
„ unbefahren	„	47.—
Meßraumsteward	„	42.—
Meßraumjungen	„ ·	22.—

Das Verpflegungsgeld beträgt ℳ 1.75. Bei ambulanter Kranken-behandlung, in Urlaubsfällen und falls nicht an Bord gekocht wird, ℳ 2.25. Bei ambulanter Krankenbehandlung ohne Bezug von Heuer ℳ 2.75.

Für Überarbeit ist zu zahlen:

A. Decks- und Maschinenpersonal.

Vollgrade	ℳ	0.50
Junggrade außer Jungen	„	0.35
Jungen, Meßraumjungen und Kochsjungen	„	0.25

B. Verpflegungs- und Bedienungspersonal.

Stewards (nicht Junggrade) auf Frachtdampfern, auf Schiffen bis zu 15 Mann Besatzung	ℳ	6.—
auf Schiffen mit über 15 Mann Besatzung	„	8.—
Kochsmaate befahren, einschl. gelernte Schlachter und Bäcker, die als solche fahren auf Frachtdampfern auf Schiffen bis zu 15 Mann Besatzung	„	10.—
auf Schiffen mit über 15 Mann Besatzung	„	15.—
Köche (nicht Junggrade) auf Frachtdampfern, auf Schiffen bis zu 15 Mann Besatzung	„	18.—
auf Schiffen mit über 15 Mann Besatzung	„	25.—
Funkerzulage. Auf Schiffen mit Funkbeamten	„	20.—
ohne Funkbeamten	„	50.—

3. Heuersätze

für die Besatzungen der deutschen Seeschlepper und
Seeleichter.
Gültig ab 1. Juli 1924.

Seeschlepper:

Kleine Fahrt:		Nahfahrt und Küstenfahrt:	
Kapitän	ℳ 195.—*	Kapitän	ℳ 190.—*
I. Steuermann	„ 140.—	Steuermann	„ 130.—
II. Steuermann	„ 115.—	I. Maschinist	„ 185.—*
I. Maschinist	„ 190.—*	II. Maschinist	„ 130.—
II. Maschinist	„ 140.—		
III. Maschinist	„ 115.—		

Seeleichter:

Kleine Fahrt:		Küstenfahrt:	
Kapitän	ℳ 195.—	Kapitän	ℳ 190.—
Steuermann	„ 125.—	Steuermann	„ 120.—

Mannschaften:

Junge, unbefahren	ℳ 17.—
Junge, nach sechsmonatiger Fahrzeit	„ 22.—
Junge, nach zwölfmonat. Fahrzeit (Jungmann)	„ 27.—
Koch und Leichtmatrose	„ 42.—
Leichtmatrose	„ 37.—
Befahrener Alleinkoch bei einer Besatzung bis 7 Köpfe	„ 85.—
Befahrener Alleinkoch bei einer Besatzung über 7 Köpfe	„ 90.—
Vollmatrose	„ 77.—
Heizer	„ 82.—
Bestmann ohne Patent	„ 83.—
Assistent mit mindestens einem Jahr Fahrzeit	„ 83.—
Assistent mit weniger als einem Jahr Fahrzeit	„ 65.—
Kesselwärter auf Leichtern	„ 83.—
Kesselwärter auf Leichtern mit Patent	„ 95.—

Das Verpflegungsgeld beträgt ℳ 1.75. Bei ambulanter Kranken-
behandlung, in Urlaubsfällen und falls nicht an Bord gekocht wird,
ℳ 2.25. Bei ambulanter Krankenbehandlung ohne Bezug von Heuer
ℳ 2.75.

---

*) Erhalten Fahrtzulage laut Anlage.

Für Überarbeit ist zu zahlen:

A. Decks- und Maschinenpersonal.

Vollgrade .... ℳ 0.50
Junggrade außer Jungen .... „ 0.35
Jungen .... „ 0,25

B. Verpflegungs- und Bedienungspersonal.

Köche und Stewards (nicht Junggrade) erhalten eine monatliche Mehrarbeitsentschädigung auf Schiffen bis zu
15 Mann Besatzung .... ℳ 6.—
    auf Schiffen mit über 15 Mann Besatzung ... „ 8.—

Die Effektenversicherung ist weiterhin mit folgenden Beträgen
zu decken:

Für den 1. Offizier des Decks- und des Maschinendienstes,
    sowie für den Zahlmeister .... ℳ 1000.—
„ „ 2., 3. und 4. Offizier des Decks- und des Ma-
    schinendienstes sowie für Kapitäne und Offiziere
    auf Seeschleppern und Seeleichtern .... „ 900.—
„ „ Obersteward I. Klasse und Oberkoch .... „ 900.—
„ „ Proviantlagermeister und Proviantverwalter . „ 800.—
„ „ Proviantaufseher .... „ 750.—
„ „ Bootsmann, Assistenten, Zimmermann, Segel-
    macher, Steurer, Vollmatrosen, Maschinenunter-
    offiziere, Lagerhalter, Oberheizer, Schmierer,
    Hilfskesselwärter, Heizer, Steward und Koch
    sowie gelernte Schlachter und Bäcker, die als
    solche oder als Kochsmaaten fahren .... „ 800.—
„ „ Kohlenzieher .... „ 650.—
„ „ Jungchargen (Leichtmatrosen, Jungmänner,
    Kochsmaaten, ungelernt und unbefahren, sowie
    nach einjähriger Fahrzeit, Meßraumstewards
    sowie Aufwäscher, soweit sie nicht früher als
    Vollchargen gefahren sind) .... „ 500.—
„ „ Jungen, Meßraumjungen und Kochsjungen .. „ 300.—
„ das Geschirr des Zimmermanns .... „ 400.—

Hamburg, den 24. Juni 1924.

*   *   *

4. Zusatzvertrag für Passagierfahrt.

Vereinbart auf Grund des Schiedsspruches vom 5./6. April 1924.

Gültig ab 1. April 1924.

Dienstgrade:	Heuer	Außerhalb d. Nord- u. Ostseefahrt	
		Pauschale für Überarbeit	Gesamt- verdienst
	Mark	Mark	Mark
Zahlmeister:			
1. bis 4. Jahr	220	—	220
5. bis 8. Jahr	260	—	260
9. Jahr und weiter ...	300	—	300
Unterzahlmeister:			
1. und 2. Jahr	150	—	150
3. Jahr und weiter ...	180	—	180
Zahlmeister-Assistent:			
1. Jahr	90	—	90
2. und 3. Jahr	100	—	100
4. Jahr und weiter ...	110	—	110
Oberstewards:			
1. Klasse 1. bis 4. Jahr	150	—	150
5. bis 8. Jahr	170	—	170
9. Jahr und weiter ...	190	—	190
2. Klasse 1. bis 4. Jahr	120	—	120
5. bis 8. Jahr	130	—	130
9. Jahr und weiter ...	145	—	145
3. Klasse 1. bis 4. Jahr	100	—	100
5. bis 8. Jahr	110	—	110
9. Jahr und weiter ...	120	—	120
Oberstewards-Assistent:			
1. bis 4. Jahr	120	—	120
5. bis 8. Jahr	130	—	130
9. Jahr und weiter ...	145	—	145
Wäschestewards:			
1. bis 4. Jahr	120	—	120
5. bis 8. Jahr	130	—	130
9. Jahr und weiter ...	145	—	145

Dienſtgrade:	Heuer	Außerhalb d. Nord= u. Oſtſeefahrt Pauſchale für Überarbeit	Geſamt= verdienſt
	Mark	Mark	Mark
Stewards:			
1. bis 4. Jahr	95	—	95
5. bis 8. Jahr	105	—	105
9. Jahr und weiter ...	115	—	115
Stewards auf Paſſagier=			
dampfern:			
(Stewards, Drucker)	72 bis 75	12	84 bis 87
1. Anrichtekoch	110 bis 140	12	122 bis 152
2. Anrichtekoch	80 bis 100	12	92 bis 112
Anrichtegehilfe	70 bis 75	6	76 bis 81
Meßraumstewards:	42 bis 47	6	48 bis 53
Oberkoch:			
1. bis 4. Jahr	250	—	250
5. bis 8. Jahr	300	—	300
9. Jahr und weiter ...	350	—	350
Oberkoch=Aſſiſtent (Unterchef):			
1. bis 6. Jahr	180 bis 240	—	180 bis 240
Köche:			
1. Koch oder leitender Koch auf			
Schiffen mit Paſſagieren ohne			
Oberkoch, wenn mindeſtens ein			
weiterer Koch beſchäftigt wird ..	160 bis 200	—	160 bis 200
2. Koch	106 bis 146	16	122 bis 162
3. Koch	86 bis 106	16	102 bis 122
4. Koch	66 bis 76	16	82 bis 92
Kochsmaaten, ungelernt und un=			
befahren	52	14	66
Kochsmaaten, befahren	56	16	72
Kochsjungen und Meßraumjungen	16	6	22
Proviantverwalter:			
(1. Küper) oder Proviantlager=			
meiſter	120 bis 145	—	120 bis 145
Proviantaufſeher:			
(2. Küper) od. alleiniger Küper			
auf Paſſagierdampfern ...	80 bis 90	12	92 bis 102

Dienstgrade	Heuer	Außerhalb d. Nord- u. Ostseefahrt	
		Pauschale für Überarbeit	Gesamt- verdienst
	Mark	Mark	Mark
2. Proviantaufseher: (3. Küp.)	73 bis 80	12	85 bis 92
1. Schlachter, 1. Bäcker, 1. Dampfkoch, 1. Ritual- koch:	76 bis 106	16	92 bis 122
2. Schlachter, 2. Bäcker, 2. Dampfkoch, 2. Ritual- koch:	67 bis 72	16	83 bis 88
1. Konditor:	106 bis 146	16	122 bis 162
2. Konditor:	86 bis 96	16	102 bis 112
Stewardesse, Plätterin:	60	12	72
Oberaufwäscher:	80	12	92
Aufwäscher:	50	9	59
Alleiniger Heilgehilfe ohne Nebenbeschäftigung	82	—	82
Waschmeister:	120	—	120
Wäscher:	75	—	75

*　　*　　*

Bemerkungen:

1. Die Pauschale wird gezahlt, wenn innerhalb des Monats auf Dampfern oder Schiffen mit Hauptmotoren überhaupt Kajütspassagiere an Bord gewesen sind, sofern diese Dampfer Einrichtungen für Kajütspassagiere haben.

2. Auf Passagierschiffen in der Nord- und Ostseefahrt, auf denen Passagiere an Bord nächtigen, erhält das Verpflegungs- und Bedienungspersonal eine monatliche Mehrarbeitsentschädigung auf die oben bezeichneten Grundheuern:

Köche (nicht Junggrade) auf Schiffen bis zu 15 Mann Besatzung ℳ 18.—, über 15 Mann Besatzung ℳ 25.—.

Kochsmaate einschließlich gelernte Schlachter und Bäcker, die als solche fahren, auf Schiffen bis zu 15 Mann Besatzung ℳ 10.—, über 15 Mann Besatzung ℳ 15.—.

Stewards (nicht Junggrade) auf Schiffen bis zu 15 Mann Besatzung ℳ 6.—, über 15 Mann Besatzung ℳ 8.—.

In See:

3. Auf Passagierschiffen außerhalb der Nord- und Ostseefahrt hat das Ver- pflegungs- und Bedienungspersonal seine regelmäßige Arbeitszeit zwischen 6 Uhr

vormittags und 8 Uhr abends mit einer Arbeitspause von zwei Stunden, insoweit die Ruhepause nicht gewährt werden kann, ist Überstundenlohn zu bezahlen.

Nachtposten des Bedienungspersonals sollen zwischen 8 Uhr abends und 6 Uhr morgens nicht mit allgemeinen Reinigungsarbeiten beschäftigt werden.

Im Hafen und auf der Reede:

Außerhalb der Nord- und Ostseefahrt erhalten Köche und Stewards, die ausschließlich für die Bedienung von Passagieren bestimmt sind, innerhalb der Zeit, in der keine Passagiere an Bord sind, Überstundenlohn für alle über acht Stunden geleistete Arbeit.

Liegetage im Hafen, während derer Passagiere überhaupt nicht an Bord sind, rechnen bei Passagierschiffen außerhalb der Nord- und Ostseefahrt mit zur Zeit auf See.

Für die Binnenländer ist schließlich noch zu sagen, daß die meisten der häufig in Tageszeitungen auftauchenden Anzeigen, in denen Stellen für Schiffspersonal — besonders Jungen — angeboten werden, ein glatter Schwindel sind.

Auskunft über die Aussicht, auf deutschen Seeschiffen Arbeit zu finden, ist nur bei den Heuerstellen in den Hafenorten zu erhalten. Paritätische Heuerstellen befinden sich in: Königsberg i. Pr., Neuer Graben 13, Stettin, Augustastr. 23, Swinemünde, Bollwerk 11, Rostock i. M., Strabbstraße 63a, Flensburg, Kleine Fischerstraße 1, Kiel, Wall 30a, Holtenau, Schleuse, Brunsbüttelkoog, Frischstraße, Lübeck, Untertrave 1, Hamburg, Steinhöft 9 (Abtlg. A), Seemanns= haus a. d. Hornwerk (Abtlg. B, C, E), Emden, Kleine Faldenstr. 6—7, Bremen, Tannenstr. 30, Bremerhaven, Am Hafen 93, Schleusenstraße= Schifferstraße (Heuerstelle für den Norddeutschen Lloyd).

XII. Die Klaſſifikations=Geſellſchaften.

ie Schiffsklaſſifikations=Geſellſchaften haben die Aufgabe, den baulichen Zuſtand eines jeden Schiffes feſtzuſtellen und zu regiſtrieren, was in erſter Linie für die Verſicherungsgeſellſchaften, ſodann aber auch für die Verfrachter von Waren wichtig iſt.

Als die bedeutendſten derartigen Geſellſchaften ſind zu erwähnen:

1. „Lloyds Register of British and foreign Shipping" (England), kurz „Lloyds" genannt.
2. Internationales Bureau Veritas (Frankreich).
3. Germaniſcher Lloyd (Deutſchland).

Die letztere, von der deutſchen Regierung unterſtützte Geſellſchaft hat ſich aus kleinen Anfängen einen Rang zu erwerben gewußt, der dem der älteren engliſchen Geſellſchaft nicht nachſteht. Alle mit Reichs=ſubvention unterſtützten Linien deutſcher Geſellſchaften werden ver=pflichtet, ihre Schiffe beim Germaniſchen Lloyd klaſſifizieren zu laſſen, und faſt alle Reedereien ſind zu dieſer Geſellſchaft übergegangen, deren Vertrauenswürdigkeit und Zuverläſſigkeit in der ganzen Welt anerkannt wird.

Agenten und Beſichtiger der Geſellſchaften halten dieſe über alle wichtigen Ereigniſſe auf dem laufenden, beauſſichtigen eventuell den Bau neuer Schiffe, unterſuchen den Zuſtand älterer, und nach ihren Berichten erhält das betreffende Fahrzeug ſeine Klaſſe, die durch ein Syſtem von Buchſtaben, Zahlen und Zeichen angegeben wird.

In den Liſten des Germaniſchen Lloyd findet ſich zum Beiſpiel hinter dem Namen eines ſtählernen Schiffes folgendes Zeichen

100 A. L.

4

Davon iſt der Buchſtabe A in Verbindung mit der davorſtehenden Zahl das Zeichen, daß der Bau mit aller gehörigen Sorgfalt ausgeführt worden iſt.

Die in das A eingedruckte Zahl besagt, daß das Schiff nach 4 Jahren wieder zu besichtigen ist und das L endlich bedeutet, daß das Schiff für große (lange) Fahrt gebaut und eingerichtet ist.

Außerdem gelangen unter anderen noch folgende Zeichen zur Verwendung:

+ = Das Schiff ist unter spezieller Aufsicht des Germanischen Lloyd gebaut.

? = Das Schiff ist den vorgeschriebenen Besichtigungen nicht unterzogen worden.

0 = Die Klasse ist erloschen.

Abb. 102. Luxuswohnung auf dem Dampfer „Cap Norte" der Hamburg-Südamerikanischen Dampfschiffahrts-Gesellschaft.

XIII. Das Seerettungswesen.

ie erſten Schritte auf dem Weg, der zu dem heutigen Stande des Seerettungswesens geführt hat, ſind von England getan, woſelbſt ſich nach mancherlei Ver=ſuchen im Jahre 1824 in London der Verein „Institution for the Preser-vation of Life from Shipwreck" bildete, deſſen Protektorat der da-malige König Georg IV. ſelbſt übernahm.

Die „Deutſche Geſellſchaft zur Rettung Schiff=brüchiger" wurde im Mai 1865 gegründet und unterhielt bereits im Jahre 1898 an unſeren Küſten 121 Stationen.

Die Tätigkeit bei Bergung von Perſonen ergibt ſich am beſten aus den nachſtehenden Vorſchriften:

Wenn ein Schiff an den deutſchen Küſten in kurzer Entfernung vom Ufer ſtrandet, und das Leben der Mannſchaft dadurch gefährdet iſt, wird der letzteren, wenn irgend möglich, vom Ufer aus auf folgende Weiſe Beiſtand geleiſtet werden:

a) Eine Rakete, an der eine dünne Leine befeſtigt iſt, wird über das Schiff hingeſchoſſen. Dieſe Leine muß ſo raſch wie möglich erfaßt und feſtgehalten werden. Iſt dies geſchehen, ſo muß einer von der Mannſchaft beiſeite treten und, wenn es Tag iſt, ſeinen Hut, ſeine Hand, eine Flagge oder ein Tuch ſchwenken; iſt es Nacht, ſo muß eine Rakete oder ein Blaufeuer angezündet oder eine Kanone ab=gefeuert werden, oder man zeigt eine Laterne und läßt ſie wieder verſchwinden. Alles dies dient als Signal, daß die Leine gefaßt iſt.

b) Wenn dann die Schiffsmannſchaft einen der am Ufer befind=lichen Leute ſeitwärts von den übrigen eine rote Fahne ſchwenken ſieht, oder wenn ihr zur Nachtzeit ein rotes Licht gezeigt wird, das dann wieder verſchwindet, ſo muß ſie die vorerwähnte dünne Leine einholen, bis ſie einen Steertblock daran befeſtigt findet, durch welchen ein endloſer Läufer (Jolltau) geſchoren iſt.

Abb. 103. Turistendampfer der Hamburg-Amerika-Linie auf einer Nordlandreise.

c) Dieser Steertblock ist am Mast ungefähr 8 Fuß unter der Sahling zu befestigen oder — falls die Masten nicht mehr stehen — an dem höchsten festen Gegenstande auf dem Schiffe. Sobald der Block festgemacht ist, muß wieder einer von der Mannschaft beiseite treten und das unter a) beschriebene Signal geben.

d) Sobald dies Signal am Lande gesehen ist, wird durch die Leute am Lande ein starkes Tau (Rettungstau) an den Läufer (Jolltau) befestigt und vom Lande aus an Bord gezogen werden.

e) Wenn dies dicke Tau (Rettungstau) an Bord gezogen ist, muß die Mannschaft dasselbe sogleich etwa 18 Zoll oberhalb des Steert=blockes, womöglich mit diesem an dem Schiffsteile, befestigen und dabei Sorge tragen, daß der Läufer (Jolltau) klar von dem andern Tau bleibt.

f) Wenn das dicke Tau (Rettungstau) in solcher Weise an Bord befestigt ist, muß der Läufer (Jolltau) von dem dicken Tau losgemacht und, wenn dies geschehen ist, das unter a) beschriebene Signal wieder=holt werden.

g) Die Leute am Lande werden dann das Tau straff anholen und an demselben vermittels des Läufers eine Hosenboje an Bord ziehen; in diese hat sich die Person, welche ans Land gezogen werden soll, zu setzen, und zwar mit den Beinen in die Hose und Armen über die Boje legend. Alsdann muß abermals einer von der Mann=schaft beiseite treten und den Leuten am Lande das unter a) beschriebene Signal geben. Die Leute am Ufer werden dann die Boje ans Land holen, und nachdem die Boje gelandet ist, leer wieder ans Schiff ziehen. Dies Verfahren wiederholt sich, bis alle Personen gerettet sind.

h) Es kann zuweilen der Fall sein, daß das Wetter und der Zustand des Schiffes die Befestigung des dicken Rettungstaues nicht zulassen; in solchen Fällen wird die Hosenboje vermittels des Läufers (Jolltau) hingezogen, und die Schiffbrüchigen werden dann in der Hosenboje vermittels des Jolltaues durch die Brandung geholt, anstatt längs des Rettungstaues.

Die Kapitäne und Mannschaften gestrandeter Schiffe müssen hierbei stets vor Augen haben, daß ihre Rettung nur bei eigener Besonnenheit und bei strenger Befolgung der oben angegebenen Vorschriften gelingen kann.

Die Vorschriften in betreff der zu gebenden Signale müssen besonders genau befolgt werden; auch sind alle Frauen, Kinder, Passagiere und alle hilflosen Personen zuerst zu landen.

Lloyd-Dampfer „Bremen" im Atlantic.

Liegt das Wrack zu weit vom Land ab, um in dieser Weise Hilfe zu bringen, oder stehen dem andere Hindernisse entgegen, so geschieht die Rettung durch besonders konstruierte Boote. In Deutschland ist das Francisboot in Gebrauch, das mit allen Eigenschaften anderer guter Konstruktionen den Vorzug großer Leichtigkeit vereinigt.

XIV. Das Flettner-Schiff.

Während der Drucklegung des vorliegenden Werkes wird die Welt durch eine neue Erfindung auf dem Gebiet der Schiffahrt in Erstaunen versetzt, die hier nicht übergangen werden kann. Dürfte doch das Flettner-Schiff in der Tat berufen sein, auf dem Gebiet der Schiffahrt eine Umwälzung herbeizuführen, wie sie bisher nur durch die An- wendung der Dampfkraft in die Erscheinung getreten ist. Das neue „Windkraft"-Schiff wird, wie es scheint, in Wirklichkeit das so oft schon vorausgesagte Ende der Segelschiffahrt herbeiführen.

Der Name Flettners ist als der eines genialen Erfinders in Schiffahrtskreisen schon seit Jahren nicht unbekannt. Seine Kon- struktion eines Ruders erobert sich mehr und mehr auch die größten Ozeanriesen, obgleich oder vielleicht gerade weil sie im Grunde nichts anderes als die verblüffend einfache Ausführung eines in der Luft liegenden Gedankens darstellt. Ganz ähnlich verhält es sich mit der neuesten Schöpfung Flettners, eben dem Windkraftschiff. Und wenn nicht alle Anzeichen trügen, so hat mit ihm Deutschland wieder einmal bewiesen, daß die Herren Franzosen im Grunde genommen sehr recht haben, wenn sie in ständiger Angst vor uns Deutschen leben, denn es handelt sich hier um eine Erfindung, deren Bedeutung noch keineswegs zu übersehen ist und die jedenfalls auch nicht in den Grenzen der Schiffahrt bleibt. Auch hier dabei im übrigen keine „Erfindung" im Sinne dieses Wortes. Die Kraft, die das Flettnersche Schiff bewegt, ist seit geraumer Zeit bekannt und hätte eigentlich schon viel länger bekannt sein müssen. Um so genialer aber ist die Idee, diese Kraft in der Form auszunützen, wie es hier geschehen ist. Um so genialer und um so verblüffender für diejenigen, denen die Wunder der Technik längst keine Wunder mehr sind. Weder die Herren im Patentamt, noch die Arbeiter und Ingenieure der Germaniawerft, die das Schiff mit seinem neuen Motor ausrüsteten, haben es für möglich gehalten, daß es sich überhaupt bewegen würde, und das Kopfschütteln war um so größer, als eben der Name Flettners als der eines durchaus ernst zu nehmenden Konstrukteurs bekannt war.

Abb. 104. Das Flettner-Schiff verläßt die Werft.

In der Tat besteht der ganze Fortbewegungsapparat des neuen Schiffes aus nichts weiter als zwei mäßig umfangreichen Stahlblech=zylindern (Rotoren=Türmen), die drehbar auf je einer senkrechten Säule montiert sind und durch einen bei Höchstbeanspruchung im ganzen zwanzig Pferdekräfte leistenden Elektromotor in Umbrehungen versetzt werden. Die Rotationen dieser Zylinder reichen aus, dem rund 600 t großen Fahrzeug bei flauestem Winde eine Geschwindigkeit zu geben, die es vorher weder mit seiner alten Takelage noch mit seinem ziemlich starken und leistungsfähigen Motor zu erreichen im=stande war. Dem Laien fehlt dabei zunächst völlig der Zusammenhang

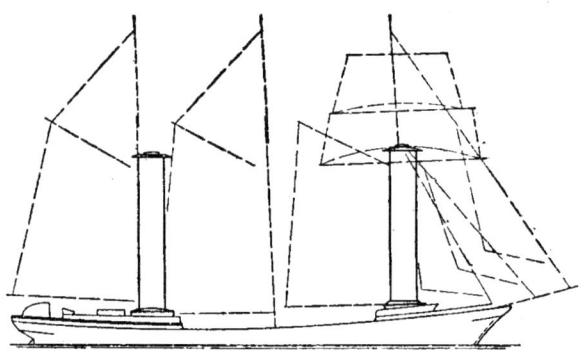

Abb. 105. Die alte Takelage des Flettnerschiffes „Buckau“
im Vergleich zu den Rotoren.

zwischen diesen rotierenden Zylindern und der Schiffsbewegung. Tatsächlich aber handelt es sich um die Ausnutzung der folgenden Erscheinung: Wenn ein der bewegten Luft ausgesetzter zylindrischer Körper in Umbrehungen versetzt wird, deren Richtung der der Luft=strömung gleich gerichtet ist, so sammelt sich der größte Teil der vorüber=strömenden Luft auf der Vorderseite des Zylinders, und zwar aus dem sehr einfachen Grunde, weil sie dort den geringsten Widerstand findet. Es entsteht auf der ganzen Vorderseite dieses Zylinders eine saugende oder ziehende Kraft, die, auf den Schiffskörper übertragen, sich naturgemäß in Bewegung umsetzen muß. Daß diese Kraft außer=ordentlich groß sein muß, hätte man auch vor Flettner zweifellos wissen können, denn es handelt sich hier um ganz dieselbe Kraft, die imstande ist, das mit bekanntlich ganz außerordentlicher Gewalt aus der Mündung heraustretende Geschoß eines modernen Gewehrs bei nur schwachem Seitenwind in ziemlich bedeutendem Umfange aus einer Bahn abzulenken. Aber es ist eben Flettner vorbehalten geblieben, aus diesen Tatsachen Schlüsse zu ziehen, die in langen und geistvollen Versuchen zu dem heutigen Ergebnis geführt haben.

Wenn man berücksichtigt, eine wie verhältnismäßig geringfügige Maschinenleistung für den Betrieb eines solchen Windkraftschiffes erforderlich ist, und weiter berücksichtigt, daß ein Mann ganz bequem in der Lage ist, es unter allen Wetterverhältnissen zu bewegen, so wird man sich einen Begriff davon machen können, von welcher Bedeutung die neue Erfindung Flettners für die Weltschiffahrt sein kann. Ganz selbstverständlich aber beschränkt sich diese Bedeutung, wie schon angedeutet, keineswegs auf die Schiffahrt allein, sondern sie wird auch für die Luftschiffahrt von umwälzender Bedeutung sein.

XV. Anhang.

A. Auszug aus der Seemannsordnung.

Einleitende Vorschriften.

§ 2.

Kapitän im Sinne dieses Gesetzes ist der Führer des Schiffes (Schiffer), in dessen Ermangelung oder Verhinderung sein Stellvertreter.

Schiffsoffiziere im Sinne dieses Gesetzes sind diejenigen zur Unterstützung des Kapitäns in der Führung des Schiffes bestimmten Angestellten, welche zur Ausübung ihres Dienstes eines staatlichen Befähigungsnachweises bedürfen. Außerdem gelten als Schiffsoffiziere die Ärzte, Proviant- und Zahlmeister.

Schiffsmann im Sinne dieses Gesetzes ist jede sonstige zum Dienste auf dem Schiffe während der Fahrt für Rechnung des Reeders angestellte Person, ohne Unterschied, ob die Anmusterung (§ 13) erfolgt ist oder nicht. Auch die weibliche Angestellte hat die Rechte und Pflichten des Schiffsmanns. Der Lotse gilt nicht als Schiffsmann. Die Gesamtheit der Schiffsleute bildet die Schiffsmannschaft.

§ 3.

Der Kapitän ist der Dienstvorgesetzte der Schiffsoffiziere und Schiffsleute. Seine Stellvertretung liegt, soweit nicht vom Reeder oder vom Kapitän hinsichtlich der Vertretung in einzelnen Dienstzweigen anderweitige Anordnung getroffen ist, dem Steuermann, in Ermangelung eines solchen dem Bestmann ob.

Die Schiffsoffiziere sind Vorgesetzte sämtlicher Schiffsleute. Auf die Schiffsoffiziere finden die für die Schiffsmannschaft oder den Schiffsmann geltenden Vorschriften, soweit nicht ausdrücklich ein anderes festgesetzt ist, Anwendung.

Das dienstliche Verhältnis der Schiffsoffiziere untereinander, insbesondere das Verhältnis zwischen Offizieren verschiedener Dienstzweige, bestimmt sich nach den vom Reeder oder vom Kapitän getroffenen besonderen Festsetzungen. Auf Dampfschiffen ist jedoch während der Ausübung des Wachtdienstes der wachthabende Maschinist dem wachthabenden Steuermann insofern untergeordnet, als er die von diesem nach der Maschine gegebenen Befehle auszuführen hat.

Die außer den Schiffsoffizieren in den einzelnen Dienstzweigen als Vorgesetzte geltenden Schiffsleute werden vom Kapitän bestimmt und sind der Schiffsmannschaft durch Aushang bekanntzugeben.

Seefahrtsbücher und Musterung.

§ 7.

Niemand darf im Reichsgebiet als Schiffsmann in Dienst treten, bevor er sich über Namen, Geburtsort und Alter vor einem Seemanns= amt ausgewiesen und von demselben ein Seefahrtsbuch ausgefertigt erhalten hat.

Ist der Schiffsmann ein Deutscher, so darf er vor vollendetem vierzehnten Lebensjahre zur Übernahme von Schiffsdiensten nicht zu= gelassen werden; auch hat er sich über seine Militärverhältnisse sowie, wenn er noch minderjährig ist, darüber auszuweisen, daß er von seinem gesetzlichen Vertreter zur Übernahme von Schiffsdiensten ermächtigt worden ist. Der Genehmigung des Vormundschaftsgerichts bedarf es nicht.

§ 8.

Die für einen einzelnen Fall erteilte Ermächtigung des gesetzlichen Vertreters (§ 7) gilt im Zweifel als ein für allemal erteilt.

Kraft derselben ist der Minderjährige für solche Rechtsgeschäfte unbeschränkt geschäftsfähig, welche die Eingehung oder Aufhebung von Heuerverträgen oder die Erfüllung der sich aus einem solchen Vertrag ergebenden Verpflichtungen betreffen.

§ 13.

Die Anmusterung besteht in der Verlautbarung des mit dem Schiffsmanne geschlossenen Heuervertrags vor einem Seemannsamte. Sie muß vor Antritt oder Fortsetzung der Reise, wenn dies aber ohne Verzögerung der Reise unausführbar ist, sobald ein Seemannsamt angegangen werden kann, erfolgen; die Gründe für die Verzögerung oder Unterlassung der Anmusterung sind in das Schiffstagebuch ein= zutragen. Geschieht die Anmusterung innerhalb des Reichsgebiets, so ist dabei das Seefahrtsbuch vorzulegen.

§ 18.

Die Abmusterung besteht in der Verlautbarung der Beendigung des Dienstverhältnisses seitens des Kapitäns und der aus diesem Verhältnis ausscheidenden Mannschaft vor einem Seemannsamte. Sie muß, sobald das Dienstverhältnis beendigt ist, erfolgen, und zwar, wenn nicht ein anderes vereinbart wird, vor dem Seemannsamte desjenigen Hafens, wo das Schiff liegt, und nach Verlust des Schiffes vor demjenigen Seemannsamte, welches zuerst angegangen werden kann.

Vertragsverhältnis.

§ 32.

Die Verpflichtung des Schiffsmanns, sich mit seinen Sachen an Bord einzufinden und Schiffsdienste zu leisten, beginnt, wenn nicht ein anderes bedungen ist, mit der Anmusterung. Der Zeitpunkt, zu welchem der Dienstantritt erfolgen soll, ist dem Schiffsmanne bei der Anheuerung, der Liegeplatz oder ein Meldeort ist ihm bei der Anmusterung anzugeben.

Wenn der Schiffsmann den Dienstantritt länger als vierundzwanzig Stunden verzögert, ist der Kapitän oder der Reeder zum Rücktritte von dem Heuervertrage befugt. Die Ansprüche wegen etwaiger Mehrausgaben für einen Ersatzmann und wegen sonstiger aus der Verzögerung erwachsener Schäden werden hierdurch nicht berührt.

§ 34.

Der Schiffsmann ist verpflichtet, in Ansehung des Schiffsdienstes den Anordnungen des Kapitäns, der Schiffsoffiziere und seiner sonstigen Dienstvorgesetzten unweigerlich Gehorsam zu leisten und zu jeder Zeit alle für Schiff und Ladung ihm übertragenen Arbeiten zu verrichten.

Er hat diese Verpflichtung zu erfüllen, sowohl an Bord des Schiffes und in dessen Booten, als auch in den Leichterfahrzeugen und auf dem Lande, sowohl unter gewöhnlichen Umständen, als auch unter Havarie.

Ohne Erlaubnis des Kapitäns oder eines Schiffsoffiziers darf er das Schiff bis zur Abmusterung nicht verlassen, doch darf ihm in einem Hafen des Reichsgebiets in seiner dienstfreien Zeit, wenn nicht triftige Gründe vorliegen, die Erlaubnis nicht verweigert werden. Ist ihm eine solche Erlaubnis erteilt, so muß er zur festgesetzten Zeit zurückkehren.

§ 43.

Stellt sich nach Antritt der Reise heraus, daß der Schiffsmann zu dem Dienste, zu welchem er sich verheuert hat, untauglich ist, so ist

der Kapitän befugt, ihn im Range herabzusetzen und seine Heuer ver=
hältnismäßig zu verringern. Diese Befugnis besteht nicht gegenüber
Schiffsoffizieren.

§ 45.

Die Heuer hat der Schiffsmann, sofern keine andere Vereinbarung
getroffen ist, erst nach Beendigung der Reise oder des Dienstverhält=
nisses zu beanspruchen.

Der Schiffsmann kann jedoch in einem Hafen, in welchem das
Schiff ganz oder zum größeren Teil entlöscht wird, die Auszahlung
der Hälfte der bis dahin verdienten Heuer verlangen, sofern bereits
drei Monate seit der Anmusterung verflossen sind. In gleicher Weise
ist der Schiffsmann bei Ablauf je weiterer drei Monate nach der
früheren Auszahlung wiederum die Auszahlung der Hälfte der seit
der letzten Auszahlung verdienten Heuer zu fordern berechtigt.

Ist die Anheuerung auf Zeit erfolgt, so kann der Schiffsmann
bei Rückkehr in den Hafen der Ausreise die bis dahin verdiente Heuer
beanspruchen.

§ 52.

In allen Fällen, in welchen ein Schiff mehr als zwei Jahre aus=
wärts verweilt, tritt für den seit zwei Jahren im Dienste befindlichen
Schiffsmann eine Erhöhung der Heuer ein, wenn diese nach Zeit
bedungen ist.

Diese Erhöhung wird wie folgt bestimmt:

1. der Schiffsjunge tritt mit Beginn des dritten Jahres in die
   in der Musterrolle bestimmte oder aus derselben als Durch=
   schnittsbetrag sich ergebende Heuer der Leichtmatrosen und mit
   Beginn des vierten Jahres in die in der Musterrolle bestimmte
   Heuer der Vollmatrosen ein;

2. der Leichtmatrose erhält mit Beginn des dritten Jahres die in
   der Musterrolle bestimmte Heuer der Vollmatrosen und mit
   Beginn des vierten Jahres ein Fünftel derselben mehr an Heuer;

3. für die übrige Schiffsmannschaft steigt die in der Musterrolle
   angegebene Heuer mit Beginn des dritten Jahres um ein
   Fünftel und mit Beginn des vierten Jahres um ein ferneres
   Fünftel ihres ursprünglichen Betrags.

In den Fällen des Abs. 2 Nr. 1, 2 tritt der Schiffsmann mit der
Erhöhung der Heuer zugleich in die entsprechende Rangklasse ein.

Abb. 106. Dampfer „Columbus" des Norbb. Lloyd im Vergleich zu einer Nachbildung der Karavelle „Santa Maria".

§ 54.

Dem Schiffsmanne gebührt Beköstigung für Rechnung des Schiffes von dem Zeitpunkte des Dienstantritts an bis zur Abmusterung, jedoch wenn diese ohne Verzögerung der Reise unausführbar ist, bis zur Beendigung des Dienstverhältnisses. Er darf die verabreichten Speisen und Getränke nur zu seinem eigenen Bedarf verwenden und nichts davon veräußern, vergeuden oder sonst beiseitebringen. Anstatt der Beköstigung kann auf Grund besonderer Abrede eine entsprechende Geldentschädigung gewährt werden.

§ 57.

Der Kapitän ist berechtigt, bei ungewöhnlich langer Dauer der Reise oder wegen eingetretener Unfälle, eine Kürzung der Rationen oder eine Änderung hinsichtlich der Wahl der Speisen und Getränke eintreten zu lassen.

§ 59.

Falls der Schiffsmann nach Antritt des Dienstes oder nach der Anmusterung erkrankt oder eine Verletzung erleidet, trägt der Reeder die Kosten der Verpflegung und Heilbehandlung. Vorbehaltlich der Vorschrift in Abs. 2 erstreckt sich diese Verpflichtung:

1. wenn der Schiffsmann wegen der Krankheit oder Verletzung die Reise nicht antritt, bis zum Ablaufe von sechsundzwanzig Wochen nach dem Verlassen des Schiffes.

2. wenn er die Reise angetreten hat, bis zum Ablaufe von sechsundzwanzig Wochen nach dem Verlassen des Schiffes.

Bei Verletzung infolge eines Betriebsunfalls werden die Fristen in Abs. 1 auf dreizehn Wochen beschränkt, im Falle der Nr. 2 jedoch nur, wenn der Schiffsmann das Schiff in einem deutschen Hafen verläßt, oder wenn er aus einem außerdeutschen Hafen in die Krankenanstalt eines deutschen Hafens übersührt wird. Die Verpflichtung des Reeders hört dem Verletzten gegenüber auf, sobald und soweit die Berufsgenossenschaft die Fürsorge übernimmt.

Der Reeder ist berechtigt, die Verpflegung und Heilbehandlung dem Schiffsmann in einer Krankenanstalt zu gewähren.

Ein Schiffsmann, der wegen Krankheit oder Verletzung außerhalb des Reichsgebiets zurückgeblieben ist, kann mit seiner Einwilligung und der des behandelnden Arztes oder des Seemannsamts nach einem deutschen Hafen in eine Krankenanstalt überführt werden. Ist der Schiffsmann außerstande, die Zustimmung zu erteilen, oder verweigert er sie ohne berechtigten Grund, so kann sie nach Anhörung eines Arztes durch dasjenige Seemannsamt ersetzt werden, in dessen Bezirke der Schiffsmann sich zurzeit befindet.

Der Schiffsmann, welcher sich der Heilbehandlung ohne berechtigten Grund entzieht und hierdurch nach ärztlichem Gutachten die Heilung vereitelt oder wesentlich erschwert hat, verliert den Anspruch auf kosten= freie Verpflegung und Heilbehandlung. Über die Berechtigung des Grundes sowie über Beginn und Dauer des Verlustes entscheidet vorläufig das Seemannsamt.

Dem Schiffsmanne gebührt, falls er nicht mit dem Schiffe nach dem Hafen der Ausreise zurückkehrt, freie Zurückbeförderung nach diesem Hafen oder nach Wahl des Kapitäns eine entsprechende, im Streitfalle vom Seemannsamte vorläufig festzusetzende Vergütung.

§ 66.

Der für eine Reise geheuerte Schiffsmann ist verpflichtet, während der ganzen Reise, einschließlich etwaiger Zwischenreisen, bis zur Be= endigung der Rückreise im Dienste zu verbleiben, wenn in dem Heuer= vertrage nicht ein Anderes bestimmt ist.

§ 68.

Nach beendigter Reise kann der Schiffsmann seine Entlassung nicht früher verlangen, als bis die Ladung gelöscht, das Schiff ge= reinigt und im Hafen oder an einem anderen Orte festgemacht, auch die etwa erforderliche Verklarung abgelegt ist.

§ 70.

Der Kapitän kann den Schiffsmann vor Ablauf der Dienstzeit entlassen:

1. solange die Reise noch nicht angetreten ist, wenn der Schiffs= mann zu dem Dienste, zu welchem er sich verheuert hat, un= tauglich ist;

2. wenn der Schiffsmann eines groben Dienstvergehens, ins= besondere wiederholten Ungehorsams, fortgesetzter Wider= spenstigkeit, wiederholter Trunkenheit im Dienste oder der Schmuggelei sich schuldig macht;

3. wenn der Schiffsmann des Vergehens des Diebstahls, Betrugs, der Untreue, Unterschlagung, Hehlerei oder Urkundenfälschung oder einer mit Todesstrafe oder mit Zuchthaus bedrohten Handlung sich schuldig macht;

4. wenn der Schiffsmann durch eine strafbare Handlung eine Krankheit oder Verletzung sich zuzieht, welche ihn arbeitsunfähig macht;

5. wenn der Schiffsmann mit einer geschlechtlichen Krankheit behaftet ist, die den übrigen an Bord befindlichen Personen Gefahr bringen kann. Ob dies der Fall ist, bestimmt sich, sofern ein Arzt zu erlangen ist, nach dessen Gutachten;

6. wenn die Reise, für welche der Schiffsmann geheuert war, wegen Krieg, Embargo oder Blockade, wegen eines Ausfuhr= oder Einfuhrverbots oder wegen eines anderen, Schiff oder Ladung betreffenden Zufalls nicht angetreten oder fortgesetzt werden kann.

Disziplinarvorschriften.

§ 84.

Der Schiffsmann ist der Disziplinargewalt des Kapitäns unter= worfen. Die Ausübung der Disziplinargewalt des Kapitäns kann nur auf den ersten Offizier des Decksdienstes und den ersten Offizier des Maschinendienstes innerhalb ihres Dienstbereichs übertragen werden. Dieselben haben jeden Fall der Ausübung der Disziplinar= gewalt binnen vierundzwanzig Stunden dem Kapitän anzuzeigen.

§ 85.

Der Schiffsmann ist verpflichtet, sich stets nüchtern zu halten und gegen jedermann ein angemessenes und friedfertiges Betragen zu beobachten.

Dem Kapitän, den Schiffsoffizieren und seinen sonstigen Vor= gesetzten hat er mit Achtung zu begegnen und ihren dienstlichen Be= fehlen unweigerlich Folge zu leisten.

§ 86.

Der Schiffsmann hat dem Kapitän auf Verlangen wahrheitsgemäß und vollständig mitzuteilen, was ihm über die den Schiffsdienst be= treffenden Angelegenheiten bekannt ist.

§ 90.

Liegt das Schiff im Hafen oder auf der Reede, so ist der Kapitän befugt, wenn nach den Umständen eine Entweichung zu befürchten ist, die Sachen der Schiffsleute bis zur Abreise des Schiffes in Verwahrung zu nehmen.

§ 91.

Zur Aufrechterhaltung der Ordnung und zur Sicherung der Regelmäßigkeit des Dienstes ist der Kapitän befugt, die geeigneten Maßregeln zu ergreifen. Geldbußen, Kostschmälerung von mehr als dreitägiger Dauer, Einsperrung und körperliche Züchtigung darf er zu diesem Zwecke weder als Strafe verhängen, noch als Zwangsmittel anwenden.

Bei einer Widersetzlichkeit oder bei beharrlichem Ungehorsam ist der Kapitän zur Anwendung aller Mittel befugt, welche erforderlich sind, um seinen Befehlen Gehorsam zu verschaffen. Zu diesem Zwecke ist ihm auch die Anwendung von körperlicher Gewalt in dem durch die Umstände gebotenen Maße gestattet. Er darf ferner gegen die Beteiligten die geeigneten Sicherungsmaßregeln ergreifen und sie nötigenfalls während der Reise fesseln.

Jeder Schiffsmann muß dem Kapitän auf Erfordern Beistand zur Aufrechterhaltung der Ordnung sowie zur Abwendung oder Unterdrückung einer Widersetzlichkeit leisten.

Im Auslande kann der Kapitän in dringenden Fällen die Kommandanten der ihm zugänglichen Schiffe der Kriegsmarine des Reichs um Beistand zur Aufrechterhaltung der Disziplin angehen.

Strafvorschriften.

§ 93.

Ein Schiffsmann, welcher nach Abschluß des Heuervertrags sich verborgen hält, um sich dem Antritte des Dienstes zu entziehen, wird mit Geldstrafe bis zu sechzig Mark bestraft.

Wenn ein Schiffsmann, um sich der Fortsetzung des Dienstes zu entziehen, entweicht oder sich verborgen hält, so tritt Geldstrafe bis zu dreihundert Mark oder Gefängnisstrafe bis zu drei Monaten ein.

Ein Schiffsmann, welcher mit der Heuer entweicht oder sich verborgen hält, um sich dem übernommenen Dienste zu entziehen, wird mit der im § 298 des Strafgesetzbuchs angedrohten Gefängnisstrafe bis zu einem Jahre belegt. Sind mildernde Umstände vorhanden, so kann auf Geldstrafe bis zu dreihundert Mark erkannt werden.

In den Fällen des Abs. 1, 2 tritt die Verfolgung nur auf Antrag des Kapitäns ein. Die Zurücknahme des Antrags ist zulässig.

§ 94.

In den Fällen des § 93 Abs. 2, 3 verliert der Schiffsmann, wenn er vor Abgang des Schiffes weder zur Fortsetzung des Dienstes frei-

Abb. 107. Motorschiff „Rio Bravo". Einsetzen der Motoren vor der Germania-Werft.

willig zurückkehrt, noch zwangsweise zurückgebracht wird, den Anspruch auf die bis dahin verdiente Heuer. Die Heuer und, sofern diese nicht ausreicht, auch die an Bord zurückgelassenen Sachen des Schiffsmanns können von dem Reeder zur Deckung seiner Schadensansprüche aus dem Heuer= oder Dienstvertrag in Anspruch genommen werden; soweit die Heuer hierzu nicht erforderlich ist, wird mit ihr nach Maßgabe des § 132 verfahren. Dem Seemannsamte, bei welchem die Meldung von der Entweichung erfolgt, ist, sobald es geschehen kann, eine Auf=stellung über den Betrag der Schadensansprüche und des Heuer=guthabens einzureichen, widrigenfalls die vorgedachte Befugnis erlischt.

§ 96.

Mit Geldstrafe bis zum Betrag einer Monatsheuer wird ein Schiffsmann bestraft, welcher sich einer gröblichen Verletzung seiner Dienstpflichten schuldig macht.

Als Verletzung der Dienstpflicht, die, wenn sie in gröblicher Weise erfolgt, nach Abs. 1 strafbar ist, wird insbesondere angesehen:

1. Nachlässigkeit im Wachtdienste;
2. Ungehorsam gegen den Dienstbefehl eines Vorgesetzten;
3. Ungebührliches Betragen gegen Vorgesetzte, gegen andere Mit=glieder der Schiffsmannschaft oder gegen Reisende;
4. Verlassen des Schiffes ohne Erlaubnis oder Ausbleiben über die festgesetzte Zeit;
5. Wegbringen eigener oder fremder Sachen von Bord des Schiffes und an Bord bringen oder an Bord bringen lassen von Gütern oder sonstigen Gegenständen ohne Erlaubnis;
6. Eigenmächtige Zulassung fremder Personen an Bord und Ge=stattung des Anlegens von Fahrzeugen an das Schiff;
7. Trunkenheit im Schiffsdienste;
8. Vergeudung, unbefugte Veräußerung oder Beiseitebringen von Proviant.

Gegen Schiffsoffiziere kann die Strafe bis auf den Betrag einer zweimonatlichen Heuer erhöht werden.

Die Verfolgung tritt nur auf Antrag des Kapitäns oder eines verletzten Schiffsmannes ein. Der Antrag kann bis zur Abmusterung gestellt werden. Die Zurücknahme ist bis zur rechtskräftigen Ent=scheidung zulässig.

§ 100.

Ein Schiffsmann, welcher den wiederholten Befehlen des Kapitäns, eines Schiffsoffiziers oder eines anderen Vorgesetzten den schuldigen

Gehorsam verweigert, wird mit Gefängnis bis zu drei Monaten oder mit Geldstrafe bis zu dreihundert Mark bestraft.

§ 101.

Wenn zwei oder mehrere zur Schiffsmannschaft gehörige Personen dem Kapitän, einem Schiffsoffizier oder einem anderen Vorgesetzten den schuldigen Gehorsam auf Verabredung gemeinschaftlich verweigern, so tritt gegen jeden Beteiligten Gefängnisstrafe bis zu einem Jahre ein. Der Rädelsführer wird mit Gefängnis bis zu drei Jahren bestraft.

Sind mildernde Umstände vorhanden, so kann auf Geldstrafe bis zu sechshundert Mark erkannt werden. Der Rädelsführer wird in diesem Falle mit Gefängnis bis zu einem Jahre bestraft.

§ 102.

Ein Schiffsmann, welcher zwei oder mehrere zur Schiffsmannschaft gehörige Personen zur Begehung einer nach den §§ 101, 105 strafbaren Handlung auffordert, ist gleich dem Anstifter zu bestrafen, wenn die Aufforderung die strafbare Handlung oder einen strafbaren Versuch derselben zur Folge gehabt hat.

Ist die Aufforderung ohne Erfolg geblieben, so tritt im Falle des § 101 Geldstrafe bis zu dreihundert Mark, im Falle des § 105 Geldstrafe bis zu sechshundert Mark oder Gefängnisstrafe bis zu einem Jahre ein.

§ 103.

Ein Schiffsmann, welcher den Kapitän, einen Schiffsoffizier oder einen anderen Vorgesetzten durch Gewalt oder durch Bedrohung mit Gewalt oder durch Verweigerung der Dienste zur Vornahme oder zur Unterlassung einer dienstlichen Verrichtung nötigt, wird mit Gefängnis bis zu zwei Jahren bestraft. Sind mildernde Umstände vorhanden, so kann auf Geldstrafe bis zu sechshundert Mark erkannt werden. Der Versuch ist strafbar.

§ 104.

Dieselben Vorschriften (§ 103) finden auf den Schiffsmann Anwendung, welcher dem Kapitän, einem Schiffsoffizier oder einem anderen Vorgesetzten in Ausübung seiner Dienstbefugnisse durch Gewalt oder durch Bedrohung mit Gewalt Widerstand leistet, oder den Kapitän, einen Schiffsoffizier oder einen anderen Vorgesetzten tätlich angreift.

§ 105.

Wird eine der in den §§ 103, 104 bezeichneten Handlungen von mehreren Schiffsleuten auf Verabredung gemeinschaftlich begangen, so kann die Strafe bis auf das Doppelte des angedrohten Höchstbetrags erhöht werden.

Der Rädelsführer, sowie diejenigen, welche gegen den Kapitän, einen Schiffsoffizier oder einen anderen Vorgesetzten Gewalttätigkeiten verüben, werden mit Zuchthaus bis zu fünf Jahren oder mit Gefängnis von gleicher Dauer bestraft; auch kann neben der Zuchthausstrafe auf Zulässigkeit von Polizeiaufsicht erkannt werden. Sind mildernde Umstände vorhanden, so tritt Gefängnisstrafe nicht unter drei Monaten ein.

§ 106.

Ein Schiffsmann, welcher solchen Befehlen des Kapitäns, eines Schiffsoffiziers oder eines anderen Vorgesetzten den Gehorsam verweigert, welche sich auf die Abwehr oder auf die Unterdrückung der in den §§ 103, 104 bezeichneten Handlungen beziehen, wird mit Gefängnis bis zu sechs Monaten oder mit Geldstrafe bis zu dreihundert Mark bestraft.

§ 107.

Mit Geldstrafe bis zu sechzig Mark oder mit Haft bis zu vierzehn Tagen wird bestraft ein Schiffsmann, welcher

1. bei Verhandlungen, die sich auf die Erteilung eines Seefahrtsbuchs, auf eine Eintragung in dasselbe oder auf eine Musterung beziehen, wahre Tatsachen entstellt oder unterdrückt oder falsche vorspiegelt, um ein Seemannsamt zu täuschen;

2. es unterläßt, sich zur Musterung zu stellen;

3. im Falle eines dem Dienstantritt entgegenstehenden Hindernisses es unterläßt, sich hierüber gegen das Seemannsamt auszuweisen;

4. wider besseres Wissen eine auf unwahre Behauptungen gestützte Beschwerde bei dem Kapitän vorbringt;

5. der vorläufigen Entscheidung des Seemannsamts zuwiderhandelt.

Durch die Bestimmung des Abs. 1 Nr. 1 wird die Vorschrift des § 271 des Strafgesetzbuchs nicht berührt.

§ 108.

Wer wider besseres Wissen eine auf unwahre Behauptungen gestützte Beschwerde über Seeuntüchtigkeit des Schiffes oder Mangelhaftigkeit des Proviants bei einem Seemannsamte vorbringt und hierdurch eine Untersuchung veranlaßt, wird mit Gefängnis bis zu drei Monaten oder mit Geldstrafe bis zu dreihundert Mark bestraft.

Wer leichtfertig eine auf unwahre Behauptungen gestützte Beschwerde über Seeuntüchtigkeit des Schiffes oder Mangelhaftigkeit des Proviants bei einem Seemannsamte vorbringt und hierdurch eine Untersuchung veranlaßt, wird mit Geldstrafe bis zu einhundert Mark bestraft.

§ 109.

Ein Schiffsmann, welcher vorsätzlich und rechtswidrig Teile des Schiffskörpers, der Maschine, der Takelung oder Ausrüstungsgegenstände oder Vorrichtungen, welche zur Rettung von Menschenleben dienen, zerstört oder beschädigt, wird mit Geldstrafe bis zu eintausend Mark oder Gefängnis bis zu zwei Jahren bestraft.

Der Versuch ist strafbar.

Die Verfolgung tritt nur auf Antrag ein.

B. Die Deutsche Seemannsschule
in Hamburg-Finkenwärder.

Das Kuratorium:

Arnold Amsinck (Woermann-Linie A. G. und Deutsche Ost-Afrika-Linie), Vorsitzender,

Alfred O'Swald (i. F. Wm. O'Swald & Co.), stellvertretender Vorsitzender,

Lothar Bohlen (Woermann-Linie A. G. und Deutsche Ost-Afrika-Linie), Schatzmeister,

Professor Dr. F. Bolte, Seefahrtsschuldirektor,

Dr. L. Kiep (Hamburg-Amerika Linie),

Rechtsanwalt Dr. R. Kück,

C. H. Mathies (Reederei L. F. Mathies & Co.),

O. Overweg (Kosmos- und Deutsch-Australische Dampfschiffahrtsgesellschaft),

M. Warnholtz (Hamburg-Amerika Linie).

Die Nautische Kommission:

Direktor Kapt. Dücker (Woermann-Linie A. G. und Deutsche Ost-Afrika-Linie),

Inspektor Kapt. Havemann (Reederei Knöhr & Burchard Nfl.),

Inspektor Kapt. Kuhfahl (Reederei Euge. Cellier),
Inspektor Kapt. Opitz (Reederei F. Laeisz m. b. H.),
Kapt. Reichenbächer (Hamburg=Amerika Linie),
Inspektor Kapt. Thöm (Reederei A.=G. von 1896).

Leiter der Seemannsschule:
Kapt. Oelkers.

Geschäftsstelle:

Staatliche Seefahrtsschule in Hamburg 4, Bei der Erholung 12.

Fernsprecher: Alster 1218.

Die Deutsche Seemannsschule, im Jahre 1862 von Hamburger Reedern gegründet, hat den Zweck, Knaben, welche sich dem Berufe des Schiffsoffiziers widmen wollen, eine zweckentsprechende Vorbereitung zu gewähren. Der Unterricht der Zöglinge bezieht sich in erster Linie, dem Dienste des Schiffsjungen an Bord entsprechend, auf praktische Seemannschaft. Er wird zum größten Teile auf dem vor der Schule aufgestellten Übungsschiff, in den Booten und auf dem Takelboden erteilt und in besonderen hierfür geeigneten Fächern durch Unterricht in den Klassenzimmern ergänzt.

Die Anstalt ist direkt am Hauptfahrwasser der Elbe auf der vor dem Hamburger Hafen liegenden Elbinsel Finkenwärder mit überall freiem Rundblick belegen.

Die Schule steht unter der Oberleitung eines aus Hamburger Reedern und dem Direktor der staatlichen Seefahrtsschule bestehenden Kuratoriums, dem eine aus Reederei=Inspektoren (früheren Kapitänen) bestehende nautische Kommission angegliedert ist, die in regelmäßigen Abständen Prüfungen über die Leistungen der Zöglinge abhält. Die technische Leitung liegt in den Händen eines erfahrenen Kapitäns. Die Geschäftsstelle, welche die Annahme der Schüler vornimmt und nach ihrer Vorbildung die Einstellung auf geeigneten Segelschiffen vermittelt, befindet sich in der staatlichen Seefahrtsschule zu Hamburg.

Die Lebensweise der Zöglinge ist dem Seemannsberufe entsprechend eingerichtet und soll dem Zwecke dienen, durch Ordnung und Regelmäßigkeit, Reinlichkeit und Abhärtung, sowie durch eine einfache, aber kräftige Kost und körperliche Bewegung (Rudern, Segeln, Klettern, Turnen, Schwimmen, Verrichtung der in der Anstalt vorkommenden Arbeiten usw.) für die Kräftigung und Widerstandsfähigkeit der Schüler, entsprechend den Anforderungen ihres künftigen

Berufes, zu sorgen, und sie im Geiste der für den Dienst an Bord erforderlichen Unterordnung zu erziehen.

Das Auspurren (Wecken) der Zöglinge erfolgt im Sommer um 6 Uhr, im Winter um 7 Uhr. Der Tagesdienst ist nach festem Stundenplan geregelt. Zur Koje gehen (Schlafen) müssen die Zöglinge im Sommer um 10 Uhr, im Winter um 9 Uhr.

Die Zöglinge schlafen in reihenweise im Schlafsaal angebrachten Hängematten. Die Kosten für ärztliche Behandlung sowie evtl. notwendige Krankenhausbehandlung haben die Angehörigen zu tragen.

Aufnahmebedingungen:

a) Für die Aufnahme in die Seemannsschule können nur solche Jungen deutscher Reichsangehörigkeit Berücksichtigung finden, welche vollkommen gesund und frei von körperlichen Fehlern und Anlagen zu chronischen, die regelmäßige Ausbildung des Körpers störenden Krankheiten sind. Auch müssen sie einen kräftigen Körperbau besitzen, um die mit dem Dienste zur See verbundenen bedeutenden körperlichen Anstrengungen und klimatischen Einflüsse ertragen zu können. Insbesondere müssen sie die volle Seh- und Gehörschärfe, sowie ein vollständiges Farbenunterscheidungsvermögen besitzen, schwindelfrei und frei von Sprachfehlern sein.

b) Die für den Dienst an Bord in hohem Maße erforderlichen Charaktereigenschaften der Pflichttreue und des Gehorsams müssen durch empfehlende Zeugnisse, sowie durch Atteste über bisherige tadellose Führung nachgewiesen werden.

c) Mit Rücksicht auf die Anforderungen des Schiffsoffizierberufes wird auf eine gute Schulbildung (frühere Einjähr.-Freiw.-Berecht.) besonderes Gewicht gelegt, durch welche die Fähigkeit, die späteren nautischen Prüfungen zu bestehen, gewährleistet wird.

d) Das Lebensalter muß beim Eintritt in die Anstalt zwischen 15 und 17 Jahren liegen. Eine Überschreitung der Altersgrenze ist zulässig, wenn sie durch verlängerten Schulbesuch zwecks Erweiterung der Allgemeinbildung veranlaßt ist.

Für die Ausbildung ist ein bestimmter Lehrgang erforderlich, dessen Dauer je nach Auffassungsvermögen, Fleiß usw. im Durchschnitt etwa 3 Monate beträgt. Die Ausbildung umfaßt: Bootsdienst, Übungen im Segelexerzieren und Takelarbeiten auf dem Übungsschiff, Arbeiten auf dem Takelboden, Signaldienst, Vorübungen im Steuern, Kompaßkunde, seemännischer Unterricht usw.

Das Kost= und Schulgeld beträgt pro Monat 125 Goldmark und ist pränumerando monatlich zu zahlen. Nach Beendigung des dreimonatlichen Kursus bis zur Vermittlung einer Schiffsjungenstelle beträgt das Kostgeld 4 Goldmark pro Tag. Ein Vorschuß in Höhe von 100 Goldmark ist nach Beendigung des Kursus einzusenden, über welchen beim Verlassen der Schule Abrechnung erteilt wird.

Beim Eintritt ist außerdem für kleinere Ausgaben während des Kursus (Taschengeld, Reparaturen an Kleidung und Fußzeug und dergl.) ein Betrag in Höhe von 30—50 Goldmark bei der Schul= leitung zu hinterlegen, über welchen beim Verlassen der Schule dem Schüler Abrechnung gegeben wird.

Beim Eintritt ist ferner bei der Schulleitung ein Betrag von 100 Goldmark zu hinterlegen, für welchen die Absatz 8 angeführte einheitliche Kleidung für den Schüler zu kaufen ist. Die Kleidungs= stücke können später an Bord weiter verwendet werden.

Verläßt der Schüler die Anstalt vor Ablauf des Kursus, so erfolgt Rückzahlung der halben Summe des für den betr. Monat eingezahlten Kost= und Schulgeldes, wenn der Abgang in der ersten Hälfte des Monats stattfindet. Beim Verlassen der Anstalt im ersten Monat erfolgt keine Rückzahlung.

Die Aufnahme findet statt zu Anfang von jedem Monat.

Anmeldung:

Die Anmeldung geschieht bei der Geschäftsstelle der deutschen Seemannsschule Hamburg 4, Staatliche Seefahrtsschule, Bei der Erholung 12, unter Beifügung folgender Zeugnisse und Bescheinigungen:

a) Die Geburtsurkunde. (Taufschein genügt nicht.)

b) Die Bescheinigung der Wiederimpfung.

c) Die polizeilich beglaubigte Genehmigung des Vaters oder Vormundes zur Übernahme von Schiffsdiensten. In dieser muß der Vater oder Vormund zugleich erklären, daß ihm die Annahme= bedingungen bekannt sind und daß er in allen Teilen mit diesen einverstanden ist.

d) Ein von dem einzustellenden Jungen selbst verfaßter Lebens= lauf unter besonderer Angabe des genossenen Bildungsganges und des Standes der Eltern. Bei den Schulen ist sowohl für den Eintritt als auch für den Austritt die Angabe der Zeit und der betreffenden Klasse erforderlich, um ein klares Bild über die Fortschritte des Be= werbers zu ermöglichen.

e) Die Schulzeugnisse der letzten zwei Jahre und das Abgangs=
zeugnis oder eine beglaubigte Abschrift dieser Zeugnisse. (Abgangs=
zeugnis allein genügt nicht.)

f) Falls der Bewerber nach Abgang von der Schule bereits
kürzere Zeit in einem anderen Beruf tätig war, ein Zeugnis seitens
des Lehrherrn über Führung, Auffassungsfähigkeit und Pflichtgefühl
des Bewerbers und ein Unbescholtenheitszeugnis der Polizeibehörde.

g) Ein vorläufiges Gesundheitszeugnis eines approbierten Arztes,
wenn irgend möglich, eines beamteten Bahnarztes, nach
dem beiliegenden Formular. Dasselbe wird vor der Anmusterung
durch eine kostenlose nochmalige Untersuchung durch den Vertrauensarzt
der betreffenden Reederei oder der See=Berufsgenossenschaft ergänzt.

h) (Wenn vorhanden) eine Photographie mit Angabe des Jahres
der Aufnahme.

Bevor nicht sämtliche Papiere vorliegen, kann eine
Entscheidung über die Annahme nicht getroffen werden.
Die Übersendung einzelner Papiere ist daher zu ver=
meiden. Die Entscheidung erfolgt alsbald nach Einsendung. Wenn
auf Grund der eingesandten Zeugnisse eine Aussicht auf Annahme
nicht eröffnet werden kann, werden die Papiere zurückgeschickt.

Für die Zeit des Besuches der Seemannsschule ist eine einheitliche
Einkleidung vorgesehen. Diese Kleidung umfaßt: 1 blaue Mütze,
1 blaues woll. Marinehemd, 1 blaue Marine=Tuchhose, 1 Marine=
Kragen, 1 Knoten, 1 Paar Arbeitsschuhe, 1 Pilot Arbeitsjacke und
Hose und 1 blauer Sweater. Die Kosten für diese Kleidung betragen
zzt. etwa 100 Goldmark; sie ist von dem Schüler bei bzw. kurz nach
Eintritt anzuschaffen. Die Schüler können daneben ihre alten Anzüge
als Arbeitskleidung und einen besseren Anzug für den Sonntag benutzen.

Beim Eintritt sind mitzubringen: 1 Sonntagsanzug, 1 Paar
gute Schuhe, 1—2 Arbeitsanzüge (alte Anzüge), 3 Unterhemden,
3 Unterhosen, 1 Paar Strümpfe, 1—2 Paar alte Arbeitsschuhe,
2 Handtücher, 4 Taschentücher, 2 woll. Schlafdecken, Näh= und Flick=
zeug, Kamm, Zahn=, Zeug= und Stiefelbürste, 1 Eßbesteck, 1 starkes
Taschenmesser, 1 kleines Vorhängeschloß für den Schrank polizeiliche
Abmeldung des Heimatortes, Brotkartenabmeldung, 6 kleine Paß=
bilder, 1 Steuerbuch.

Ausrüstung für die erste Seereise.

Außer der in Abs. 8 angegebenen Ausrüstung muß vor Antritt
der Seereise noch eine Seeausrüstung angeschafft werden. In der

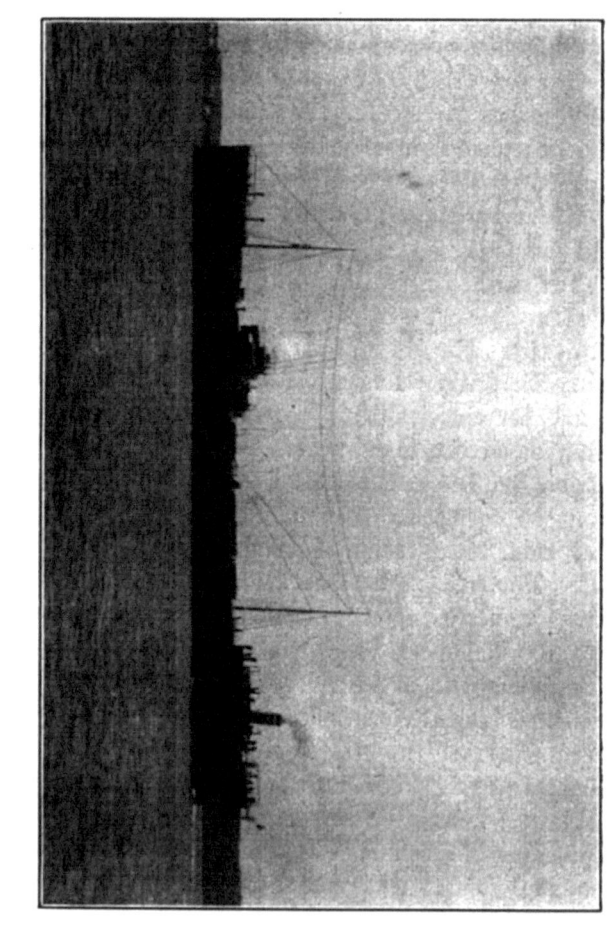

Abb. 108. M. S. „Zoppot". Tragfähigkeit 15 750 t, mit 2 umsteuerbaren Sechszylinder-Zweitakt-Krupp-Schiffsdieselmotoren, von je 1700 PSe bei 106 Umdr./Min.

Hauptsache wird hierzu benötigt 1 Seesack oder Koffer (Kiste), 1 Paar Seestiefel (evtl. alte wasserdichte Schaftstiefel), 1 Ölzeug (Jacke, Hose, Südwester) und wollenes Unterzeug. Die Kosten hierfür betragen zzt. etwa 100 Goldmark (ohne Unterzeug). Für die Beschaffung steht der Schulleiter mit seinem Rat zur Seite.

Beim Verlassen der Seemannsschule, nach voll= endetem Kursus, wird den Zöglingen durch die pari= tätische Heuerstelle auf Grund des ausgestellten Abgangs= zeugnisses eine Einstellung als Schiffsjunge vermittelt. Die Zeit des Besuches der Seemannsschule wird mit 75% als Fahrzeit im Sinne der Bestimmungen über die Zulassung zur Steuermanns= prüfung gerechnet.

Eine Gewähr für sofortige Einstellung nach Beendigung des drei= monatlichen Kursus kann nicht übernommen werden, da die An= forderungen von Schiffsjungen seitens der Reedereien von den je= weiligen Bedürfnissen abhängen. Eine beschränkte Anzahl von Zög= lingen kann nach beendetem Kursus einem Frachtschulschiff überwiesen werden. Als Zuschuß für Kosten der Verpflegung sind dort im ersten Jahre 1 Goldmark pro Tag zu zahlen und zwar für das erste Halbjahr pränumerando. Auf Antrag ist Teilzahlung gestattet. Die Zöglinge erhalten auch hier die tarifliche Gage eines Schiffsjungen, welche zzt. 22 Goldmark monatlich beträgt. Auf allen anderen Schiffen wird den Zöglingen neben der tariflichen Gage freie Verpflegung gewährt.

Auf Grund der über die gesamte Fahrzeit seitens der Kapitäne ausgestellten Zeugnisse, welche durch das Ver= halten beim Besuch der staatlichen Seefahrtsschule er= gänzt werden, werden diejenigen, welche sich gut geführt haben, von den größeren Reedereien in erster Linie bei der Besetzung ihrer Schiffsoffizierstellen berücksichtigt.

C. Tabellarium.

Nachstehend sind in kurz zusammenfassender Form eine Anzahl der verschiedensten für Seewesen und Schiffahrt wichtiger Zahlen und Daten aufgeführt, und zwar:

a) Maße auf der Erde.

1 Meter (m) ist gleich $\dfrac{1}{10\,000\,000}$ des Erdmeridianquadranten, d. h. des kürzesten Bogens vom Pol zum Äquator.

1 Seemeile (Sm.) = 1852,01 oder rund 1852 Meter.

Umfang der Erdkugel 21 600 Seemeilen.

Abstand vom Mittelpunkte der Erde zum $\begin{cases} \text{Pol} & 6\,356\,078{,}962 \text{ m} \\ \text{Äquator} & 6\,377\,397{,}154 \text{ m} \end{cases}$

Abplattung der Erde $\dfrac{1}{299,\ 1528}$.

b) Verteilung von Land und Wasser auf der Erde.

Die Gesamtoberfläche der Erdkugel (509 905 000 ☐ km) besteht zu etwas über ¼ (136 500 000 ☐ km) aus festem Lande und zu fast ¾ (373 450 000 ☐ km) aus Wasser. Auf die einzelnen Erdteile verteilt sich das Festland ungefähr wie folgt:

Europa . 9 923 734 ☐ km   **Afrika** .. 29 886 960 ☐ km

Asien .. 44 275 130 ☐ km   **Amerika** 39 222 910 ☐ km

Australien . . . . 8 962 584 ☐ km

Die Polargebiete . . . . 4 228 682 ☐ km

Von der Wasserfläche enthält:

Der Große Ozean . . . . 175 000 000 ☐ km (47%)

„ **Indische Ozean** . . . . . . 74 890 000 ☐ km (20%)

„ **Atlantische Ozean** . . . . . 89 800 000 ☐ km (24%)

Die Eismeere . . . . 33 700 000 ☐ km (9%)

c) Wellen-Höhe und -Ausdehnung.

Die größte, gemessene Wellenhöhe beträgt etwa 11 m, die größte, gemessene Länge 300—400 m (von James Roß sind als Ausnahme 580 m gemessen). Im Durchschnitt erreichen die Wellen im Atlantischen Passatgebiet 2 m, im Indischen Ozean 2,8 m, im westlichen Teil des Großen Ozeans 3,1 m und in der Nähe des Kap Horn 4 m Höhe. In der Nordsee dürften 4 m nie überschritten werden. Die Länge einer gewöhnlichen Sturmwelle kann auf 70—150 m angenommen werden, und stellt sich das Verhältnis der Höhe zur Länge im Durchschnitt auf 1 : 30.

Die Geschwindigkeit der Welle schwankt etwa zwischen 11 und 15 m in der Sekunde oder 21 bis 30 Seemeilen per Stunde.

d) Nautische Maße.

I. Kabellängen:

In der Hydrographie .... 185 m

„ Deutschland (allgemein) .... 185 m

„ „ (Seetaktik) .... 180 m

„ Dänemark .... 188 m

„ England (cable's length) .... 185 m

„ Frankreich, (encablure) früher 195, jetzt .... 200 m

„ den Niederlanden .... 225 m

„ Portugal (Estadio) .... 258 m

„ Rußland (Kabel) .... 183 m

„ Spanien (Medida o cable) .... 200 m

II. Schäkel:

1 Schäkel Kette in Deutschland 25   m = 13,7 engl. Faden

„ England .... 21,9 m = 12   „   „

„ Frankreich 30   m = 16,4 „   „

III. Tiefenmaße:

In Deutschland .... 1 Meter

„ Dänemark .... 1 Favn = 1,88 m

„ England .... 1 Fathom = 1,83 m

„ Frankreich .... 1 Mètre

„ Rußland .... 1 Saschen = 1,83 m

„ Spanien .... 1 Braza = 1,67 m

„ Portugal .... 1 Braça = 2,20 m

e) Sichtweite eines Feuers in Seemeilen.

Höhe des Feuers in Metern	Augenhöhe in Metern				Höhe des Feuers in Metern	Augenhöhe in Metern			
	3	6	9	12		3	6	9	12
	Sm.	Sm.	Sm.	Sm.		Sm.	Sm.	Sm.	Sm.
5	8,3	9,8	10,9	11,9	30	15,1	16,6	17,8	18,8
10	10,3	11,8	12,9	13,9	35	16	17,6	18,7	19,7
15	11,7	13,3	14,4	15,4	40	16,9	18,4	19,6	20,5
20	13	14,5	15,7	16,6	45	17,7	19,2	20,4	21,3
25	14,1	15,6	16,8	14,7	50	18,5	20	21,1	22,1

f) Entfernung der Kimm vom Schiffe.

Die Kimm (die Horizontlinie) ist vom Schiffe entfernt:

bei 2 Metern Höhe des Auges über Wasserspiegel 2,9 Seemeilen.
„ 3 „ „ „ „ „ „ 3,6 „
„ 4 „ „ „ „ „ „ 4,2 „
„ 4,5 „ „ „ „ „ „ 4,4 „
„ 5 „ „ „ „ „ „ 4,6 „
„ 6 „ „ „ „ „ „ 5,1 „
„ 7 „ „ „ „ „ „ 5,5 „
„ 8 „ „ „ „ „ „ 5,9 „
„ 8,5 „ „ „ „ „ „ 6,1 „
„ 9 „ „ „ „ „ „ 6,2 „
„ 9,5 „ „ „ „ „ „ 6,4 „
„ 10 „ „ „ „ „ „ 6,6 „

g) Vorschriftsmäßige Stärken des Ankergeschirrs für deutsche Handelsschiffe.

Größe des Schiffes in cbm	Ankergewicht*)		Kettenstärke		Kettenlänge		Zahl der Anker	
	Dampfer kg	Segler kg	Dampfer mm	Segler mm	Dampfer m	Segler m	Dampfer	Segler
500—575	530	735	21	25	275	300	2	2
575—700	585	840	22	27	275	300	2	2
700—850	685	1 020	24	29	330	330	2	2
850—1 000	790	1 650	25	30	330	330	2	3
1 000—1 125	890	1 955	27	32	330	330	2	3
1 125—1 275	990	2 185	29	33	330	330	2	3
1 275—1 425	1 625	2 425	30	35	330	330	3	3
1 425—1 700	1 800	2 600	32	37	330	380	3	3
1 700—1 975	2 080	3 035	33	38	330	380	3	3
1 975—2 275	2 400	3 390	35	40	330	380	3	3
2 275—2 550	2 680	3 690	37	41	380	380	3	3
2 550—2 825	2 950	3 990	38	43	380	380	3	3
2 825—3 400	3 200	4 270	40	44	380	435	3	3
3 400—4 000	3 670	4 620	41	46	380	435	3	3
4 000—4 500	4 040	4 920	43	48	380	435	3	3
4 500—5 100	4 270	5 280	44	49	435	435	3	3
5 100—5 700	4 600	5 500	46	51	435	435	3	3
5 700—7 000	4 810	5 740	48	52	435	435	3	3
7 000—8 500	5 230	6 080	49	54	435	435	3	3
8 500—10 000	5 560	6 510	51	57	435	490	3	3
15 000	8 810	8 960	57	68	490	490	4	4

*) Zu verstehen ist das Gewicht aller Buganker ohne Stock!

h) Verſchiedene gebräuchliche Knotenlängen für Loggleinen.

Der Sand des Loggglaſes läuft aus in:	Länge der Knoten an der Leine		Bemerkungen
	Dampfer	Segler	
12 Sekunden	6,168 Meter	5,860 Meter	Zur Verwandlung der
12,5 „	6,425 „	6,104 „	Meter in Fuß ſ. dieſe
13 „	6,682 „	6,348 „	Tabelle.
13,5 „	6,939 „	6,592 „	
14 „	7,196 „	6,836 „	
14,5 „	7,453 „	7,080 „	
15 „	7,710 „	7,324 „	

i) Meilenmaße.

Geographiſche Meile 15 = 1 Gr. des Äquators	Engl. Statute Mile 5280 Fuß (engl.)	Ruſſiſche Werſt 3500 Fuß (ruſſ.)	Kilometer (1000 m)	Seemeilen	Engl. geogr. M. 60 = 1 Gr. des Äquators (auch in Italien)	Engl. AbmiraltyKnot	Schwediſche, bzw. Norweg. Meilen (10000 m)
1	4,6109	6,9558	7,4204	4,0067	4	4,0043	0,742
0,2169	1	—	—	—	—	—	—
0,1438	--	1	—	—	—	—	—
0,1348	--		1	—	—	—	—
0,2496	—	—	--	1	—	—	—
0,2500	—	—	—	—	1	—	—
0,2497	--	--	—	—	—	1	--
0,3476	—	—	—	—	—	—	1

k) Tabelle zur Verwandlung von engl. Zoll, Fuß und Faden in Meter.

Zoll	Fuß	Faden	Meter	Zoll	Fuß	Faden	Meter
1	—	—	0,0254	11	—	—	0,2794
2	—	—	0,0508	12	1	—	0,3048
3	¼	—	0,0762	—	1½	¼	0,4572
4	—	—	0,1016	—	2	—	0,6096
5	—	—	0,1270	—	3	½	0,9144
6	½	—	0,1524	—	4	—	1,2192
7	—	—	0,1778	—	4½	¾	1,3716
8	—	—	0,2032	—	5	—	1,5240
9	¾	—	0,2286	—	6	1	1,8288
10	—	—	0,2540	—	—	—	—

l) Vergleich zwischen Hanf- und Draht-Tauwerk.

Es entspricht an Haltbarkeit:

Ein Drahttau von 1½ Zoll (engl.) einem Hanftau von 2—3 Zoll

"   "   " 2   "   "   "   "   " 3½—4 "

"   "   " 2½ "   "   "   "   " 4½—5 "

"   "   " 3   "   "   "   "   " 5½—6 "

"   "   " 3½ "   "   "   "   " 6½—7 "

"   "   " 4   "   "   "   "   " 7½—8 "

"   "   " 4½ "   "   "   "   " 8½—9 "

Die Brechkraft ist für ein Hanftau von 3 Zoll = 3,0 Tons, von 6 Zoll = 10 Tons, von 9 Zoll = 22 Tons.

Hierzu ist jedoch zu bemerken, daß man ein Tau niemals über ein Drittel seiner Brechkraft hinaus beanspruchen sollte. Als ständige Arbeitsbelastung nehme man etwa $1/5$—$1/6$ der Brechkraft.

m) Die geographische Lage wichtiger Punkte.*)

Ort:	Breite			Länge			Bemerkungen
	Grad	Minuten	N. ob. S.	Grad	Minuten	O. ob W.	
Skagen	57	44,2	N.	10	38,1	O.	—
Helgoland	54	10,9	„	7	53,2	„	Leuchtfeuer auf Oberland.
Rother Sand	53	51,3	„	8	5,1	„	—
Eddystone	50	10,8	„	4	15,9	W.	—
Lizard	49	57,7	„	5	12,1	„	—
Kap Finisterre	42	52,7	„	9	15,5	„	—
Europa Point	36	6,4	„	5	20,8	„	—
Gibbs Hill	32	15,1	„	64	49,7	„	Bermuda-Inseln.
Punta Delgada	37	43,9	„	25	40,3	„	San Miquel (Azoren).
Funchal	32	37,7	„	16	55,3	„	Madeira.
Santa Cruz	28	28,6	„	16	15,1	„	Teneriffa.
Kap Verde	14	43,3	„	17	32,4	„	—
Jamestown	15	55	„	5	42	O.	St. Helena.
Kap der guten Hoffnung .	34	21,2	S.	18	29,6	„	—
Kap Delgado	10	41,3	„	40	38,8	„	—
Aden	12	46,8	N.	44	58	„	Feuerschiff an der S.-Seite des Fahrwassers zum inneren Hafen.
Colombo	6	56,3	„	79	50,6	„	Ceylon.
Malacca	2	11,6	„	102	12	„	Feuer auf NO.-Seite der Straße.
Singapore	1	17,6	„	103	51,1	„	—
Kap Lusaran	10	28,3	„	122	28,3	„	Philippinen.
Manila	14	36,1	„	120	56,5	„	—
Kap Pabaran	11	21,8	„	109	1,9	„	Siam.
Kiautschou-Bucht	35	53,7	„	120	52,3	„	—
Hiraiso-Rock	34	37,3	„	135	3,7	„	Einfahrt z. Akashi-Straße (Japan).
Yokohama	35	27	„	139	40	„	—
Adelaide	34	48,1	S.	138	29,8	„	Australien.
Otway-Kap	38	51,7	„	143	31	„	—
Table-Kap	40	57	„	145	45,3	„	Tasmanien.
Booby-Insel	10	36,1	„	141	54,8	„	Westeinfahrt z. Torres-Str.
Tabu-Riff	22	28,9	„	166	27,8	„	Nouméa (Neu-Kaledonien).

*) W. oder O. Länge von Greenwich.

Ort:	Breite			Länge			Bemerkungen
	Grad	Minuten	N. ob. S.	Grad	Minuten	O. ob. W.	
Beau-Felsen	36	50,1	S.	175	51,3	O.	Auckland-Hafen (NeuSeeland)
Astrolabe-Riff	18	38,3	„	178	32,2	„	Fidji-Inseln.
Apia	13	49,9	„	171	44,5	„	Samoa.
Friedrich Wilhelm-Hafen ..	5	12,8	„	145	19,2	„	Neu-Guinea.
Honolulu	21	17,9	N.	157	52	W.	Hawaï.
Yap	9	25	„	138	6	„	Marschall-Inseln.
San Francisco	37	45	„	122	30	„	—
Creston-Insel	23	10,6	„	106	24,7	„	Mazatlan-Bucht.
Kap Corientes	20	23,8	„	105	42,8	„	—
Gallapagos-Inseln	0	55,3	„	83	37,5	„	Chaham-Insel.
Callao	12	4,1	S.	77	15,7	„	—
Arica	18	28,1	„	70	20,5	„	—
Caleta Buena	19	53,5	„	70	10	„	—
Jquique	20	12,5	„	70	11,3	„	—
Valparaiso	33	1	„	71	38	„	—
Juan Fernandez	33	37	„	78	49	„	—
Evangelistas	52	24	„	75	6	„	Westmündung der Magellanstraße.
Virgins Kap	52	20,2	„	68	20,7	„	Ostmündung d. Magellanstr.
Staten Island	54	40	„	63	47	„	Nicht mit der gleichnamigen Insel bei New York zu verwechseln!
Falklands-Inseln	51	40	„	57	40	„	—
Buenos Ayres	34	36	„	58	22	„	—
Santos	24	3,1	„	46	15,5	„	—
Rio de Janeiro	22	56	„	43	7	„	—
Kap Frio	23	0,7	„	42	—	„	—
Kap San Rooque	5	29,3	„	35	15,9	„	—
Trinidad	10	50	N.	60	54	„	Galera Point.
Martinique	14	35	„	61	4,5	„	St. Louis.
Antigua	17	6,7	„	61	51,6	„	—
Kap San Juan	18	23	„	66	36	„	Porto Rico.
Kingston	17	57,7	„	76	52,2	„	—
Havanna	23	9,4	„	82	21,5	„	—
Kap Honduras	16	18	„	86	34,5	„	—
New York: NantucketShoal Feuerschiff	40	37	„	69	36,5	„	Das am weitesten vorgeschobene Feuerschiff.
New York: Sandy Hook ..	40	27,7	„	74	0,2	„	
Boston	42	19	„	70	53	„	—
Magdalen-Kap	49	15,6	„	65	19,3	„	—
Salmon-Kap	47	46,3	„	69	54,1	„	—
St. Paul-Bucht	47	24	„	70	28	„	—

n) Entfernungstabelle.

(Mit ziemlicher Genauigkeit läßt sich die Weglänge zwischen zwei Orten natürlich nur für Dampfer angeben; soweit Entfernungen auf Segelschiffswegen aufgenommen sind, handelt es sich also nur um annähernde Werte.)

Von Ausgang des englischen Kanals **nach**:

Ort:	Weg in Seemeilen	
	Dampf	Segel
Adelaide (über Suez)	8 350	—
„ (um Afrika)	11 135	13 000
Algier	1 205	—
Amoy (über Suez)	9 625	—
„ (um Afrika)	13 785	15 000
Arica	9 335	10 000
Ascension	3 520	4 000
Athen	2 310	—
Bahia	4 260	5 500
Baltimore	3 200	—
Barcelona	1 450	—
Bermuda	2 800	3 690
Bombay (über Suez)	5 900	—
„ (um Afrika)	10 340	13 200
Boston	2 700	—
Bushire (über Suez)	6 000	—
„ (um Afrika)	11 105	—
Cadix	855	—
Calcutta (über Suez)	7 600	—
„ (um Afrika)	11 220	14 000
Callao	9 575	10 300
Cardiff	180	180
Cartagena	1 165	—
Constantinopel	2 690	—
Dover	305	305
Falkland-Inseln	6 850	—
Falmouth	60	60
Fayal	1 170	1 200
Fernando Po	1 500	—
Galveston	477	—
Genua	1 840	—
Gibraltar	960	—
Halifax	1 820	2 000
Havanna	3 795	—
Hâvre	245	245

Von Ausgang des englischen Kanals nach:

Ort:	Weg in Seemeilen	
	Dampf	Segel
Hongkong	9 350	15 140
Honolulu	13 470	15 200
Jquique	9 150	9 500
Jamaika	3 940	—
Kamerun	4 200	—
Kap der guten Hoffnung	5 790	7 100
Kap Horn	7 070	7 120
Kongo	4 390	—
Liverpool	300	450
Lissabon	700	—
Lizard	40	40
London	395	395
Madeira	1 120	1 200
Madras (für Dampfer über Suez)	6 930	14 200
Malta	1 915	—
Manila	9 250	—
Maranhão	3 100	3 980
Marseille	1 650	—
Melbourne	10 720	11 000
Montevideo	5 840	5 900
Milford Haven	140	—
Natal	6 410	—
Neapel	1 860	—
New York	2 910	3 000
Norfolk	3 080	—
Odessa	3 010	—
Payta	10 000	—
Panama	10 955	—
Penang	7 540	11 000
Philadelphia	3 050	—
Plymouth	90	90
Port Said	2 870	—
Point de Galle	6 300	—
Quebeck	2 600	—
Rangoon (Dampfer über Suez)	7 630	12 500
Rio de Janeiro	4 850	4 945
Santos	5 100	—
San Francisco	13 210	15 300
Shanghai	10 080	15 000
Sydney	11 500	13 700
Sierra Leone	2 650	—

Von Ausgang des englischen Kanals nach:

Ort:	Weg in Seemeilen	
	Dampf	Segel
Singapore	7 910	13 000
Smyrna	2 545	—
Tanger	965	—
Teneriffa	1 330	1 400
Valparaiso	8 440	9 120
Vigo	490	—
Vlissingen	395	395
Walfisch-Bay	5 185	6 000
Wellington	12 070	—
Yokohama	10 810	15 000
Zanzibar	5 895	8 000

Um aus den gegebenen Entfernungen einen Schluß auf die mögliche Dauer der Reise zu ziehen, nehme man für Segelschiffe eine durchschnittliche Geschwindigkeit von 4 Seemeilen per Stunde an, wonach also für eine Fahrt vom Kanal nach Valparaiso eine Reisedauer anzunehmen ist, die zwischen 90 und 100 Tagen liegt. Selbstverständlich kann ein guter Segler, wenn er mit geschickter Ausnutzung der meteorologischen Daten geführt wird und Glück hat, die Reise erheblich schneller machen, andererseits hat aber Verfasser selbst 120 Tage für die Reise gebraucht. Immerhin ergibt sich für die Angehörigen junger Seeleute aus dieser Tabelle die Möglichkeit, wenigstens annähernd zu berechnen, wann das Schiff seinen Bestimmungsort erreichen kann.

Umstehend einige bekannte, schnelle Segelschiffsreisen.

o) Dauer von Segelschiffreisen.

Reisejahr	Schiffsname	Flagge	Von	nach	Belegte Distanz (Seemeilen)	Reisedauer (Tage)	Bemerkungen
1863	Murray	Engl.	Kanal	Adelaide	13 000	70	
1851	Comet	Amerik.	San Francisco	New York	15 000	75*)	
1873	Lima	Deutsch.	Kanal	Singapore	13 650	91	
1878	Bismarck*	„	Kanal	Singapore	13 800	86	
1881	Bolten	„	„	Valsein	9 250	77	
1882	Deutschland	„	„	Rangoon	13 700	94	
1885	Regulus	„	„	„	13 700	92	
1886	Madeleine Rickmers	„	„	Singapore	14 500	91	
1886	Pluto	„	„	Valparaiso	9 250	61	
1889	Selene	„	„	Melbourne	13 450	70	
1892	Placilla	„	„	Äquator	3 610	15*)	
1892	Palmyra	„	„	Cap Horn	± 360	22	
1892	**Placilla**	„	Kanal	Valparaiso	9 200	**58**	
1898	Potosi	„	Cap Horn	Äquator	4 540	19	

*) Eine der bemerkens-wertesten Reisen, die über-haupt gemacht worden sind, da auf der ganzen Strecke eine Durchschnittsge-schwindigkeit von über 8 Meilen erzielt wurde.

*) Die „Placilla" gilt als einer der besten Segler und erzielt hier einen Durch-schnitt von 10 Seemeilen, allerdings auf kürzere Di-stance.

D. Die großen deutschen Reedereien.

Schon in der Einleitung des vorliegenden Werkes haben wir kurz der Stellung gedacht, die die deutschen Schiffahrtsgesellschaften vor 1914 im Weltverkehr besaßen. In der Tat haben sich wohl noch nicht allzu viele Binnenländer klar gemacht, was eigentlich auf diesem Gebiet durch den Versailler Vertrag vernichtet worden ist, und noch weniger weiß man hier von der rastlosen, zähen Wiederaufbau-Arbeit, die trotz aller Hindernisse hier seit 1918 geleistet worden ist. Wenn irgend- wo, so hat hier der alte Hanseatengeist sich bewährt, und, so weit wir auch noch hinter dem einstigen Stande unserer Handelsflotte zurück- geblieben sind: was sich von deutschen Schiffen auf See zeigt, braucht den Vergleich mit niemand zu scheuen.

1. Die Hamburg-Amerika-Linie, Hamburg.

Die „Hamburg-Amerikanische Paketfahrt-Aktien Gesellschaft", wie der ursprüngliche Name der Reederei lautet (Haben Alle Passagiere Auch Geld? übersetzt ein alter Scherz das H. A. P. A. G. in der Flagge), war, wie wir bereits gesehen haben, vor dem Kriege die weitaus größte Schiffahrts-Gesellschaft der ganzen Welt. Als Segelschiffsreederei begann die Hapag ihre Tätigkeit, trotzdem damals bereits vereinzelte englische und amerikanische Dampfschiffs- gesellschaften als Vorboten einer neuen Seeverkehrsära entstanden waren und ihre Schiffe in der transatlantischen Fahrt beschäftigten. Man ist deshalb im ersten Augenblick geneigt, das Verharren der Paket- fahrt bei der alten Form des Seeverkehrs als Rückschritt auszulegen. Betrachtet man aber die Verhältnisse nicht im Lichte unserer, sondern ihrer eigenen Zeit, so kommt man zu einem wesentlich anderen Urteil. Die Dampfschiffahrt befand sich damals noch in ihrem Anfangsstadium und war vorläufig nicht mehr als ein gewagtes Experiment, mit dem sich nur solche Reedereien befassen konnten, die durch staatliche Sub- ventionen gegen schwere Mißerfolge gesichert waren. Der Hapag aber fehlte der feste Hintergrund eines schützenden und fördernden Staatswesens, und es war deshalb nur ein Akt besonnener Klugheit, wenn die junge Gesellschaft sich vorerst noch der Segelschiffahrt widmete.

Über die Anfänge der Gesellschaft haben wir im übrigen an anderer Stelle bereits einiges gesagt. Sie waren im Grunde nicht leicht, denn Ereignisse politischer und wirtschaftlicher Art, wie der deutsch- dänische Krieg und niedrige Frachtraten und Passagepreise, hinderten die Gesellschaft, Erfolge in der Auswandererbeförderung voll aus-

zunutzen. Aber die Zuversicht der Gründer wurde keineswegs er=
schüttert, denn es war unverkennbar, daß die Tendenzen, die dem
Unternehmen als Basis dienten, Lebenskraft und Zukunft in sich trugen.
Im Laufe der nächsten Jahre wurde die Flotte der Gesellschaft auf
sechs Schiffe gebracht; 1853 die erste Dividende von vier Prozent
verteilt.

Unterdessen hatte die Dampfschiffahrt beträchtliche Fortschritte
gemacht. Wollte die junge Hamburger Gesellschaft ihren Bestrebungen
treu bleiben und nach wie vor in der ersten Reihe der bestehenden
Schiffahrtsunternehmungen rangieren, so mußte sie Dampfschiffe in
ihren Betrieb einstellen. Dem aber standen noch nicht geringe Hinder=
nisse gegenüber. Der Bau der geplanten Dampfer erforderte eine
Summe, die dreimal größer war als diejenige, die man zur Beschaffung
der sechs Segelschiffe benötigt hatte. Zwei Millionen Mark aber
konnten aus dem Seglerbetriebe nicht herausgewirtschaftet werden.
Es kam also nur eine Kapitalserhöhung in Frage. Nach den Erfahrungen,
die man bei der Zeichnung des Gründungskapitals gemacht hatte,
konnte man mit der Aufbringung einer fast siebenmal so großen Summe
durch Hamburger Geldgeber nicht rechnen. Sobald aber die Hapag
nicht mehr rein hamburgisches Unternehmen war, ging sie der Stader
Zollfreiheit verlustig. Weiterhin bestand in Deutschland keine Werft,
die man mit dem Bau der beiden Dampfschiffe hätte betrauen können,
und was noch wichtiger war — in ganz Deutschland gab es nicht so
viele mit der Dampfschiffahrt vertraute Männer, daß man aus ihnen
eine einzige Dampferbesatzung hätte bilden können. Auf das Aus=
land — das heißt in diesem Falle auf England — wollte die Hapag
nicht angewiesen sein, und schließlich fehlte der Reederei fast alles,
was ein Dampferbetrieb nicht entbehren konnte, vor allem eine Leichter=
und Flußdampferflotte.

Trotz dieser Schwierigkeiten und nach anfänglichem Widerstand
einzelner Aktionäre setzte die Direktion ihre Pläne durch, nicht wenig
unterstützt durch die zu gleicher Zeit in Bremen auftauchenden Grün=
dungsabsichten, die eine Dampferlinie Bremen—New York zum Ziel
hatten, jedoch erst 1857 in der Gründung des Norddeutschen Lloyds
verwirklicht wurden. Bei gleichzeitiger Erhöhung des Aktienkapitals
um zwei Millionen Mark bestellte die Hapag zwei Einschrauben=
dampfer bei der englischen Firma Cairds & Co. Die beiden Schiffe,
die „Borussia" und „Hammonia" getauft wurden, waren 91 m lang,
11 m breit und knapp 8 m tief, ihr Raumgehalt betrug 2026 Brutto=
Register=Tons.

Abb. 109. Der große Speisesaal des Dreischrauben-Schnelldampfers „Cap Polonio" der Hamburg-Südamerik. Dampfschiffahrts-Gesellschaft.

Zwei Jahre nach diesem Bauauftrag und nach vorübergehender Vercharterung an fremde Regierungen, am 1. Juli 1856, trat die „Borussia" die erste Reise nach New York an. Dieser Tag ist in der Geschichte der Schiffahrt denkwürdig, denn mit der Ausfahrt der „Borussia" war die erste deutsche transatlantische Dampferlinie eröffnet. Die Neuerung erwies sich als so erfolgreich, daß man schon am Ende des ersten Betriebsjahres die Umwandlung des monatlichen Nordamerikadienstes in einen vierzehntäglichen Verkehr sowie den Bau von zwei weiteren Dampfern ins Auge fassen konnte.

Aber die Freude hielt nicht lange an. Das Jahr 1857 brachte eine der schwersten wirtschaftlichen Krisen der Vereinigten Staaten, die so unheilvoll wirkte, daß statt der erhofften Gewinne Betriebsverluste zu verzeichnen waren. Havarie, Krieg und politische Wirren taten zusammen mit heftigen Konkurrenzkämpfen das übrige, um die Lage noch zu verschlimmern. Im Jahre 1853 waren vier Prozent Dividende, im folgenden achtundzwanzig, dann zehn und acht Prozent gezahlt worden. Das Jahr 1856 ging leer aus und ebenso die beiden folgenden Jahre 1858 und 1859, die gleichzeitig die Reserven der Hapag bis auf einen kleinen Rest aufzehrten und die Lage der Reederei noch bedeutend verschlechterten.

Erst das Jahr 1860 brachte eine Besserung und mit ihr einen Um- und Aufschwung, der bis 1873, also volle dreizehn Jahre, anhielt. In diesem Zeitraum stieg die Zahl der Hapagdampfer von sechs auf siebzehn, die Zahl der Rundreisen von sechsunddreißig auf sechsundsiebenzig, die Passagierzahl von 18 630 auf 172 000 und die beförderte Gütermenge von 12 879 auf 59 908 cbm. Eine jährliche Durchschnittsdividende von zwölf Prozent kam zur Ausschüttung, trotzdem die Gesellschaft in diesen Jahren wirtschaftliche Störungen und Kriege zu überwinden hatte. Der amerikanische Bürgerkrieg, der deutsch-dänische und der deutsch-französische Krieg gingen nicht spurlos an der Schiffahrt vorüber. Aber jeder einzelne fand die Gesellschaft gut fundiert und jeder brachte in seiner Art ausgleichende Wirkungen neben schädlicher Schwächung, ja teilweiser Lähmung des Verkehrs mit sich, so daß nach den Friedensschlüssen jedesmal doch ein Fortschritt erzielt werden konnte.

Zu dem Welt-Unternehmen, das sie 1914 als größte Schiffahrtsgesellschaft der Welt war, ist die Gesellschaft durch Albert Ballin geworden.

Am 1. Juli 1886 war der junge Passageagent der Carr = Linie, Albert Ballin, in den Dienst der Hapag übergegangen, und mit diesem

Tage begann für die Hamburg-Amerika Linie eine neue Epoche. Ballin war es, der die Gesellschaft innerhalb eines Menschenalters zu einer Entfaltung gebracht hat, vor der ihr langsamer Werdegang während der vorhergehenden neununddreißig Jahre verblaßt. Als ein hanseatisches Unternehmen ist die Hamburg-Amerika Linie ins Leben getreten, und als ein vortreffliches hanseatisches Unternehmen hat sie sich unter der Leitung Godeffroys entwickelt. Aber als Godeffroy aus dem Amte trat, war das größere Vaterland, das geeinigte Deutsche Reich, schon ein halbes Menschenalter da. Erst 1886 beginnt die neue Ära, die aus dem hanseatischen Unternehmen bei aller Wahrung seiner bewährten Eigenart ein deutsches Unternehmen gemacht hat, unvergleichlich viel größer und imposanter, bedeutsam nicht nur für das wirtschaftliche Leben Hamburgs, sondern für ganz Deutschland.

Zunächst wurde 1887 auf Ballins Betreiben der Entschluß gefaßt, zwei große Doppelschrauben-Schnelldampfer zu bauen. In technischen und kaufmännischen Kreisen schüttelte man den Kopf über diesen Plan, der noch über die in Bremen gemachten Fortschritte hinausging. Denn die zum erstenmal hier von einer deutschen Reederei geplante Verwendung der Doppelschraube zog eine Verdoppelung des Bedienungs- und Heizungspersonals nach sich und minderte den beim Einschrauben-Schnelldampfer-Typ schon geringen Frachtraum noch weiter herab. Diesen Nachteilen standen aber bedeutende Vorteile gegenüber; denn die Doppelschraube erhöhte die bisher erreichten Schnelldampfergeschwindigkeiten um ein beträchtliches und erhielt bei einem etwaigen Ruder- oder Schraubenbruch im Gegensatz zum Einschrauben-Typ das Schiff manövrierfähig. Gab man diesen durch erhöhte Geschwindigkeit und Sicherheit ausgezeichneten Dampfern eine ebenso wertvolle Inneneinrichtung und einen vorzüglichen Borddienst, so schien ihre Rentabilität außer Zweifel. Der Erfolg war ein doppelter. Denn die als erster Schnelldampfer von einer deutschen Werft — es war der Stettiner Vulcan — in Fahrt gesetzte „Augusta Victoria" wurde ein Triumph deutscher Ingenieurkunst, der alle Erwartungen noch weit übertraf. Mit ihm qualifizierte sich der deutsche Schiffbau zum erstenmal und endgültig für alle Anforderungen, die die deutschen Reedereien bisher nur an englische Werften zu stellen gewohnt waren. Die „Augusta Victoria" wurde zusammen mit der in England erbauten „Columbia" 1889 in Dienst gestellt und erbrachte auch wirtschaftlich eine glänzende Rechtfertigung der Ballin'schen Vorausberechnung. Die Gesellschaft konnte in ihrem nächsten Jahres-

bericht konstatieren, „sie habe ihre alte Bedeutung unter den Post=
dampferlinien im nordatlantischen Verkehr wieder erreicht".

Zwei weitere Doppelschrauben=Dampfer von je 8500 Brutto=
Register=Tons, „Normannia" und „Fürst Bismarck", wurden gleich=
falls beim Stettiner Vulcan in Auftrag gegeben und mit dem gleichen
Erfolg wie die beiden Vorgänger in die New Yorker Flotte eingereiht.
Der erstrebte wöchentliche Schnelldampferdienst war damit Wirklich=
keit geworden.

Am sinnfälligsten trat die internationale Geltung der Persönlichkeit
Ballins zum ersten Male bei dem im Jahre 1902 abgeschlossenen
Schutz= und Trutzbündnis mit der International Mercantile Marine Co.,
dem sogenannten Morgan=Trust, einer unter amerikanisch=englischer
Leitung stehenden Gemeinschaft hauptsächlich englischer Reedereien,
die der amerikanische Bankier Morgan mit ungeheuren Mitteln zu=
sammengeschweißt hatte, um den nordatlantischen Verkehr, wenn nicht
für die „amerikanische Flagge" zu monopolisieren, so doch nach Mög=
lichkeit zu beeinflussen, in die Erscheinung. Ballin war es, der nach
einer Vorkonferenz in Köln, die anläßlich der Beilegung des Kon=
kurrenzkriegs zwischen seiner Gesellschaft und der Carr=Linie einberufen
worden war, schon im Jahre 1892 den „Nordatlantischen Dampfer=
Linien=Verband" zusammenbrachte. Diese Schiffahrtskonferenz
einigte: Hamburg=Amerika Linie, Norddeutschen Lloyd, Holland=
Amerika Linie=Rotterdam und Red Star Line=Antwerpen in einem
Abkommen, das den Zwischendecksverkehr der Vertragspartner nach
den Vereinigten Staaten regelte, Konkurrenzkämpfe innerhalb des
Verbands ausschloß und schon nach kurzer Zeit die größten englischen
Reedereien und die französische Compagnie Générale Transatlantique
durch Nebenpoolverträge und Ratenabkommen an sich heranzog.
1899 wurde der Geltungsbereich des Vertrags und seiner Zusatz=
abkommen auf sämtliche im nordatlantischen Zwischendecksverkehr
beschäftigten Mittelmeerlinien ausgedehnt, so daß der Morgan=Trust
sich einer geschlossenen Vertragsgruppe gegenüber befand und zwischen
Kampf oder Anschluß zu wählen hatte. Auch hier war es Albert Ballin,
der den Außenseiter zur Vertragspartei machte, und zwar so, daß im
Gegensatz zu dem Schicksal der sieben vom Morgan=Trust aufgesogenen
englischen Linien den deutschen Reedereien ihre völlige Selbständigkeit
gewahrt blieb.

Gegen Ende des ersten Jahrzehnts des neuen Jahrhunderts
trat die englische Cunard Line mit zwei großen neuen Turbinen=
Schnelldampfern, „Mauretania" und „Lusitania", auf den Plan, die die

Abb. 110. Speisesaal der Dampfer „Antonio Delfino" und „Cap Norte"
der Hamburg-Südamerikanischen Dampfschiffahrts-Gesellschaft.

Hapagschiffe an Schnelligkeit und Raumgehalt bedeutend übertrafen. Der Bau der beiden Schiffe wurde durch reichliche Staatsunterstützung ermöglicht und sie waren bestimmt, das „Blaue Band des Ozeans" wieder nach England zu bringen. Auf diesem Wege konnte die völlig ohne Staatsunterstützung arbeitende Hapag der englischen Reederei nicht folgen. Ungefähr gleichzeitig baute die White Star Line die ersten Schiffe der „Olympic-Klasse" und überholte damit die Hamburger Gesellschaft auf ihrem mit dem Bau der „Amerika" beschrittenen Weg. Im Gegensatz zu den neuen Cunard-Dampfern waren aber die White Star-Schiffe ohne Staatshilfe und unter weitgehender Berücksichtigung der Rentabilität entstanden. Hier also war für die Hamburg-Amerika Linie die Möglichkeit gegeben, mit den Engländern Schritt zu halten, ja, sie noch zu übertreffen — und sie wurden übertroffen durch die auf deutschen Werften für die Hapag erbauten größten Dampfer der Welt „Imperator" und „Vaterland", denen nach dem Krieg noch die „Bismarck" gefolgt wäre, hätte der Krieg für uns einen anderen Ausgang genommen. Drei Riesendampfer von zusammen 165 000 Brutto-Register-Tons! Ein gewaltiges Symbol dessen, was aus der Hamburg-Amerika Linie innerhalb eines Menschenalters geworden war. Am 11. Juni 1913 ging der „Imperator" als erstes der drei Schwester-schiffe in See. Mit 50 000 Tons übertraf er das bisher größte ham-burgische Schiff um mehr als das Doppelte des Rauminhalts. 280 m Länge, 30 m Breite, 75 m Masthöhe über dem Kiel, 62 000 P. S. er-zeugende Dampfturbinen, 1180 Mann Besatzung, in der ersten bis dritten Klasse eine Passagierkapazität von 2476, im Zwischendeck eine solche von 1772 Personen. Das sind Maße und Zahlen, die bisher noch nie erreicht worden waren und die für sich selbst sprechen. Luxus-zimmerfluchten, Gesellschaftsräume aller Art, Turnhalle, Schwimm-bad, Bibliotheken — mehr als ein modernes erstklassiges Hotel zu bieten vermag — barg dieses Riesenschiff in sich. Er war in gleicher Weise ein Triumph der Hapag-Geschäftspolitik und des deutschen Schiffsbaus, den die am 14. Mai 1914 ausfahrende „Vaterland" mit ihren 55 000 Brutto-Register-Tons noch übertreffen sollte.

Mitte 1914 verfügte die Hamburg-Amerika Linie über hundert-achtzig Millionen Mark Aktienkapital, neunundsechzigeinhalb Millionen Mark Anleihen und neunundfünfzig Millionen Mark Reserven. Ihr Schiffsbesitz umfaßte vierhundertneununddreißig Fahrzeuge mit 1 360 360 Brutto-Register-Tons. Diese Flotte setzte sich zusammen aus einhundertfünfundsiebzig Seedampfern mit 1 038 645 Brutto-Register-Tons in Fahrt, neunzehn Seedampfern mit 268 766 Brutto-Register-

Tons im Bau und zweihundertfünfundvierzig Flußdampfern, Schlep=
pern, Seeleichtern usw. mit 52 949 Brutto=Register=Tons. Mit diesem
Schiffsbesitz unterhielt die Gesellschaft zum Teil selbständig, zum Teil
in Gemeinschaft mit anderen Schiffahrtsgesellschaften ein Netz von
fünfundsiebzig regelmäßigen Überseelinien, das etwa vierhundert
wichtige Hafenplätze in allen Teilen der Welt verband. Ihre Schiffe
fuhren nach allen größeren Häfen des amerikanischen Kontinents von
Kanada bis Argentinien und von Valparaiso bis Pouget Sound;
sie verkehrten durch den Suezkanal mit Arabien, Persien, Vorder=
und Hinterindien, China und Japan; ganz Afrika war in dieses Linien=
netz, das dem deutschen wie dem fremden Verlader schnelle und prompte
Verschiffung seiner Waren gewährleistete, einbezogen. Zu diesen regel=
mäßigen Fahrten gesellten sich zahlreiche Vergnügungsreisen. Die
Touristenschiffe der Gesellschaft trugen den Hapagwimpel nach Skan=
dinavien und Spitzbergen, nach dem Mittelmeer, Ägypten und der
syrischen Küste, nach Indien, um die Welt.

Der weltweiten Ausdehnung des Arbeitsfeldes der Gesellschaft
entsprach die Größe und Leistungsfähigkeit der Betriebseinrichtungen
zu Lande, die Zahl des Betriebspersonals, der Umfang der Verkehrs=
leistung. Der Hauptniederlassung in Hamburg mit ihren Hafen=
anlagen, Auswandererhallen, ihrem in vergrößerndem Umbau be=
findlichen Verwaltungssitz usw. schlossen sich die Zweigniederlassungen
mit Landungsplätzen, Dock= und Pieranlagen, Lagerhäusern usw. in
Cuxhaven, Emden, Stettin, Antwerpen, London, Havre, Montreal,
New York, Philadelphia, New Orleans, St. Thomas, Kingston, Basra,
Hongkong, Shanghai, Wuhu, Hankau, Tientsin, Tsingtau usw. an.
Ein Betriebspersonal von etwa fünfundzwanzigtausend Beamten,
Seeleuten und Arbeitern war in den Büros, auf den Schiffen und in
den sonstigen Anlagen tätig, und annähernd fünftausend Fracht= und
Passageagenten wahrten die Interessen der Gesellschaft an allen
Hauptverkehrsplätzen, insbesondere in Europa und Amerika. In dem
letzten Vorkriegsjahr 1913 konnten auf 2218 Ozeanreisen 8,3 Millionen
Frachttons Güter und 464 000 Passagiere befördert werden.

Die in diesen Zahlen sich spiegelnde Verkehrsarbeit hätte kraft der
ihr innewohnenden Entwicklungsenergie bei ruhigen und friedlichen
Zeiten wohl einen noch umfassenderen Ausbau erhalten. Sie wurde
jäh unterbrochen durch den Weltkrieg, der die Hamburg=Amerika Linie,
wie alle deutschen Reedereien, mit seiner ganzen Schwere traf. Ein
großer Teil der Hapag=Flotte wurde in feindlichen Ländern beschlag=
nahmt, ein anderer Teil in die Kriegsmarine eingereiht; der Rest lag

unbeschäftigt in deutschen Häfen. Der Vertrag von Versailles, „der nur dem Namen nach ein Friedensvertrag ist", hat die Vernichtung der Kriegsjahre nur noch fortgesetzt und die gesamte deutsche Hochsee= handelsflotte in die Hände der Entente geliefert. Albert Ballin hat diesen letzten und schwersten Schlag gegen sein und seiner Mitarbeiter Werk nicht mehr erlebt. Am 9. November 1918 schloß er die Augen für immer. — —

Auch die Hamburg=Amerika Linie aber hat dieser Schlag wohl beugen, nicht aber brechen können. Wenn man die hier bisher geleistete Wiederaufbauarbeit übersieht, muß man feststellen, daß erfreuliche Früchte gezeitigt worden sind. Nach vierjähriger Nachkriegstätigkeit unterhält die Gesellschaft wieder drei Linien nach Nordamerika, vier Mittelamerika= und Westindiendienste, je eine Fracht= und Passagier= verbindung nach der Ostküste und eine Frachtlinie nach der Westküste Südamerikas. Sie ist im Deutschen Afrikadienst beteiligt, hat eine Motorschiffs=Flotte nach Ostasien laufen, ihre Dampfer suchen in großer Zahl die Mittelmeer= und Schwarzmeerländer auf. Der Rhein= see=, der Ostsee= und Nordsee=Dienst sind zu einem Teil wieder herge= stellt — kurz: außer Australien liegen fast alle wirtschaftlich bedeut= samen Gebiete im Fahrtbereich der Hamburg=Amerika Linie. Daß sie ihre Verkehrsarbeit auf einem so vielseitig ausstrahlenden Liniennetze wieder aufnehmen konnte, liegt hauptsächlich an dem energisch be= triebenen Wiederaufbau ihres Schiffsparkes. Er umfaßte Anfang 1923 einschließlich der Bau=Tonnage sechsundneunzig Seeschiffe von 414 816 Brutto=Register=Tonnen und einhundertdreiundfünfzig Hilfs= fahrzeuge von 41 000 Brutto=Register=Tons, insgesamt also 455 816 Brutto=Register=Tons. —

2. Der Norddeutsche Lloyd, Bremen.

Am 12. Juni 1858 versammelte der Norddeutsche Lloyd zum ersten Male eine erlesene Gesellschaft ihm nahestehender Persönlichkeiten an Bord seines ersten sich zur Probefahrt rüstenden transatlantischen Dampfers „Bremen" in Bremerhaven. Wohl alle Teilnehmer an diesem Ereignis fühlten nach dem Berichte eines Chronisten „den Ernst, die Bedeutung des Tages, der die Eröffnung einer neuen, großen, schwierigen Aufgabe unseres nationalen Instituts feierte". Bei dieser Gelegenheit warf der Berichterstatter die berechtigte Frage auf: „Wird es gelingen, wo noch kein einiges Vaterland den Anstrengungen zu Hilfe kommt, wo Privatkräfte, und nur sie allein, Gedeihliches schaffen

und wirken sollen"? — Die Antwort gab er in folgendem: „Es ging
ein Gefühl durch die Gesellschaft, man wußte nicht, woher es kam,
aber man wußte, daß es da war, und man wußte, daß es die obige Frage
mit einem hoffenden „Ja" beantwortete.

Wie berechtigt dieser Optimimus gewesen ist, hat die ungeahnte
Entwicklung des Unternehmens bis zum Ausbruch des großen Welten=
brandes bewiesen. Nicht immer hat, auch vor dem schicksalsvollen
Jahre 1914 dem Norddeutschen Lloyd die Sonne geleuchtet. Sturm
und Wogen haben ihn umbraust, bald schwächer, bald stärker, aber der
alte hanseatische Geist und Wagemut, die seine Gründer leiteten,
haben stets die Oberhand behalten. Ernste wirtschaftliche Krisen, die
mehr als einmal ihre Kreise über Deutschland und die verschiedensten
Teile der Welt zogen, gingen auch an ihm nicht spurlos vorüber: Der
amerikanische Bürgerkrieg, der Krieg 1870/71, andere kriegerische
Unternehmungen einzelner Länder und wirtschaftliche Krisen berührten
auch seine Interessen mehrfach. Auch von Unglücksfällen in seinem
Betriebe, die jedoch nur vereinzelt waren und keinen nachhaltigen Ein=
fluß auf das Unternehmen auszuüben vermochten, ist er nicht verschont
geblieben. Dank der ihm eigenen inneren Kraft, dank der Willensstärke,
Ausdauer und Initiative seiner Leiter, dank der hingebenden treuen
Arbeit seines schließlich bis auf über 20 000 Köpfe angewachsenen
Personals ist er trotzdem emporgeblüht und hat im Laufe der Jahrzehnte
immer mehr seine Stellung im Weltverkehr befestigt. Von Bremen
auslaufend und in unserer alten Hansestadt an der Weser sich wieder
vereinend, erstreckten sich seine Fäden über die ganze Welt, bis im
August 1914 das Kriegsbeil sie mit einem einzigen wuchtigen Schlage
zertrennte und ihre Teile im weiten Weltall zerflattern ließ.

In allen Meeren verkehrten bis zum Beginn des beispiellosen
Ringens auf mehr als 40 Linien Schiffe des Norddeutschen Lloyd,
dessen Flotte Anfang 1914 einschließlich der noch unvollendeten Neu=
bauten sich aus 494 Fahrzeugen aller Art mit einem Gesamtraum=
gehalt von annähernd einer Million Brutto=Register=Tons zusammen=
setzte, darunter 135 Seedampfer mit über 900 000 Br.=R.=T. Die Zahl
der regelmäßig von Lloyddampfern angelaufenen Häfen betrug etwa
200. Im Jahre 1913 legten die Schiffe der Gesellschaft auf insgesamt
1020 Rundreisen 6 299 653 Seemeilen zurück, das ist eine Strecke,
die in ihrer Gesamtheit etwa 292 mal den Umfang der Erde darstellt.
Auf diesen Reisen wurden im genannten Jahre 662 385 Fahrgäste
und 4 178 133 Frachttons Ladung befördert. Der Verbrauch an
Kohlen stellte sich auf 1 839 106 Tonnen im Werte von 32 869 302 Mk.,

der Geldwert der verbrauchten Lebensmittel auf rund 26 Millionen
Mark. Diese Entwicklung unterbrach dann der Krieg. —

Das stolze schwarz-weiß-rote Banner, unter dem Deutschlands
Handel einst den Weg in alle Welt sich bahnte, niedergeholt, der Handel
vernichtet, die deutsche Schiffahrt durch Wegnahme der Flotte un=
möglich gemacht, alles, was in jahrzehntelanger harter Arbeit mühsam
aufgebaut war, verloren — das war das erschütternde Ergebnis eines
vierjährigen schweren Ringens, wie es die Welt bisher noch nie gekannt
hat. Von der Flotte des Norddeutschen Lloyd gingen durch Kriegs=
handlungen 13 Dampfer mit 76 946 Br.=R.=T. verloren, in Feindes=
hand fielen im ganzen 78 Dampfer mit 432 772 Br.=R.=T., in neu=
tralen Ländern befanden sich 26 Dampfer mit 133 309 Br.=R.=T.,
so daß außer den im Kriege verlorenen 104 Dampfern mit einem
Gesamtraumgehalt von 566 281 Br.=R.=T. und einer Gesamtlade=
fähigkeit von 633 925 To. während der Kriegsjahre der Benutzung
durch ihren rechtmäßigen Eigentümer entzogen waren. Beim Ab=
schluß des Waffenstillstandes blieben zunächst noch 27 Dampfer mit
221 893 Br.=R.=T. zur Verfügung des Norddeutschen Lloyd, während
auf verschiedenen Werften noch fünf Dampfer mit 104 000 Br.=R.=T.
im Bau waren. Mit der Bestimmung des Waffenstillstandsvertrages
aber, daß Deutschland alle seinen Staatsangehörigen gehörenden
Handelsschiffe von 1 600 Br.=R.=T. und darüber, ferner die Hälfte der
Schiffe zwischen 1000 und 1600 To. einschließlich aller im Bau befind=
lichen Fahrzeuge, deren Kiel bis zum Tage des Friedensschlusses ge=
streckt wurde, an die Gegner abzuliefern habe, war auch das Schicksal
des Norddeutschen Lloyd besiegelt. Nach der Durchführung
dieser Bestimmung war er seiner sämtlichen Übersee=
dampfer beraubt und stand somit da, wie er in seinem
Gründungsjahr 1857 begonnen hatte. Ganze 57 000 Tonnen
an kleinen Fahrzeugen, Leichtern usw. waren ihm nach einem Gesamt=
verlust von rund 869 000 Br.=R.=T. geblieben. Außer dem Schiffs=
verlust trafen ihn schwer die schon während des Krieges im Wege der
Liquidation erfolgten Beschlagnahmen seiner Lösch= und Ladeein=
richtungen an den verschiedensten Plätzen der Welt, insbe=
sondere der erst zu Anfang dieses Jahrhunderts neuerbauten,
mustergültigen Pier= und Dockanlagen in New York, ferner der
Verlust an Kohlen, an Barkassen und Tendern im fernen Osten
und alle die mit den Nebenbestimmungen des Friedensvertrages
im Zusammenhang stehenden Maßnahmen der Feinde, die darauf
abzielen, der deutschen Schiffahrt und dem deutschen Handel den

Wiederaufbau so stark wie möglich zu erschweren. Aber dennoch ließ man den Mut nicht sinken.

War die alte Flotte verloren, so galt es die Vorbereitungen für den Bau einer neuen zu treffen und für die Zeit bis zur Wiederaufnahme des Betriebes mit eigenem Material an andere Aushilfe zu denken, um wenigstens die Organisation als solche am Leben zu erhalten und die notwendigen Fäden nach dem überseeischen Auslande wieder anzuknüpfen.

Im Sommer 1920 in Newyork eingeleitete Verhandlungen führten zu Verträgen mit amerikanischen Reedern, insbesondere zu einem Vertrage mit der neu gegründeten United States Mail S. S. Co. über ein enges Zusammenarbeiten im deutsch-amerikanischen Schiffahrtsverkehr. Dadurch wurde eine direkte Verbindung zwischen Bremen und Newyork — zunächst mit Dampfern unter amerikanischer Flagge — wieder hergestellt. In dem Vertrage hatte der Norddeutsche Lloyd sich das Recht vorbehalten, neben den amerikanischen seine eigenen Schiffe oder zurückgekaufte Passagierdampfer früherer deutscher Herkunft auf bestimmten Linien zu jeder Zeit in den nordamerikanischen Dienst einzustellen. Auf Grund dieser Bestimmung ging die Gesellschaft bereits im Februar 1922 dazu über, einen eigenen Dienst zwischen Bremen und Newyork wieder einzurichten, in dem zunächst die zurückerworbenen Dampfer „Seydlitz", „York" und „Hannover" beschäftigt wurden, Dampfer, die sich zwar mit den großen, schnellen Schiffen der Vorkriegszeit nicht messen konnten, aber dennoch sich starker Benutzung zu erfreuen hatten. Der gute Ruf, der den Lloyddampfern stets voranging, hatte auch nach dem Kriege, wie die Erfahrung lehrte, nicht im geringsten gelitten. Dies zeigte sich namentlich auch, als der Lloyd dazu überging, im Laufe der Zeit seinen Dienst weiter auszugestalten und neben den zurückgekauften Dampfern „Bremen" (ex „Prinzeß Irene") und „Derfflinger" neue größere Schiffe in Dienst zu stellen. An neuen Schiffen wurden vorübergehend die Dampfer „Sierra Nevada" und „Sierra Ventana" in der Newyorker Fahrt beschäftigt, denen sich im Sommer 1923 der neue Dampfer „München" (14 000 Br.-R.-T.) hinzugesellte. Auf diese Weise wurde es möglich, den bis dahin 14 tägigen Dienst allmählich in einen achttägigen überzuleiten und ihn mit der Ablieferung der neuen Schiffe, zu denen sich inzwischen ein Schwesterschiff des Dampfers „München" — der Dampfer „Stuttgart" — und insbesondere der Riesendampfer „Columbus" gesellt haben, erheblich zu verbessern. Ein gleicher, langsam aber stetig sich auswirkender Wiederaufbau ist inzwischen auch auf den übrigen Linien — nach Ostasien, Australien, Kanada und Südamerika im Gange.

Diese Wiedereröffnung der überseeischen Linien war in erster Linie abhängig von dem Wiederaufbau der Flotte, dem ein bestimmtes Bauprogramm zugrunde lag, das 28 Schiffe, und zwar 17 Personen- und Frachtdampfer, 9 Frachtdampfer und 3 Hochseeschlepper mit einem Brutto-Raumgehalt von 234 218 To. umfaßte. Von diesen Schiffen wurden bis Ende 1921 die Dampfer „Vegesack" und „Bremerhaven" von je 1566 Br.=R.=T., die als erste nach dem Kriege in Betrieb genommen und vorübergehend den Verkehr nach Brasilien wieder vermittelten, ferner der Dampfer „Minden" (4165 Br.=R.=T.) und die Hochseeschlepper „Widder" und „Stier" fertiggestellt. Inzwischen konnte aber im Zusammenhang mit der Ablieferung des für den Norddeutschen Lloyd auf der Schichauwerft in Danzig im Bau befindlichen Dampfer „Columbus" ein Abkommen getroffen werden, dessen Ausführung die während des Krieges in Südamerika verbliebenen und nach dem Waffenstillstand nach Deutschland zurückgeführten Dampfer „York", „Seydlitz", „Göttingen", „Gotha", „Westfalen" und „Holstein" mit insgesamt 39 505 Br.=R.=T. im Besitz des Norddeutschen Lloyd beließ. Weiter wurde der Schiffsbestand der Gesellschaft durch Ankauf der Dampfer „Hannover", „Hameln", „Schlesien" und „Pfalz" mit zusammen 25 799 Br.=R.=T. ergänzt. Vom Auslande zurückgekauft wurden ferner in den beiden letzten Jahren die Dampfer „Bremen" (ex „Prinzeß Irene"), „Derfflinger" und „Lützow" mit zusammen 28 796 Br.=R.=T.; an Neubauten gelangten in der Zeit vom 1. Januar 1922 bis Anfang Januar 1924 zur Ablieferung:

Passagierdampfer: „München", „Stuttgart" (je 14 000 Br.=R.=T.), „Columbus" (32 000 Br.=R.=T.), „Sierra Nevada" (8736 Br.=R.=T.), „Sierra Ventana", „Sierra Cordoba" (je 11 469 Br.=R.=T.), „Weser", „Werra", „Saarbrücken", „Coblenz" (je 9500 Br.=R.=T.), „Köln", „Crefeld" (je 9500 Br.=R.=T.).

Frachtdampfer: „Porta", „Nienburg", „Eisenach" und Motorschiff „Erfurt" (je 4150 Br.=R.=T.), „Aachen", „Elberfeld" und „Ludwigshafen" (je 6000 Br.=R.=T.).

Im Bau befanden sich Anfang 1924: „Berlin" und „Dresden" (je 15 000 Br.=R.=T.), „Sierra Morena" (11 000 Br.=R.=T.), „Trier", „Fulda" (je 9500 Br.=R.=T.) und „Königsberg" (6000 Br.=R.=T.).

Nachdem inzwischen die Dampfer „Vegesack" und „Bremerhaven" wieder ausgeschieden sind, steht dem Norddeutschen Lloyd zurzeit eine betriebsfähige Seedampferflotte von 33 transatlantischen Dampfern mit 280 599 Br.-R.-T. zur Verfügung, außer 22 Seeschleppern und 115 Seeleichtern mit zusammen 36 686 Br. R. T. Im Bau befinden sich noch 6 Dampfer mit 66 500 Br.-R.-T., so daß nach Fertigstellung der letzteren die seefähige Tonnage des Norddeutschen Lloyd im ganzen rund 400 000 Br.-R.-T. betragen wird. Beim Bau der Schiffe ist insbesondere darauf Bedacht genommen, sie unter Berücksichtigung aller Erfahrungen der letzten Jahre so zweckmäßig wie möglich zu konstruieren und die Räume für die Fahrgäste ohne übertriebenen Luxus mit vornehmer Wohnlichkeit auszustatten. Die Dampfer „Columbus“, „München“ und „Stuttgart“ haben Einrichtungen für die 1., 2. und 3. Klasse, während die übrigen durchweg als sogenannte „Einkajüten-Dampfer“ gebaut sind, d. h. man hat auf diesen Schiffen auf eine ausgesprochene 1. Klasse verzichtet und dafür den Kajütenreisenden lediglich eine Kajüte zur Verfügung gestellt, in der die Preise je nach Lage und Größe der Zimmer verschieden sind. Hand in Hand mit dem Wiederaufbau der Flotte und der allmählichen Ausdehnung des Liniennetzes ging die Erneuerung der Organisation des inneren Betriebes des Unternehmens vor sich, das — so Gott will — berufen sein wird, in seiner neuen Gestalt auch weiterhin sowohl dem deutschen Vaterlande zu dienen, als auch sich dem internationalen Handel und Verkehr nutzbar zu erweisen.

Seefahrt ist not! Deutschland kann ohne Handel und Schiffahrt nicht leben. Möge der von einem Anker gekreuzte Schlüssel in seinem Wappen dem Norddeutschen Lloyd die Verkehrswege der Welt von neuem in vollem Umfange eröffnen, wie es einst in besseren Zeiten der Fall war. An Manneskraft, Ausdauer und Treue, sie festzuhalten, hat es dem Gelöbnis H. H. Meiers, gemäß bei den Leitern unserer größten bremischen Schiffahrtsgesellschaft nie gefehlt und auch die jüngste Vergangenheit hat auf das deutlichste bewiesen, daß sie von ernstem Streben beseelt ist, sich ihre hervorragende Stellung in der deutschen Seeschiffahrt zu erhalten und sich den ihr gebührenden Anteil am Weltverkehr zu sichern.

Von besonderer Bedeutung unter den großen Hamburger Reedereien ist weiter auch die im November 1871 gegründete

3. Hamburg-Südamerikanische Dampfschiffahrt-Gesellschaft,

als deren Mitbegründer und erster Leiter der bekannte Hamburger Kaufherr Heinrich Amsinck zu nennen ist.

Mit einem Aktienkapital von 3¾ Millionen Mark, verteilt auf 5000 Aktien zu je 250 Taler gegründet, übernahm die Gesellschaft die drei unter der Leitung der Firma Aug. Bolten, Wm. Miller's Nach= folger stehenden Dampfer „Brazilian" von 980 Brutto=Register=Tons, „Santos" von 758 Brutto=Register=Tons und „Rio" von 1000 Brutto= Register=Tons einer englischen Reederei — der „Hamburg=Brazilian= Steamship=Company", die vorher die Brasilfahrt eine Zeitlang be= trieben hatte, — und begann unter Zuhilfenahme gecharterter Schiffe regelmäßige Fahrten (über Lissabon) nach Mittelbrasilien (Bahia, Rio de Janeiro und Santos), die zunächst einmal monatlich unter= nommen wurden.

Im folgenden Jahre, 1872, wurde versuchsweise auch der Verkehr nach Südbrasilien (Rio Grande do Sul), sowie dem La Plata (Monte= video und Buenos Aires) aufgenommen; hierzu bedurfte es der Ein= stellung eines weiteren eigenen Schiffes, des in England angekauften Dampfers „Bahia" (I) von 1313 Tons.

Aber schon nach zwei Jahren genügten die bis dahin innegehaltenen monatlichen Abfahrten bei weitem nicht mehr, und die Flotte mußte eine weitere Vergrößerung erfahren, daß die Abfahrten verdoppelt werden konnten. Es wurden nun vier Dampfer zum Bau in Auftrag gegeben: „Buenos Aires" 2300 Tons, „Argentina" (I), „Montevideo" (I) und „Valparaiso" von je 2000 Tons, — der letztere als erster Schiffbau in Deutschland bei der Reiherstieg=Schiffswerft in Hamburg. Diese vier Neubauten konnten noch im Jahre 1873 der jungen Flotte einverleibt werden, die Ende dieses Jahres, nach Verkauf der beiden ältesten Dampfer, „Brazilian" und „Santos" (I), einen Bestand von sechs seetüchtigen Schiffen mit einer Gesamttonnage von 10 813 Brutto= Register=Tons aufzuweisen hatte. Der Erfolg ließ zunächst auf sich warten, er trat erst bemerkenswert im Jahre 1875 ein. In den beiden folgenden Jahren besserten sich die Resultate noch, so daß 1877 der Dampfer „Santos" (II) mit 2273 Tons in die Flotte eingereiht werden konnte. Im Herbst 1878 kamen noch die Dampfer „Hamburg" und „Paranagua" (I) von je 1300 Tons hinzu, wodurch abermals eine Ver= mehrung des Fahrdienstes ermöglicht wurde, unter gleichzeitiger Trennung der Fahrten nach Brasilien und dem La Plata. Nunmehr fuhren schon monatlich zwei Dampfer nach Brasilien und einer direkt nach dem La Plata.

Vom Glück begünstigt, nahm das Unternehmen 1881 weiteren Umfang an. Auch die La=Plata=Fahrt mußte verdoppelt werden, und der Schiffspark erfuhr einen neuen wesentlichen Zuwachs durch die

Dampfer „Rosario" (I), „Corrientes" (I) und „Petropolis" (I). Letzterer kam Anfang des Jahres 1882 hinzu. Die Schiffe kehrten dann vom La Plata über Brasilien zurück, so daß von Brasilien nach Europa nun vier Fahrverbindungen monatlich hergestellt waren. Im Jahre 1882 wurde die La-Plata-Fahrt zum erstenmal bis Rosario de Santa Fé ausgedehnt.

In dieser Zeit des stetigen Aufstieges erlitt die Gesellschaft einen schweren Verlust durch den Tod ihres genialen Leiters Heinrich Amsinck zu Anfang des Jahres 1883. In der letzten von ihm geleiteten General=versammlung konnte er noch einmal das gute Gedeihen der nun über zwölf vorzügliche Dampfer mit 21 437 Tons verfügenden Gesellschaft hervorheben, das sich durch das bedeutend gestiegene Passagiergeschäft bewußt zu erkennen gab, wie nachstehende Zahlen beweisen: Im Jahre 1873 wurden 3027 Passagiere, 1882 aber mehr als das Doppelte, nämlich 7390 Personen, mit den Dampfern der Gesellschaft befördert. Im ganzen hatten in den ersten zehn Jahren 53 066 Passagiere die Dampfer der Gesellschaft benutzt.

An Stelle des verdienstvollen Verstorbenen wurde dessen Bruder Herr M. G. Amsinck in den Verwaltungsrat der Gesellschaft gewählt.

Der Ausbruch des Weltkrieges 1914 bedeutete für die Hamburg=Südamerikanische Dampfschiffahrts=Gesellschaft, wie naturgemäß auch für alle anderen deutschen Reedereien, eine Katastrophe. Allerdings gelang es fast sämtlichen ihrer Dampfer, sich rechtzeitig in Sicherheit zu bringen bis auf „Santa Catharina", der zwischen Newyork und Brasilien von einem englischen Kreuzer aufgebracht wurde. Aber der gerettete Schiffsraum ging teils im Kriegsdienst („Cap Trafalgar" u. a.) teils durch den Frieden so gründlich verloren, daß nicht ein seetüch=tiges Schiff in der Hand der Gesellschaft blieb. —

Daß auch die Hamburg=Südamerika=Linie sich durch diese Verluste nicht entmutigen ließ, zeigen z. T. die beigegebenen Bilder. Die stolze „Cap Polonia" ist zurückgekauft, in der „Monte Sarmiento" verfügt die Gesellschaft heut schon wieder über eines der schönsten und schnellsten Motorschiffe der Welt, und auch sonst ist man auf dem besten Wege, den alten Rang zurückzuerobern.

Als ein schönes Beispiel für das Tempo des Wiederaufbaus unserer Flotte sei schließlich noch als eine der jüngeren Reedereien

4. Die A.=G. Hugo Stinnes

in Hamburg hier etwas eingehender besprochen. Während die Ge=sellschaft vor dem Kriege ausschließlich Frachtdampfer besaß, die sich in der Hauptsache mit dem Transport von Kohlen befaßten, hat sie in den Nachkriegsjahren eine entschiedene Entwicklung in der Richtung regel= mäßiger Linienfahrt mit Passagier= und Frachtdampfern genommen, die durchaus mit der bekannten geschäftlichen Großzügigkeit ihres verstorbenen Gründers in Einklang steht. Man wird sich noch der Kämpfe und Anfeindungen erinnern, denen Hugo Stinnes ausgesetzt war, als er seinen neuen Dampfern die Namen der berühmtesten Führer aus dem Weltkriege gab, wie die Arbeiter zum Teil in den Streik traten, weil ihnen die Namen der neuen Schiffe nicht paßten. Die Schiffe liefen dennoch vom Stapel und tragen heute ihre stolzen Namen „Hindenburg", „Ludendorff", „Tirpitz" und „Haven= stein" über den Ozean. Es sind Schwesterschiffe von gleichen Ab= messungen, etwa 8000 Br.=R.=T. groß bei einer Ladefähigkeit von über 12 000 To. Diese vier Dampfer können in Oberdeckkabinen je 12 Passa= giere mitnehmen. Die dreifache Expansionsmaschine erzeugt etwa 3000 Pferdestärken, die den Schiffen eine Geschwindigkeit von ungefähr 12 Seemeilen pro Stunde erteilen. Etwa gleich groß ist der angekaufte Dampfer „Scheer", der den Namen des Skagerraksiegers trägt. Ende 1922 wurden zwei Passagierdampfer, „Bahia Castillo" und „Professor Woermann", von England zurückgekauft. Das erst= genannte Schiff erhielt den Namen „General Belgrano", das letztere den Namen „General San Martin", beides argentinische Freiheitshelden. Mit den Dampfern der „Hindenburg"=Klasse wurde Anfang 1921 eine regelmäßige Linie nach Südamerika hergestellt, in die auch die Dampfer der „Artus"=Linie, Danzig, eingestellt wurden („Artus", „Oliva", je 8000 Br.=R.=T., „Holm", 7500 Br.=R.=T., und „Danzig", 4000 Br.=R.=T., die frühere „Therapia" der D. Levante= Linie.

Durch Ankauf einer Reihe von schwedischen Dampfern konnte die Reederei Hugo Stinnes ihren Dampferpark beträchtlich vergrößern und eine neue regelmäßige Linie nach Westindien und Mexiko Ende 1921 einrichten. Im Herbst des vergangenen Jahres gelangte von der Reichs= werft in Wilhelmshaven der Neubau „Carl Legien" zur Ablieferung, der den Namen des verstorbenen Gewerkschaftsführers und lang= jährigen Kieler Reichstagsabgeordneten trägt. Dieser Dampfer, wie auch sein Schwesterschiff „Emil Kirdorf", ist in eine neueingerichtete Linie nach Ostasien eingestellt worden. Die noch im Bau befindlichen Schiffe der gleichen Klasse „Adolf von Bayer" und „Albert Vöge= ler" werden ebenfalls in die Ostasienfahrt eingereiht werden. Es sind kombinierte Fracht= und Passagierdampfer, die etwa 60 Reisende der

1. Klasse befördern können. Ihre Ladefähigkeit beträgt 8900 To., die Geschwindigkeit etwa 12 Seemeilen. Zu erwähnen sind noch die beiden Motorschiffe „Ostpreußen" und „Oberschlesien", die beide aus je zwei ehemaligen U-Kreuzerrümpfen erbaut worden sind und in ihren Tanks dem Transport von Mineralöl dienen.

Kurz genannt seien schließlich in alphabetischer Folge noch eine Anzahl der größten übrigen Reederfirmen, die zu erheblichem Teil auch im Binnenlande bekannt sind und seit jeher einen bedeutenden Rang in der Weltschiffahrt eingenommen haben:

5. Dampfschiffahrts-Gesellschaft „Argo", Bremen.
6. Dampfschiffahrts-Gesellschaft „Neptun", Bremen.
7. Deutsche Dampfschiffahrts-Gesellschaft „Hansa", Bremen.
8. Deutsche Austral- und Kosmos-Linien, Hamburg.
9. Deutsch-Ostafrika-Linie, Hamburg.
10. Deutsch-Skandinavische Reederei-A.-G., Hamburg.
11. Flensburger Dampfercompagnie, Flensburg.
12. Hanseatische Dampfschiffahrts-Gesellschaft, Lübeck.
13. F. Laeisz, Hamburg.
14. Lübecker Ostsee-Schiffahrts-A.-G., Lübeck.
15. „Ozean", D. A. G., Flensburg.
16. Rickmers, Reederei, A.-G., Bremen.
17. Stettiner Dampfercompagnie, Stettin.
18. Woermann-Linie, A.-G., Hamburg.

Mein Feld ist die Welt.

Das Leben an Bord.

Matrosen-Rache.

Eine wahre Geschichte aus dem „vorigen Jahrhundert".

omantik und Seefahrt sind für den Landbewohner einfach identische Begriffe. Wie
viel von dieser sogenannten Romantik heut,
wo auch der Seemann „gewerkschaftlich
organisiert" ist und jeder genügend großschn.-
spurige Kohlenzieher „Betriebsrat" werden
kann, noch übrig ist, weiß ich nicht. —
Einigermaßen äußerlich war sie wohl immer,
und sehr reale Dinge spielten auch an Bord
eine viel wichtigere Rolle als der Nichtseemann sich träumen ließ.
Darunter nicht zuletzt das Essen, und vom Essen handelt denn auch
diese Geschichte, die nächstdem zeigt, daß man sich gelegentlich auch
ohne Betriebsrat und Seemannsverband zu helfen wußte. — —

Ein Pfund gesalzenes Rind- oder dreiviertel Pfund dito Schweine-
fleisch pro Tag und pro Mann schrieb und schreibt die „Speisetaxe"
auf deutschen Schiffen als Ration für den Matrosen vor. —

Es ist eine schöne Einrichtung, dieses kleine Büchlein, und der
Landbewohner, dem es einmal zufällig in die Hand kam, fühlte sich
meist auch schon in den glücklichen Tagen, in denen noch niemand
etwas von Fleisch-, Brot- und anderen Karten kennen gelernt hatte,
veranlaßt, fast mit einem gewissen Neid auf die Glücklichen zu blicken,
denen eine so reichliche und nahrhafte Beköstigung von Gesetzes wegen
gewährleistet war. Leider aber entsprach die Wirklichkeit häufig auch
hier nicht dem Ideal, d. h. das „Pfund Fleisch" stand als solches lediglich
auf dem Papier, während es sich in Wirklichkeit günstigenfalls aus
etwa einem viertel Pfund Knochen, einer gleichen Gewichtsmenge
ungenießbaren Fettes und einem halben Pfunde einer rötlich-braunen
Masse, die an Ansehen und Härte ungefähr gutem Mahagoniholze
gleichkam, zusammensetzte.

„Ein Matrosenmagen kann alles vertragen", heißt ein altes
Seemannssprichwort, warum also nicht auch Mahagoniholz, Ver-

zeihung, Salzfleisch. So lange nicht Knochen und Fett neun Zehntel des in der Fleischschüssel vorhandenen Platzes in Anspruch nahmen, hielt ein anständiger „Jan Maat" es zwar für sein gutes Recht, ganz erbärmlich zu fluchen, was ohnedies wohl auch heut noch zu seinen Lebensbedingungen weit nötiger gehört, als gesalzenes Rindfleisch, aber man fügte sich doch gewissermaßen mit Würde in das Unvermeid= liche. Anders freilich, wenn die unverdaulichen Elemente in der Fleisch= ration allzu überwiegend in die Erscheinung traten, und wenn dazu dann noch die „grauen Arsten" bei jedem Überholen des Schiffes in der Blechschüssel zu „klingeln" anfingen wie ein Glockenspiel, und der „Schiffszwieback" (der Seemann sagt Matrosenkuchen) auf dem Tisch zu laufen begann (d. h. die in seinem Innern ansässigen Käfer, gemeinhin „Elefanten" genannt, fingen an, munter zu werden), dann verwandelte sich auch bei dem gemütlichsten Seebärchen alter Schule die „Milch der frommen Deckungsart in gärend' Drachengift", und manch bitter ernstes Drama ist aus solchen Ursachen entstanden.

Rein an sich war man auf den alten Seglern langer Reise gewiß nicht verwöhnt. Vieles, was uns heut einfach als etwas Selbst= verständliches erscheint, kannte man damals noch gar nicht und lebte auch, aber kleine Reeder, gewöhnt mit dem Pfennig zu rechnen, waren oft reichlich sparsam, und noch häufiger betrachteten Angestellte der Firma und selbst Kapitäne die Proviantbeschaffung als willkommene Möglichkeit, „Ersparnisse" für die eigene Tasche zu machen.

Zu der letzteren Kategorie gehörte auch Kapitän Jensen von der Bark „Windsbraut", und man konnte der, für den schwer getakelten alten Schlitten überdies sehr knapp bemessenen Mannschaft, die sich die Seele aus dem Leibe pumpen mußte, wirklich nicht verübeln, wenn sie langsam in Wut geriet. —

Ganze achtzig Tage erst aus Hamburg fort und dabei schon „Butter", die, wie Karl Holm, der Senior der Besatzung, ein biederer Ostfriese, sich geschmackvoll aber treffend ausdrückte, sieben Meilen gegen einen Kuhsturm an — duftete, Kartoffeln, von denen man zwanzig Stück wegwerfen mußte, um eine halbe genießbare zu er= halten, und was dergleichen schöne Sachen mehr waren. — Für einen normalen Menschen genügte es, gegen Mittag die Nase in die Kombüse zu stecken, um satt zu sein, aber leider hält diese Art der Sättigung bekanntlich nur unvollkommen vor, und man sann auf Abhilfe. Zu= nächst in parlamentarischer Form! Eines Tages trat im Logis der hohe Rat beider Wachen zusammen, und als unmittelbare Folge dieser politischen Aktion sah man gleich darauf zwei der ältesten Leute, den

einen mit der Fleisch=, den andern mit der Kartoffelschüssel in der
Hand, nach achter in die Kajüte wandern. Man hatte beschlossen,
dem Schiffsbändiger in höchsteigener Person zu Leibe zu rücken.
Kapitän Jensen aber war nicht der Mann, sich nach dieser Richtung
hin in lange Unterhandlungen irgendwelcher Art einzulassen. Dem
ersten, der hereintrat, es war der alte Holm, die Schüssel mit Kar=
toffeln aus der Hand nehmen und sie ihm vor die Füße werfen, war
das Werk eines Augenblickes. „Wenn euch das nicht gut genug ist,
bringt euch doch nächste Reise selbst Proviant mit an Bord." Damit
war die Abordnung entlassen, und unsere beiden Freunde konnten sich
mit dem etwas niederdrückenden Bewußtsein wieder nach vorn begeben,
eine schöne und wohlgesetzte Rede ganz vergeblich sich eingepaukt
zu haben.

Begreiflicherweise kannte die Entrüstung in den geheiligten
Räumen des „Matrosenstalles", wie böswillige Leute bisweilen das
Logis der Mannschaft nennen, nach diesem verunglückten Beschwerde=
versuch keine Grenzen mehr, und wenn auch die Lage nicht gerade für
eine Meuterei reif war, so war man doch der Ansicht, daß dem „rauh=
beinigen Alten" ein empfindlicher Schabernack gespielt werden müsse.
Wie aber und was? — Diese beiden Fragen waren nicht ganz leicht
zu beantworten und bereiteten den Köpfen vorläufig eine schwere Stunde.

Am Abend dieses bedeutungsvollen Tages befand sich die ganze
dienstfreie Besatzung auf Deck und hielt, wie gewöhnlich, auf der
vorderen Luke eine Volksversammlung im kleinen ab. Gerade waren
die Erörterungen über den „Fall" vom Mittagessen in lebhaftem Gange,
als Jan, ein Leichtmatrose, der, obwohl „Hochdeutscher", sich seiner
lustigen, nie ihren Zweck verfehlenden Einfälle wegen der ungeteilten
Sympathie der ganzen Mannschaft erfreute, in den Kreis trat. Er
hatte die erste Stunde der Abendwache am Ruder gestanden und
während dieser Beschäftigung die beste Zeit zum Grübeln gehabt,
da das Schiff bei dem ruhigen, gleichmäßigen Wind wie ein Boot
steuerte und dem Rudergänger wenig oder gar keine Anstrengung
zumutete. Als Ergebnis seines Nachdenkens teilte der junge Mann
nunmehr, verschmitzt lächelnd, den übrigen mit, daß er einen brauch=
baren Racheplan ausgeheckt habe und weihte sie in einer längeren,
natürlich im leisesten Flüstertone geführten Unterredung in die Einzel=
heiten desselben ein.

Er mußte in der Tat recht vielversprechend sein, dieser Plan,
denn in kürzester Frist sah man in der ganzen Corona nur freudig
und schadenfroh grinsende Gesichter. — — —

Ungefähr eine Woche war seit jenem Abend verflossen, und die „Windsbraut" sollte am frühen Morgen des nächsten Tages in den Hafen von Valparaiso einlaufen.

Jensen, der sehr viel auf das gute Aussehen seines Schiffes hielt (böse Zungen behaupteten, der dicke Farbenanstrich der „Windsbraut" trüge wesentlich dazu bei, sie überhaupt noch zusammenzuhalten), geriet seit mindestens acht Tagen schon in gelinde Raserei über jeden noch so kleinen Fleck und ließ scheuern und putzen, daß es eine Freude war. Er konnte sich aber auch sagen, daß er seinen Zweck erreicht hatte. Der schwarze Rumpf der alten braven Bark glänzte wie poliert, und auf den schneeweißen Innenwänden und dem sauber gescheuerten Deck hätte selbst ein Oberbootsmann der Kriegsmarine aus der schönsten Segelschiffszeit vergeblich nach einem Stäubchen gesucht.

Tiefe, schweigende Dunkelheit lagerte über der unendlichen Fläche des stillen Ozeans, dessen lange, regelmäßige Dünung leise und träumerisch das Schiff auf und nieder wiegt. Fern im Norden glänzte wie ein hellschimmernder Stern das Feuer des Leuchtturms von Valparaiso, und langsam, der schwache Wind trieb es mit kaum fünf Knoten Fahrt durch das Wasser, näherte das Schiff sich seinem Ziele. —

Zwei Uhr nachts. — Zwei kurze rasch verhallende Doppelschläge der am Ruder angebrachten Glocke riefen zur Ablösung, und auf wenige Augenblicke wurde die an Deck herrschende Stille unterbrochen. Auch der Steuermann, der schläfrig auf dem Kajüte-Skyligth kauerte, und, wie man so schön sagt, „die Augen schonte", reckte die Glieder ein wenig und fluchte dabei über die Länge der Stunden auf der Hundewache.

Etwa zehn Minuten mochten verflossen sein, da tauchten aus dem Dunkel des Vorschiffes zwei Gestalten auf. Geräuschlos erstieg die eine die das Oberdeck des Schiffes umgebende Reling und verschwand außenbords, indes die andere an einem starken Bändsel einen mäßig großen Gegenstand über Bord gleiten ließ und sich dann vorsichtig im Dunkel der Verschanzung barg.

Wohl zwanzig, fünfundzwanzig Minuten vergehen, da ertönt ein leises, vorsichtiges „Pst". — Rasch holt der an Deck gebliebene den herabgelassenen Gegenstand wieder über und gleich darauf schwingt die Gestalt des anderen Mannes sich wieder an Deck. — Eine Weile lauschen beide, doch niemand hat etwas gehört oder gesehen, und rasch und geräuschlos geht es hinüber nach der anderen Seite, wo dasselbe Manöver sich vollzieht. — Dann, nachdem sie auch hier ihr geheimnisvolles, nächtliches Werk vollbracht haben, verschwinden die beiden unheimlichen Gesellen, sorgfältig etwaige Spuren ihrer Tätigkeit beseitigend, wieder spurlos und ungesehen in dem undurch= dringlichen Dunkel, das unter der Back herrschte. — — —

Sonnig und strahlend brach der Tag an. Die Brise hatte gegen Morgen etwas zugelegt und die Bark bis dicht vor die Hafeneinfahrt getragen. Ein kleiner, etwas asthmatischer Schlepper keuchte eben um die Ecke und nahm die Trosse an Deck. Wenige Augenblicke später folgte ihm in einem langen, schmalen, von acht sehnigen Kerlen geruderten Boot auch der Lotse, der, kaum an Deck, die Segel bergen ließ. —

In kurzer Zeit hatte die „Windsbraut" ihren vorläufigen Anker= platz erreicht.

„Fallen Steuerbord=Anker"! —

Die schwere, ungefüge Eisenmasse klatschte auf das Wasser. Donnernd, eine Wolke von Roststaub mit sich reißend, jagt die Kette durch die Klüse, bis sie auf gut 30 Faden vorerst gestoppt wird. Das Schiff liegt fest.

Ein „Paradiesisches Tal", wie der spanische Name der Stadt besagt, ist es nun allerdings nicht, was hier im Lichte der Morgensonne vor uns liegt, die Leute, die dem Orte diesen Namen gaben, müssen sehr bescheiden gewesen sein, was man doch sonst von den spanischen Herren Konquistadoren wirklich nicht gerade behaupten kann! Immerhin aber ist dieser größte Hafen Chiles eine auch nach euro= päischen Begriffen anständige Stadt, die dank dem starken Schiffs= verkehr, auch ein reges und nicht uninteressantes Leben aufweist.

Wie fast stets, so lag auch jetzt eine große Anzahl von Schiffen aller Nationen in der großen, geräumigen Bai vor Anker, und von fünfen wehte die schwarz=weiß=rote Flagge Deutschlands. Da zwei dieser Schiffe, gleich unserer „Windsbraut", nach Hamburg zu Haus gehörten, so war es nur selbstverständlich, daß deren Kapitäne sofort dem Schiffe einen Besuch abstatteten. Der Führer eines der andern, ein Bremer, der Jensen von früher her kannte, schloß sich ebenfalls an.

Unter den kräftigen Ruderschlägen ihrer Besatzungen kamen die Boote wie Pfeile durch das Wasser daher geschossen und bogen in einiger Entfernung von der „Windsbraut" nach vorn ab, um auf die Steuerbordseite zu gelangen, wo die Fallreepstreppe schon zu Wasser hing.

Was aber war das? Quer ab vom Bug des Schiffes angekommen, unterbrachen die drei Boote plötzlich, wie auf Kommando, ihre Fahrt, und ein homerisches Gelächter erklang einstimmig aus den Kehlen der Darinsitzenden.

Vorn am Bug, wo sonst in goldenen Lettern der Name „Winds=
braut" gestanden hatte, befand sich statt dessen, der sorgfältig schwarz
übermalt war, ein anderer, neuer Name, in schöner grellroter Schrift:
„HUNGERKASTEN" lasen die erstaunten Bootsinsassen, und
darunter, in etwas kleineren, aber immerhin noch weit genug erkenn=
baren Buchstaben, die Worte: „Kapitän Jensen, Hamburg". — —

Der Urheber dieses Streiches, der dem guten Jensen fast zu einem
Schlaganfall verholfen hätte, ist selbstverständlich nie ermittelt worden.
— „Liverpool=Jack het dat dån", sagen auch die deutschen Matrosen
in solchen Fällen. — Auf der Weiterreise aber gab es be=
merkenswert gutes Essen an Bord der alten „Windsbraut".

Alfred.

Das Leben an Bord der großen Segler auf langer Reise darf be=
greiflicherweise wohl als ein recht geeigneter Boden für die Ent=
wickelung von Originalen angesehen werden, und ein solches Original
war im Grunde auch mein Freund Alfred, der um eine alte Mütze
sterben mußte.

Ein Pastorensohn — man fand übrigens Pastorensöhne stets
ziemlich häufig und in allen Chargen in Kriegs= und Handelsflotte —
war er nach der in solchen Fällen üblichen, unvollkommen geglückten
Gymnasialabsolvierung als „Vierjähriger" in die Marine eingetreten,
und hatte sich damit so ziemlich die schlechtesten Vorbedingungen für
seine spätere Laufbahn geschaffen. Der Kriegsschiffmatrose brauchte
selbst damals schon, also zu einer Zeit, in der die getakelte Kreuzer=
fregatte noch eine recht bedeutende Rolle spielte, ziemlich lange, um
auf einem Handelsschiff heimisch zu werden, und als unser Freund
sich endlich darauf besann, daß er doch gern auch auf das Achterdeck
gelangt wäre, war er zu alledem ein wenig zu alt, und vielleicht auch
zu unselbständig und zu energielos geworden. — Der „ewige", und
natürlich auch ewig mit sich und der Welt unzufriedene Matrose (den
es ebenso gut gibt, wie den ewigen Studenten) war fertig.

Selbstverständlich spielte auch die Frau eine nicht unbedeutende
Rolle in diesem verfehlten Leben. —

Es ist leicht, dergleichen zu verurteilen. Wenn man aber nach
Reisen von zehn, zwölf und mehr Monaten zuweilen nur acht oder
vierzehn Tage an Land ist und begreiflicherweise keine Neigung hat,
sich von einem überflüssig harten Vater grundsätzlich als der verlorene
Sohn betrachten zu lassen, erscheint manches in anderem Licht, und
der im Grunde viel weichere und gutmütigere Mensch als er selbst
sein und scheinen wollte, fand in der sicher recht merkwürdigen Häus=
lichkeit, die ihn an Land aufnahm, die Erfüllung von Träumen, über
die er sich wohl kaum selbst völlig klar wurde. — Was freilich blieb,
und was im Grunde auch die eigentliche Ursache war, daß er den Weg
nicht fand, den er hätte gehen sollen und können, war eine innerliche
Zerfahrenheit, die er vergebens durch eine gemachte Rauheit zu ver=
bergen suchte.

Für den guten Alfred waren sämtliche Vorgesetzten, Marine=
offiziere, Kapitäne und Steuerleute in Bausch und Bogen „Sklaven=
treiber", und er betrachtete es als seine Menschenpflicht, jede Arbeit
nur mit finsterem Gesicht und stark hörbarem Zähneknirschen zu ver=
richten, — was aber keineswegs hinderte, daß er sie gewissenhaft und
gut leistete, und sich auch freute, wenn man dies anerkannte. Weil
er dann Gelegenheit fand, zu tun, als mache er sich aus solchem Lob
nicht das mindeste.

Den Matrosen gegenüber, die übrigens fast immer derartigen
Menschen mit einem bemerkenswerten, unwillkürlichen Takt zu be=
gegnen wissen, bemühte er sich krampfhaft, Norddeutscher und möglichst
„rauher Seemann" zu sein, was ihm — er stammte aus der Nähe
Dresdens — besonders in bezug auf die Sprache naturgemäß nicht
immer leicht fiel. Für die Gebildeten unter dem Nachwuchs an Bord
(Jungen und Leichtmatrosen aus besseren Kreisen) hatte er einen
bescheidenen Vorrat von lateinischen Zitaten bewahrt, die er mit
großem Stolz an den Mann brachte. — — —

*　　*　　*

Eines schönen Tages sollte das in seinen Geitauen hängende
Begiensegel gesetzt werden, und einer der Leichtmatrosen mußte nach
oben, um eine Kleinigkeit zu klaren. Der Zeitersparnis halber lief er,
leichtsinnig genug, im Leewant hinauf, und die Schot nahm die Ge=
legenheit wahr, plötzlich herabzugleiten, bei einem Haar den Leicht=
sinnigen über Bord streifend. Zu seinem Glück blieb es bei einigen
Stückchen Kopf= und Nasenhaut und dem Verlust der Mütze, die ihm
unsanft von dem recht mangelhaft frisierten Schädel gestreift wurde
und auf einem der großen Brassenblöcke außenbords landete. — Alfred
aber, der Menschenfeind der er so gern war, hatte nichts Eiligeres zu
tun, als über die Reling zu klettern, um das schmierige Ding zu retten.

Ein jäher Windstoß, der das lose Segel füllte und zum Schlagen
brachte — — ein dumpfes, durch Mark und Bein gehendes Krachen:
der schwere Schotenblock hatte den Kopf des armen Kerls getroffen
und warf ihn, ohne daß er einen Laut von sich gegeben hätte,
über Bord.

„Mann über Bord!" — „Große Raaen back, — Backbords Achter=
boot klar!" — folgten Ruf und Kommandos unmittelbar dem Auf=
klatschen des Körpers auf das Wasser, und eine Viertelstunde später
hatten wir ihn wieder an Bord. — Mit einem schweren Schädelbruch,

der bei dem Mangel an jeder ärztlichen Hilfe von vornherein eine aussichtslose Sache war. — Die Mütze hatte er krampfhaft in der Hand behalten. — — —

*   *   *

Zwei Tage später haben wir ihm, mit einem Ballasteisen zu Füßen, ein Seemannsgrab gegeben: „— Hein" -- es waren seine letzten Worte, bevor er aufs neue in wirre Fieberträume verfiel, — „Hein, — mien Kist' — dat Tüg un dat Geld wat ick to gob hew, — — dat lat Du man all be Deern — kregen; — aberst dor is een lütten Kasten, — ganz achter in mien Kist, — — den nimmst an Di, — un — — un wat dor in is, — — dat schickst' mien arme Mudder." — — ·

Ein altes Lichtbild — ein mildes, etwas verhärmt blickendes Frauengesicht — verschnürt mit einem Bündel vergilbter und ver= knitterter Briefe, ein vertrockneter Blumenstrauß und ein abgegriffenes Neues Testament war der Inhalt. —

Kap Horn.

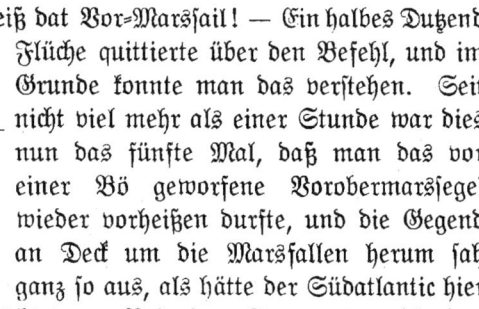

eiß dat Vor-Marsfail! — Ein halbes Dutzend
Flüche quittierte über den Befehl, und im
Grunde konnte man das verstehen. Seit
nicht viel mehr als einer Stunde war dies
nun das fünfte Mal, daß man das vor
einer Bö geworfene Vorobermarssegel
wieder vorheißen durfte, und die Gegend
an Deck um die Marsfallen herum sah
ganz so aus, als hätte der Südatlantic hier
eine kleine Filiale eingerichtet. — Bei einer Temperatur, die den
Gedanken an treibende Eisberge recht nah legte, nichts sehr Erfreuliches
für Leute, die seit gut acht Tagen trockene Kleidungsstücke ohnehin
nur noch aus der Erinnerung kennen.

Aber was hilft das Alles, — für den Seemann heißt es, wie für
den Soldaten: Befehl ist Befehl. Eine knappe Minute nach dem
Kommando zeigte das knatternde Schlagen in der Takelage, daß das
Segel hoch ging, und mit noch vermehrter Geschwindigkeit raste die
lange, tief geladene Viermastbark vor dem Sturm dahin. Gefolgt
von grauen, glasigen Riesenseen, deren phosphoreszierende Kämme
unheimlich durch die Dunkelheit leuchteten. — —

„Wie lang' dat woll so angeiht" brummte der alte Zimmermann
vor sich hin, als man wieder in den Schutz der Back gelangt war. Der
Brave kennt noch die Zeit, in der man überall, außer auf den verrückten
Teeklippern, für die Nacht kleine Segel machte und auch auf See
seine Ruhe hatte. Von dem heutigen Sturmrezept, dem „Ausnützen
bis auf die letzte Meile", wußte man damals noch nichts, und ein Etmal
von weit über 350 Meilen hätte man in seiner Jugend kaum dem
fliegenden Holländer zugetraut. — Im übrigen: so ganz Unrecht hat
er nicht. Das Obermarssegel und die Fock sind ein bißchen viel bei
der himmelhohen See. Das Schiff kann die Nase nicht so heben, wie
es sollte, und alle Augenblicke setzt der Bug in einen der Wasserberge
hinein, daß das ganze Vorschiff unter dem brodelnden Gischt zu
verschwinden scheint.

Da! — Sekundenlang scheint das Schiff stillzustehen: „Wahrschau an Deck"! — Ein Dröhnen als sause ein gigantischer Dampfhammer auf die Planken, — ein krachendes Splittern, — wie eine Lawine fegt der Brecher über Deck, ein zerschmettertes Boot mit sich reißend: — „Vormarsfail dål — purr*) de Wach' ut, — Fock fast!" — „Reise, Reisee, rewe, reewe, — — Fock fast"!! — Jan, unser Leichtmatrose, ist vergnügt, daß er auf diese Weise erst fünf Minuten später wieder naß wird als die andern Leute der Wache. Es stört sein Vergnügen durchaus nicht, daß man sich von allen Seiten nach seiner, des Kapitäns und der Steuerleute geistigen Gesundheit in einer Form erkundigt, die entschieden mehr drohend als besorgt klingt, und er bedauerte nur, daß er die Matrosen nicht ebenso nachdrücklich wecken kann, wie er das bei seinen engeren Kameraden, dem Leicht= matrosen und dem Jungen der Freiwache besorgt. — Draußen aber wird es ernst. Noch nicht zur Hälfte ist die Marsraa an der Stenge heruntergeglitten, als eine neue Bö einfällt und das Rack mit einer Gewalt gegen die Stenge preßt, die alles Reißen an den Dumpern illusorisch macht. Zwei=, drei=, viermal peitscht das mächtige Segel nach vorn, daß die Stenge zittert unter den gigantischen Schlägen, dann — ein Knall, peitschend und scharf wie eine Salve, — nur die kahlen Lieken hängen noch an der Raa, und eine ungeheure, wild= flatternde Möwe scheint das ganze Segel, ein Spielzeug für den heulenden Orkan.

Auch die Fock ist kein leichtes Stück Arbeit, wenn nach und nach auch beide Wachen an Geitauen und Gordingen reißen, aber schließlich gelingt es doch:

„Måk dat Sail fast"!

Im Luv=Want geht es nach oben. Nur den Jungen der Backbord= wache hält ein kurzer Befehl des Steuermanns an Deck zurück. Viel kann der noch nicht Sechzehnjährige heut da oben doch nicht leisten, und es ist wahrhaftig kein Kinderspiel.

Zwischen den schnürenden Gordingen steht, vom Sturm gebläht, das Segel wie ein Ballon über der Raa. Das dicke, nasse Tuch ist steif wie ein Brett und spottet der Fäuste, die sich vermessen es zu bändigen. Zoll nach Zoll nur kommt herunter, und trotz des eisigen Windes, der Regen und seine Eisnadeln wie scharfe Messer auf die Haut peitscht und durch Ölzeug und Wollhemd bis ins Innere dringt, läuft den Leuten der Schweiß in Strömen über das Gesicht. — Eine halbe Stunde, — eine Stunde vergehen. — Drei=, viermal schon

---

*) Purren, auspurren = wecken.

schien die harte, gefährliche Arbeit gelungen, da fiel eine neue Bö ein
und riß den Leuten das mühsam Erkämpfte erbarmungslos aus den
blutenden Händen. Aber geschafft muß es werden und geschafft
wird es. — — —

Fast zwei Stunden nach dem Auspurren der Freiwache standen
wir wieder an Deck, nahmen befriedigt die Tatsache zur Kenntnis,
daß in der Zwischenzeit auch das Kreuz-Untermarssegel sich selbst
„geborgen", hatte und noch befriedigter die, daß auch Koch und Steward
ihren süßen Schlummer hatten unterbrechen müssen. Der erstere,
um einen heißen Kaffee bereit zu halten, „Flunkey", wie der Stewart
auch auf deutschen Seglern seit jeher heißt, um einige recht gute
„Buddeln" lenz zu machen. — „Mit Speck fängt man Mäuse und mit
Branntwein Matrosen". — Es ist schon ganz richtig, — das „Besanschot
an"!*) ist ein Kommando, mit dem sich Jan Maat auch auf der schönsten
Freiwache gern purren läßt. — —

---

*) Scherzhaft für „Schnaps empfangen!"

Sach-Register.